"智慧作业"生态圈内的
高质量作业设计

主编·唐 旭

江西教育出版社
江西·南昌

图书在版编目（CIP）数据

"智慧作业"生态圈内的高质量作业设计 / 唐旭主编. -- 南昌：江西教育出版社，2022.11
ISBN 978-7-5705-3380-0

Ⅰ．①智… Ⅱ．①唐… Ⅲ．①学生作业－教学设计－中小学 Ⅳ．① G632.46

中国版本图书馆 CIP 数据核字（2022）第 196042 号

"智慧作业"生态圈内的高质量作业设计
ZHIHUI ZUOYE SHENGTAIQUAN NEI DE GAOZHILIANG ZUOYE SHEJI
唐　旭　主编

江西教育出版社出版
（南昌市抚河北路291号　邮编330008）
各地新华书店经销
江西省和平印务有限公司
787 毫米×1092 毫米　16 开本　16.5 印张　220 千字
2022 年 11 月第 1 版　2022 年 11 月第 1 次印刷
ISBN 978-7-5705-3380-0
定价：68.00 元

赣教版图书如有印制质量问题，请向我社调换　电话：0791-86710430

赣版权登字 -02-2022-530
版权所有，侵权必究

前 言

　　长期以来，学生作业负担重、课后作业辅导难，是义务教育阶段中存在的一个突出问题，已经成为广大家长的烦心事，也引发了家庭亲子关系的不和谐。为切实提升学校育人水平，规范校外培训，有效减轻义务教育阶段学生过重的作业负担和校外培训负担，中共中央办公厅、国务院办公厅印发了《关于进一步减轻义务教育阶段学生作业负担和校外培训负担的意见》（以下简称"双减"），提出着眼建设高质量教育体系，强化学校教育主阵地作用，深化校外培训机构治理。"双减"政策的实施，有利于促进义务教育优质均衡发展，能有力遏制日益功利化的培训市场，有效降低普通老百姓的教育投入，使更多家庭能够以相对低的成本、相对平和的心态让孩子接受教育。"双减"不仅在"减"上用力，而且在"增"上创新，指向都是促进教育公平，提升人民群众的教育满意度。

　　"智慧作业"是江西省教育厅依托"赣教云"打造的公益性作业辅导平台，可以做到学校发的练习册里面每道不会做的题目，学生打开家里的电视机顶盒，都会有全省的名师免费在线一对一原题讲解辅导。"智慧作业"通过作业辅导这个小切口，以信息化的手段来减轻学生、教师、家长的负担，为学校教学减负增效提供"智"动力。

　　"双减"政策的实施，对学生和家长是做"减法"，但对学校和教师提出更高的要求，是做"加法"。大范围推广使用"智慧作业"虽然出现在"双减"政策之前，但顺应了"双减"的精神要求，为任课教师在作业设计、批改、辅导等诸多方面提供了有力的信息技术手段的支撑。

通过4年来不断升级迭代新功能，"智慧作业"已从单纯讲解作业，逐步形成了比较完善的"智慧作业"生态圈。这个生态圈涵盖了江西省教育厅评议目录里的练习册，用于练习册数字化处理的点阵智能码，用于数据采集的点阵智能笔、高扫仪、高拍仪，全省优秀教师录制的作业原题讲解微课，运营商的互动电视机顶盒，全省教师与家长共同交流成长的各类公众号、微信群，形成了一个密不可分的有机整体。依托生态圈，"智慧作业"已经可以通过作业数据的常态化采集，精准分析每位学生的作业学情，在不增加教师工作量的前提下，给每位学生挑选出最适合的题目，低成本实现大规模的因材施教。

广大教师在"智慧作业"的"智"动力加持下，推动"双减"政策落实落细，与时俱进、守正创新，改变传统教学思维，向课堂要效率、要效益，把握课堂教学规律，探索灵活多样的教学方式，把握作业布置的科学性、合理性、智慧性、艺术性，实现作业布置、批改、辅导调结构、提质量，真正成为为学、为事、为人的示范。"智慧作业"生态圈内的教师们还积极参与"智慧作业"的相关课题研究，取得了一批有质量接地气的成果，成为将论文写在祖国大地上的践行者。

本书以"双减"目标为导向，以信息技术与教育教学深度融合为核心理念，系统介绍了"智慧作业"的完整流程以及如何构建"智慧作业"生态圈，并详细介绍了在这个生态圈内如何实现给每位学生提供协商性分层作业，还汇编了各地各校在进行"智慧作业"课题研究时的一些成功案例与经验，可供广大教师在教学实践中参考。

目 录

第一章 "智慧作业"概述
第1节 "智慧作业"的建设初心 / 2
第2节 "智慧作业"的建设背景 / 8
第4节 "智慧作业"的建设规划 / 13
第5节 "双减"政策下"智慧作业"的赋能 / 18

第二章 "智慧作业"生态圈的构建
第1节 基础平台构建 / 24
第2节 教辅数字化构建 / 27
第3节 采集设备的选择 / 29
第4节 辅导微课建设 / 32
第5节 个性化作业辅导生态构建 / 34
第6节 微课观看渠道 / 36
第7节 "智慧作业"生态圈发展现状 / 38

第三章 "智慧作业"生态圈内的高质量作业设计助力"双减"
第1节 作业是什么？/ 45
第2节 为什么要做高质量作业？/ 49
第3节 数字经济环境下的教育教学转型 / 58

第4节　数据驱动下的高质量作业设计 / 64

第5节　构建高质量作业设计平台 / 77

第四章　"智慧作业"之可持续发展保障体系

第1节　"智慧作业"服务体系的建设 / 89

第2节　"智慧作业"培训体系的建设 / 94

第3节　"智慧作业"政策及考核体系的建设 / 99

第五章　基于"智慧作业"和"高质量作业设计"的教学实践

第1节　促进教师信息素养提升 / 104

第2节　促进教师教研能力提升 / 134

第3节　促使学生学习效率提升 / 149

第4节　促进教师应用数据意识提升 / 158

第六章　基于"智慧作业"高质量作业设计平台的初中数学个性化作业实践研究

第1节　引言 / 171

第2节　文献综述 / 179

第3节　理论基础 / 195

第4节　"智慧作业"高质量作业设计在初中数学作业的个性化设计 /

第七章　未来展望：构建基于"智慧作业"的教育新样态

第1节　"智慧作业"背景下的教育主支撑 / 243

第2节　基于数据驱动的教育形态主场景 / 245

第3节　数据驱动的教育治理主画面 / 247

附录A / 250

附录B / 252

参考文献 / 254

第二章

"智慧作业"概述

近年来,随着现代信息技术的高速发展,以多媒体信息技术为载体的新型教学方法和教学模式如雨后春笋般不断涌现,势不可当。毫不例外,传统作业变革的最后一块拼图,数字化作业的具象载体——"智慧作业",就是其中之一。其不仅让教育长出了情感"突触",充满了现代科技气息的温度与质感,而且能快速地对传统学科作业进行转化,使之消除教学过程中师生之间的隔阂感与神秘感。可想而知,作为新时代的宠儿,"智慧作业"在数字化技术的推动发展下,资源优势得天独厚,不仅是智慧教育和课堂教学的一种延伸,更是学生重新构建和提升知识、能力、情感、态度、价值观的一条重要途径。

随着教育与技术融合的深入化,"智慧作业"在教育领域的影响力和作用越来越大,一直以来受到社会各界的广泛赞许和大力推崇。尽管在江西省内"智慧作业"的应用和推广时间不算太长,但所取得的成效有目共睹,其影响力与日俱增。放眼赣鄱大地,"智慧作业"早已深深地融入莘莘学子的日常生活。那么,我们不禁要问:作为一种新生事物,"智慧作业"究竟是什么?为什么要大力推广"智慧作业"?建设"智慧作业"究竟会给教育和广大师生带来哪些益处?……这一系列问题的提出,从一个侧面充分反映了广大人民群众迫切需要了解"智慧作业"的来龙去脉,凸显了加快推进智慧教育新生态,重构传统教学模式的一种强烈愿望。

第1节 "智慧作业"的建设初心

众所周知,现代信息技术正在逐渐改变人们的生产生活和学习方式,学习时空、学校边界进一步得到拓展,从而也催生了各种教育新形态。现在,人们从日常生活中普遍能够感受到信息技术的普及和发展,它们帮助人们用较少的时间和精力,获取更多的教育机会和更好的学习效果。因此,可以说,人们在获得学科知识的同时,掌握一定的信息知识和信息能力,灵活应用所得到的信息去处理工作、学习和生活中出现的问题,是教育的一个重要方面。同样,教育信息技术的发展,正在对教育产生着深刻的影响,这不仅给教育注入了新的生机和活力,同时也给教育提出了更高的现实要求。在一定程度上,这对于转变陈旧的教育思想和观念,促进教学内容、教学方法和教学模式的改革,加快建设教育手段和管理手段的现代化,起到了决定性的积极作用,尤其是对于深化基础教育改革,提高学科作业质量和效益,打造教育现代化发展迫切需要的科技赋能新型作业模式,更具重要的现实意义和深远的历史影响。

一、"智慧作业"的由来

一支笔、一道题、一个人,静坐在桌旁,绞尽脑汁、苦思冥想,这一种犹如俄国名画《难题》中的场景,时刻在我们眼前重复出现。这正是一名学生在完成传统作业时的真实写照,也是近百年来学生学习课堂知识、完成教师布置作业的最主要的形式。时至今日,对这种千篇一律、稍显苦闷又乏味的作业完成模式,我们大声疾呼:"落伍啦!"

说来话巧,2017年初,正当江西省教育厅相关部门讨论如何进一步完善构建大数据层级体系,让学业评价数据更加科学完整时,有人提议,"如果能用大数据技术,通过作业知识点、作业难度、作业错误反馈情况等来分析孩子们的应知应会和掌握程度,从而构建一幅中小学校课后作业的学情'画像',再阶梯式地为孩子们布置个性化作业,适时为孩子们'点睛',使他们学习更轻松、更便捷、更高效,那就太好了"。一名孩子的家长轻描淡写地说了这段话,但说者无心,听者有意。现场一些负责全省信息技术发展的同志敏锐地察觉到,按照教育部办公厅《2017年教育信息化工作要点》的部署要求:"要充分发挥地方与学校积极性与主动性,引导各级各类学校开展数字校园、智慧校园的建设与应用。"应该及时抓住信息化发展的机遇,推动信息领域核心技术突破,发挥信息化对全省教育教学发展的引领作用,真正为智慧教育铺路、为智慧校园搭桥。此想法一出,说干就干,经过提交江西省教育厅相关部门认真研究,大家一致认为,建设"智慧作业"项目,很有必要,很有价值,这是让我们的孩子从"名画"场景中尽早走出来的一条最佳路径。

一场牵引驱动全省教育信息技术蓬勃发展的关键项目——"智慧作业",正悄然展开。"智慧作业"的申报、立项、研发、实施等工作有序推进,省委教育工委、省教育厅等领导和多部门高度重视,多次召开相关会议研究部署。跨入2018年,省教育厅率先成立"中小学学情调研"工作组,配备专家及教育行政管理人员团队,制定省内、省外调研方案并建立相关机制,确定了"智慧作业"初步设想的雏形。在对江西省教学现状摸底、调研的基础上,省教育厅发出"要把教育信息化作为2018年的'奋进之笔',启动实施江西教育信息化2.0计划"的号召,坚持从"小切口"入手,实现"大作为"提升,依托信息化手段,把作业"分层分类、精准适配"作为提高教育质量的关键"抓手",在省内遴选教育科技领域头部企业,强强联合,协同发力,优势互补,立项开展"智慧作业"课题研究。

回顾过往,当年那位孩子的家长,他决然不会想到,几年后的今天,正是在他当初不经意的发言中,"智慧作业"犹如绝处逢生的一棵幼苗,向阳而生、逐光而长、拔节孕穗,成长为一个足以"代表江西、享誉全国"的教育信息技术应用知名品牌项目。

二、"智慧作业"的概念

从广义上来说,"智慧作业"是依托江西省教育资源公共服务平台(简称"赣教云"平台)已有的云计算基础设施,在不增加师生工作量,不改变师生现有作业模式的前提下,将大数据技术应用到学生日常纸质作业中,动态采集学生过程性数据,即时生成专属错题本和配套的名师错题微课,构建以学习者为中心的学业评价体系,以帮助教育管理者科学决策,最终实现减负增效的一套整体解决方案。

从狭义上来说,"智慧作业"从"日常学习、考前复习、考后总结"三个层面进行"探路",逐一拆解教学难题、击破学习难点,向学生提供高效的"靶向作业"。"智慧作业"是一个通过"错题归纳、举一反三、名师微课、因材施教、精准教学、减负增效"等相关要素相互之间在功能上关联互助、信息上共享互换、师生之间交流互动,以及信息反馈应用流程、数据采集相互衔接的平台应用系统。

与此同时,"智慧作业"具有十大特色。

第一,创新性。不改变学生纸质作业作答的传统习惯,教师批改时,只需在作业本上打正误(又称"打勾""打叉"),不必再给学生纠错、写批语、写出演算过程等。

第二,精准性。使用点阵智能笔、高速扫描仪或高拍设备,对学生的作业进行正误判断,开展统计、分析,工作流程简单、高效。

第三,生成性。为每个学生自动生成各不相同的错题集,让学生摆脱大量做题、重复刷题的压力,走出"题海苦练"的误区。

第四,针对性。在软件系统汇总学生作答信息,减轻教师批改作业、统计分析等负担的同时,教师还可以利用学生作业的大数据,开展教学科研,加快专业发展,提升专业水平,提高教学质量。

第五,自主性。为学生智能推送个性化的"错题微课",破解学生家庭无人辅导,或有人辅导、能够辅导但辅导孩子时家长发躁情绪频发的现实难题。

第六,科学性。"错题微课"的制作者均为江西省中小学爱教育、爱学生,教学能力卓越、教育经验丰富,获得过相关竞赛奖励的优质师资;"错题微课"不存在超纲辅导问题,可降低学生学习难度。

第七,引导性。利用家庭现有的电视系统,采用"人人通"学习机,有效缓解孩子看电视成瘾的问题。

第八,普及性。降低硬件设备门槛,易于学校落地实施。

第九,关爱性。帮扶在籍贫困家庭,有效地促进了教育精准扶贫工作的开展。

第十,和谐性。作业效率大大提高后,家长可以多与孩子开展亲子活动、健体活动,有望减少"小眼镜""小胖墩"的出现。

三、"智慧作业"的定位

"智慧作业"无论在智能化转型上,还是在智慧解决方案上,都有很多的亮点和突破,是真正让"智慧作业"回归到了"教与学"的根本,为学校师生减负增效。"智慧作业"定位的逻辑体系由"为学生腾位,为教师松绑,为家长解忧,为管理强身"四个维度所组成,其相互之间层层递进、互为关联,由此构成了一个相互渗透、相互作用的有机统一体。这个应用过程是动态的、循环往复的,直到作业任务的全面完成。

(一)学生

"为学生腾位":"腾位"就是"不越位、不干预",给学生留一丝空间、留一道"缝隙",恪守学生的角色定位,强化学生自主学习,个性化精准练习,帮助学生找到知识薄弱点并自动生成个性化错题本,实现学习问题"日日清",提升效率,逃离"题海"。

(二)教师

"为教师松绑":"松绑"就是减轻教师负担,让教师安心、静心、舒心地从教。它既能提供整体的学情报告,让教师了解班级在全年级的定位,制定有针对性的教学方案,又能提供个体的学习情况分析,帮助教师明晰学生的知识短板和共性错题,减少"一对一"指导的时间,大大提升教学效率。

(三)家长

"为家长解忧":"解忧"就是消除家长对孩子学习的担心焦虑感。它能够提供名师微课辅导和错题拓展练习,可有效解决孩子"课上不敢问、课后无人问"的难题,间接地减轻了家长的经济负担。

(四)主管部门(或学校)

"为管理强身":"强身"就是提高统筹协调能力,掌握大局。一方面,学校可实时掌握学校各学科教学情况,科学合理评价教师,并针对学校共性的疑难点,可及时参与、精准教研、把握教学重点方向,从而全面提高学校整体教学质量;另一方面,教育主管部门能精确掌握各区域内学校的学生学情和教学进度,辅助决策层制定、实施相关政策。

四、"智慧作业"的属性

"智慧作业"具有一定的教育属性,作为新型的教学手段和媒介,它充分发挥了信息技术在教育教学中的重要作用。"智慧作业"教育的基本属性归纳起来,主要有以下四大表现。

(一)从教育学的观点来看

"智慧作业"是有目的、有计划、有组织的一种教育实践活动,也是根据一定的社会需要进行的一种活动。从形式上,它不仅打破了以学校教育为中心的教育体系,使得教育社会化、终身化、自主化;而且使得大量丰富的教育资源能为学习者个体共享,且取之不尽、用之不竭。

(二)从教育目标的追求来看

"智慧作业"以"人的能力是全面发展的"为目的,强调和谐发展,进一步优化了教师的教学手段,丰富了课堂作业内容,激发了学生的学习兴趣,增强了学生的学习热情,充分发挥了学生学习的主观能动性。

(三)从教育方法的定位来看

"智慧作业"以学生为主体,强调个性化发展,在教学过程中注重以人为本、因材施教,注重学用相长、知行合一,助力构建德智体美劳全面培养的教育体系。实质上,贯彻落实党的教育方针,就必须坚持以学生为本,面向全体学生,注重因材施教,尊重学生个体,启迪学生智慧,滋润学生心灵,不仅要关注学生获得知识和技能的高度,更要注重塑造学生品格、品行、品位的深度,丰富每一位学生的精神家园。

(四)从教育教学的结果来看

"智慧作业"能够实现"人机"的双向沟通和"人人"的远距离交互学习,促进教师与学生、学生与学生、学生与家长及其他形式间的多向交流。同时,为学校行政管理者提供了更多的"人人""人机"协作完成任务的机会。

第2节 "智慧作业"的建设背景

习近平总书记指出,没有信息化就没有现代化,谁在信息化发展中占领制高点,谁就能取得信息社会发展的主动权和优势。习近平总书记的指示精神,为我们加快教育信息化建设,推进信息技术与教育教学融合创新,按下了"快进键",吹响了"集结号"。因此,我们要承担起新时代建设教育强国的神圣使命,深刻领会习近平新时代中国特色社会主义思想中的教育强国、网络强国战略思想,坚守教育初心,担当育人使命,奋力加快推进江西省数字教育建设的坚定步伐。

为深入贯彻习近平总书记关于教育的重要论述,坚决落实党中央、国务院决策部署,全面贯彻党的教育方针,落实立德树人根本任务,加强数字教育和教育信息化建设,2016年,教育部《教育信息化"十三五"规划》指出,要实现学生学习过程、实践经历记录的网络学习空间呈现;依托网络学习空间逐步实现对学生日常学习情况的大数据采集和分析,优化教学模式。2017年,江西省人民政府办公厅印发的《关于加快推进教育信息化工作的意见》强调,加快推进江西省中小学校智慧(数字)校园建设,全面提高学校信息化管理与应用水平,江西省需要建设以教育大数据汇集、教育资源建设、学情评价分析和应用为代表的技术体系与集成平台,使之成为推动教育改革的重要载体。《中共江西省委教育工委江西省教育厅2018年工作要点》提出,要把教育信息化作为2018年的"奋进之笔",启动实施江西教育信息化2.0计划,扎实推进教育信息化融合创新,服务全省教育改革发展大局。当前,我们的首要任务就是要把教育部、省政府和省教育厅的文件精神,学习好、领会好、贯彻好,为我们全力建设好"智慧作业"平台奠定坚实的思想基础。

近些年,随着江西省基础教育各项主要发展指标跑出江西"加速度",城乡义务教育差距不断缩小,"有学上"的目标已经全面实现,全域实现了义务教育基本均衡的发展目标。特别是自2018年以来,按照教育部等九部门印发《中小学生减负措施》的文件精神,江西省上下全面贯彻实施"严控书面作业总量,科学合理布置作业""不得给家长布置作业或让家长代为评改作业"等要求,进一步深化教育教学改革,全面提高义务教育学校教育教学质量,大力推进义务教育课堂教学、作业管理、课后服务等重点领域改革,经过几年的努力,学生作业负担和校外培训负担真正减轻,人民群众的满意度切实提升。可见,江西省教育事业发展取得一系列突破性进展和标志性成果,为全面铺开、全域推进、全力加速建设"智慧作业"提供了更为扎实的基础。

一、建设"智慧作业"的优势条件

党的十八大以来,习近平总书记两次到江西考察调研,为新时代江西改革发展把脉定向、擘画蓝图,提出"在推动中部地区崛起上勇争先"的殷切期望。江西紧扣一个"变"字闯新路,向教育改革开放要动力,向教育创新创业要活力,向教育特色优势要竞争力。今天的江西,虽然在VR等一些领域取得了突出成绩,走在了全国的前列,但是,江西信息化的发展势头仍处于发展的重要战略机遇期,各地区教育信息技术发展还很不平衡,城乡之间的教育现代化发展水平还有很大差距,这些也都是江西省未来教育信息化的发展潜力。这种潜力,必然会加快教育信息化建设步伐,促进江西省教育现代化;这种发展优势,也是促进加快江西数字化产业转型升级、打造江西经济新增长点的发展新机遇。特别是今年一季度以来,江西吹响了数字经济做优做强"一号发展工程"和营商环境优化升级"一号改革工程"

的号角,更加激起了全省广大人民群众对数字教育、智慧教育、信息教育美好未来的向往。

根据《江西省"十三五"规划编制工作方案的通知》(赣府厅字〔2014〕112号)的要求,打造"互联网+惠民服务"工程,针对智慧教育,要加快实施"三通两平台"建设,基本实现"校校通""班班通""人人通"全覆盖,推动智能时代教育创新,实施智慧教育融合共享工程,这进一步指明了江西教育现代化的发展定位、发展目标、发展路径和发展举措。《江西省"十四五"教育事业发展规划》又进一步强调,要推进"赣教云"教育大平台建设,加快江西省教育资源公共服务平台与教育管理公共服务平台深度融合,汇聚各级各类教育教学资源及教育管理应用。各项政策的陆续出台,充分体现了江西省委、省政府对教育信息技术的高度重视和深切关怀,对教育现代化开创改革发展新局面提供了有力支撑。"智慧作业"的建设,是以"实干力度"保障"教育民生温度",不搞花拳绣腿,不做表面文章。多年来,一份份接地气的政策文件接续落地,一项项实际的举措得到落实,一种种蓄势待发的潜能蓬勃发展,最终,为"智慧作业"建设提供了"天时、地利、人和"的优势条件。

二、建设"智慧作业"的必要性

让虚拟与现实互通,让教学与反馈相连。未来几年,"智慧作业"将必然朝着个性化、自主化、精准化等方向发展。因此,依托信息技术营造"智慧作业"建设环境,促进教学理念、教学模式和教学手段改革,推进"智慧作业"平台在日常教学中的深入、广泛应用,以期适应信息化时代对"智慧作业"的现实需求,就显得很有必要了。

(一)建设"智慧作业",具有良好发展前景

近年来,江西省"智慧作业"应用发展迅速,优质数字教育资源日益丰富,信息化教学日渐普及,课堂用、经常用、普遍用的格局已初步形成。可以说,基本实现了从教育信息化1.0到2.0的转型升级,对教育改革发展的"革命性影响"初现端倪,这也就意味着,从重点关注量变向重点关注质变

转变;从强调应用驱动、融合发展向注重创新引领、生态变革转变。在目前阶段下,"智慧作业"符合我国教育事业的发展目标,可以为推进教育信息化提供极大的助力。目前,江西省"智慧作业"使用学校达7 359所,系统注册的师生人数达479万人,常态化使用的教师有10万余名、学生有200万余名,有效实现了优质作业资源共建共享,减少了作业总量,提高了作业完成质量。根据"智慧作业"大数据统计和调查问卷回访,使用了"智慧作业"项目的学校,作业量整体减少约1/3,学生作业正确率提升3%～5%。

(二)建设"智慧作业",优化教育生态环境

随着信息化不断发展,知识获取方式和传授方式发生了革命性变化,教育领域的数字化改革随之日渐加速。"智慧作业"是教育数字化转型的目标形态之一,旨在构建智慧的学习环境,变革传统的作业完成方式,催生智能时代的课堂教学制度,为学生提供良好的学习体验、作业分层和效率赋能的教育系统。跨入智能时代,学习时空高速演变,学生的学习环境正从封闭走向开放,传统学习环境需要进行数字化、网络化、智能化升级改造,实现数据共享、设备协同、知识互联、群智融合,使学习环境能自适应、自优化地运行,让学习更轻松、更投入、更有效。

(三)建设"智慧作业",促进落实"双减"赋能

在"双减"政策下,"智慧作业"应用平台以作业为切入点,减轻学生负担,提升作业质量,精准教与学,其在不改变现有教学场景和师生日常习惯的前提下,探索作业新模式,促进线上与线下教学深度融合,将过程评价与结果评价有机结合,真正实现减负增效的目标。可以说,"智慧作业"是落实"双减"政策的有效手段,其依托先进的科学技术能对学情做分析、能对学习做推荐、能以成效促信心,这也是突破实现学生减负增效的三个关键点。近年来,江西省循序渐进、乘势而为,积极探索在"供给侧"增加优质教育资源,搭建在线免费辅导平台,在全省范围内推广"智慧作业",采用信息化手段,帮助义务教育阶段教师优化作业设计,减少作业总量,缓解家长课后辅导焦虑,从源头上遏制校外培训需求;帮助教师布置弹性作业,提高校内教学质量,让学生的学习更好地回归校园,落实国家"双减"政策,取得了良好的社会效益。

三、建设"智慧作业"的社会价值

(一)实现教育现代化的步骤

"智慧作业"充分利用了现代科学技术手段,推动了教育信息化,大力提高了教育的现代化水平。"智慧作业"是教育现代化的重要内容,通过开发教育资源,优化教育过程,以培养和提高学生的信息素养,促进教育现代化的发展进程。

(二)促进创新人才教育培养

"智慧作业"可以让学生根据个人兴趣与个性差异,对所学的知识和学习进程进行自主选择,学生还可以对学习的相关内容进行信息检索、收集和处理,从而发现自己的学习问题并及时解决。这不仅有利于提高教育质量和教育效率,而且还有利于培养学生的创新精神和创造能力,对创新人才的培养具有重要的实际意义。

(三)助推教育梦的实现

教育梦,即"有教无类、因材施教、终身学习、人人成才"。教育信息技术推动下的"智慧作业",正在成为信息时代教育领域综合改革的"方向标"。"智慧作业"面向全体学生,既可以为普通学生提供优质的、个性化的教育服务,又能够满足各类特殊学生人群的教育需求。"智慧作业"运用科技手段服务教育,显著提升教育智慧,是能够实现"学有所教、有教无类""人人教、人人学"的泛在教育,是对中国教育梦的进一步阐释和丰富,其必将加快江西省学习型社会的建设步伐。

(四)促进教育信息产业发展

"智慧作业"的建设是一个很大的课题,涉及软硬件建设、制度体系、人力资源建设、应用模式设计、评估评价体系、应用服务、分层规划、技术合作等多个层面的体系建设,是实际应用中数据、学情、管理、评估、反馈、信息流等具体问题的解决方法,并研究如何利用信息化环境,实现教育价值的主体应用和拓展延伸。

第4节 "智慧作业"的建设规划

"人机协同"是未来社会的发展趋势,人与机器的相处需要相互协调、优势互补。发展技术所不能完成的领域,这才是真正完成人在新时代实现自我角色转变的关键所在。因此,"智慧作业"在建设中,规划要先行,措施要跟进。按照国务院《国家教育事业发展"十四五"规划》发布"建设'融合、可靠、共享'的教育大数据支撑平台"要求和江西省委、省政府"加大江西省'智慧作业'辅导平台的宣传推广使用力度,扩大覆盖面"的重点部署,江西省率先实施"政府推动、省厅主导、企业发力、教育共享"的建设推进新机制,围绕学情分析、数据采集、名师微课、作业教辅等领域,规划部署重点任务和若干专项建设内容。

一、建设目标

"智慧作业"的建设,与智能技术的应用紧密相连、息息相关,正确看待现代信息技术的发展,是推行"智慧作业"建设的重要保障。作为现代教育信息化形态的"智慧作业",需要突出以人为中心的价值理性的回归,注重教育的人文关怀,而非仅仅停留在智能技术的应用层面,也不同于仅仅聚焦于基础建设和融合应用的教育信息化阶段,而是需要有"智"的思考、"慧"的布局。

(一)与时代同步,打造共享数字教育新体系

"智慧作业"建设,注重数据共享,提升管理效益。"智慧作业"围绕建设省、市、县一体数据资源体系,依托江西省大数据平台,完善基础教育数据库和各学科领域主题数据库,建立涵盖数据资源采集、汇聚、共享、开放、应用、流通等全生命周期的统筹管理工作机制,形成统一的共享交换标准规范,促进数据资源跨层级、跨区域、跨领域共享交换和协同应用。

(二)与改革同频,创建协同数字教育新模式

"智慧作业"建设,追求家校协同,凝聚教育合力。"智慧作业"致力于为家长、社会与学校教育提供无障碍沟通,搭建桥梁、结成纽带,为家校共育突破原有的单方"作战"模式,提供共融互通、协作共进的平台。其着力强化"智慧作业"互联互通和协同共育的家校无缝合作,为解决传统家校沟通中教育场景分离、信息不对等、合作联系不深入等问题提供可能。

(三)与创新同行,构筑数字教育治理新格局

"智慧作业"建设,重在治理实践,坚持持续发展。当前,教育的发展理念、办学模式、教学方法和学习方法等无不受到信息技术的深刻影响。在这样一个大背景下,推进教育治理体系和治理能力现代化,也要充分利用现代信息技术。建设"智慧作业"无形之中为推进江西省教育治理能力现代化提供了有力支撑。未来,它必然能全面实时采集、分析大量的教育教学信息,提高教育行政管理效能;必然能够实现教育信息最大程度的公开透明,促进教育公平公正;必然能够实现政府、学校、社会的及时互动,为社会服务、社会监督提供平台。

(四)与探索同向,开启数字教育实践新场景

"智慧作业"建设,推进教育数字化,提升教学新质量。精细化管理、常态化使用,是未来"智慧作业"建设的最终追求。在这一过程中,注重建立学生大数据学情肖像,通过对学生日常过程性学习数据进行采集,提供个性化分析;注重名师微课精准扶智,让优秀教师通过电视走进千家万户,共享优质教育资源;注重多路径数据收集,更好地将信息化产品和日常教育

教学深度融合;注重作业教辅多元化,致力于个性化的习题推送,让学生远离题海战术。

二、建设原则

科技贴心,生活才能更舒心,才能真正智"惠"于民。坚持以师生为中心,统筹规划、需求导向、安全发展,加快"智慧作业"建设步伐,让中小学更加和谐有序、服务更有温度,不断增强广大师生的获得感、幸福感和安全感。为此,"智慧作业"系统平台建设需遵循以下几项原则。

(一)实用性原则

以完成教学需求服务为首要目标,以建设"实用、简便、普惠、可操作性"为发展方向,充分依托教育主管部门的主导地位,结合江西省中小学的实际需求和教育系统现有的信息,建设具有江西教育特色的"智慧作业"平台,避免各地"盲目建设"。

(二)开放性原则

兼容不同软硬件平台,可平滑移植,采用开放性接口,与各设区市教育系统、教育服务中心、各地考试院考试管理系统等行业系统,进行灵活的互联和数据共享,向相关业务部门及时提供所需数据资源和分析结果。

(三)高效性原则

采用符合信息技术发展趋势的先进技术,硬件系统将会选择先进、成熟、稳定、性价比高的设备。软件平台的选择与应用软件的开发,将会在满足师生需求的基础上,具有较强的易改造、易升级、易操作、易维护等"亲和"性能。

(四)可靠性原则

建立在成熟稳定的网络硬件环境和应用软件基础上,通过严密的权限操作机制、完善的安全控制机制、可靠的备份恢复策略、有效的监控管理手段和快速的故障处理措施,以保障系统安全、可靠、稳定地运行。

(五)可扩展性原则

系统具有较强的前瞻性和可扩展性,预留有充分的扩展空间,保证将来各种新业务的开展,具备平滑升级的能力。软硬件平台应具有良好的可扩展能力,方便系统的升级和更新,以适应各种不同业务的后续发展。

(六)可维护性原则

一个完整的平台,可以方便直观地对平台本身运行状况、各种基础数据进行管理和维护,以满足系统安全、数据安全的需要;同时,平台具备灵活运行和未来功能拓展的二次开发能力。

(七)经济性原则

充分考虑利用已有的网络资源,建设低成本、高质量的平台,同时,注意系统建成后的维护成本与管理成本。在设计时将会充分考虑到逐步实施、逐步投入的要求。应用系统上基础通用模块共享,采用统一的信息接口、统一的信息发布,从而减少系统的维护成本。

三、建设措施

长期以来,江西省高度重视"智慧作业"平台建设工作,始终坚持把"培育、发展、提升"要求,作为实施创新驱动发展战略的重要抓手,努力构建以教育需求为导向,学校为主体的教育生态体系,重点围绕现代信息技术发展,规划布局全省各项数字科技创新平台建设,努力提升全省核心竞争力,加快推进全省经济高质量转型发展。

(一)完善政策

充分发挥各级政府的职能作用,聚焦巩固"智慧作业"平台建设成果,不断完善信息技术政策体系,积极创新财政支持体制机制,筑牢"科技兴省"压舱石,为全面推进"智慧作业"平台建设提供坚强保障。在支持的力度上调整优化政策,做到政策有准度、覆盖有广度、支持有温度,推动"智慧作业"平台建设健康运行。在支持的落实上给予政策倾斜,对各设区市在相关工作中成绩突出的学校、单位、师资等,在落实相关经费资助、畅通发展通道等方面给予政策倾斜。

(二)大力实践

按照"打造标杆、全域推广、高效推进"的原则,立足江西省实际,面向教育系统广大师生和社会公众,提供"智慧作业"优质资源和公共服务,更好地赋能全省教育数字化转型。认识上,以全面推广使用"智慧作业"平台为契机,发挥好平台在服务学生自主学习、服务教师改进教学、服务农村学校提高质量、服务家校协同育人的重要作用;措施上,全面提升和深化平台应用工作,创新工作思路,突出江西特色,彰显江西智慧;保障上,强化统筹协调力度,建立上下协同、资源共享、整体推进的联动机制,引导学校和教师常态化应用"智慧作业"平台。

(三)培训提升

掌握信息的获取、分析、处理、应用的能力,是作为教学一线的教师最基本的能力和素质。随着"智慧作业"建设的不断深化,对教师的信息应用技术能力的要求也在不断提高。为此,加大"集中、远程、校本"三类培训形式,形成以"集中培训为引领、远程培训全覆盖、校本研修提质量"的培训格局。通过人员集中培训,提升江西省广大教师的信息技术应用能力,充分发挥培训的引领作用。通过全覆盖的远程培训,降低培训成本,使泛在式的教师培训惠及全体中小学教师,让学习与提升信息化素养不受时间和空间制约。通过开展校本研修,加大教师研修力度,提高教师信息化应用水平,让研修见实效、见时效。

(四)激励机制

江西省各级中小学校要将"智慧作业"应用纳入学校教学管理基本要求和教育督导评价重要内容,及时评估应用成效。同时,积极完善教师的考核制度,探索和推行合理的教师考核方式,把"智慧作业"应用考核与日常教学考核紧密地结合起来。考核中,注重"智慧作业"的教学应用性和家校互动性,完善教师应用的"量化"与"质化"考核的平衡体系。按照"公开、公平、公正"的原则,积极探索多元、开放的考核评价途径,探索针对性强、科学标准和过程规范的教师应用考核体系。建立有效的激励机制,鼓励教师积极参与"智慧作业"建设,特别是在作业设计、微课制作、应用推广等方面,建立相应的激励机制。

第5节 "双减"政策下"智慧作业"的赋能

近年来,特别是自新冠肺炎疫情暴发以来,江西省各级中小学校把"智慧作业"作为"双减"政策落地的重要举措,科学谋划、全面落实"智慧作业"在中小学的实际应用,一大批线上答题、微课辅导、习题推送等,加速了"智慧作业"的落地生根,基本实现了城区义务教育学校"智慧作业"的全覆盖,迎来了一个"多措并举助力'双减',提质增效全面育人"的良好开端。

透过"智慧作业"赋能背后的力量,我们或许可以窥探到科技信息化时代下的"双减"政策是如何被打通"最后一公里"的。在这里,我们所要谈及的"赋能",是指赋能的结果,而不是赋能的过程。通常情况下,"智慧作业"的赋能,多半是由"智慧作业"的应用场景来予以体现和保障的,它本身是一个看不见、摸不着的应用过程,但赋能的结果影响大、涉域广、效果好。

经过近年来的实践,"智慧作业"基于大数据的个性化作业系统,不断深入探索信息化教学模式,现已初步形成了一个集"数据采集、以学定位、精准教学、注重个性、课后辅导"等五个维度为一体的"智慧作业"新模式,真正将为学生减负、为学习增效等功能的效果落到了实处,为江西省各级中小学开启了一个"双减"政策下提质增效的全新范式。

第一章 "智慧作业"概述

一、采集数据定点入局,赋能创新分层教学

"智慧作业"平台通过收集、汇总,动态采集学生过程性数据。正如江西省赣州市一位教师所说:"当采集到学生的书写数据后,我们就可以利用大数据技术和智能算法,对每一个学生的学习情况进行分析,并根据学生在作业中反映出来的薄弱知识点,定向推送学习内容和测试题目,有效提升学习效率。"这位教师的一番话充分表明,教师通过采集的数据分析,可以掌握每个学生对知识点的消化程度,及时捕捉到学生在学习中的微观行为,有利于教师了解不同学生对知识的掌握水平、兴趣,进而用数据为每个学生的成长,勾勒出一幅"动态画像",继而实施分层教学,以增强教学过程中的针对性与实效性。

二、以学定教备课布局,赋能创新课堂实效

课堂是教学的主战场,也是学生获取文化知识的主渠道,更是信息技术与教育教学深度融合的深水区。教师备好课,是整个教学工作的中心环节,也是提高教学质量的关键所在。"智慧作业"解决方案,一方面,可全方位采集课前预习、课堂练习互动、课后作业、错题巩固、微课学习和自主学习等全过程的学习行为数据并加以分析,针对课堂上出现的问题对症下药,找到知识体系中的疏漏和疑难杂症,有的放矢地给学生布置靶向作业,让学生能够有针对性地练习,减量不减质,为教学思路调整、补充提供可靠抓手。另一方面,还能给教师备课提供客观、全面的学情依据,实现以数为据、以学定教,以此推动学习评价从结果性评价向过程性、诊断性评价转变,促使评价与教学有机结合,并形成一个全新的评价体系。

三、有的放矢讲评破局,赋能创新精准教学

在"智慧作业"平台的帮助下,教师可通过查看各班级的作业高频错题,将试题按错误率从高到低排序,在课堂上集中讲解错误率高的练习题,帮助学生优先解决习题中集中暴露出的重点、难点问题,以提高作业讲评课的效率;同时,通过班级学情分析,定位学生易错知识点,引导学生共同

追根溯源、举一反三。对于错误率偏低的练习题,教师可让容易出错的学生来进行分析,师生共同帮助其反思错误的原因。"智慧作业"让教师的作业讲评课不再陷于"一张试卷、一支粉笔,从头到尾凭经验讲解"的窘境。反而是,高频错题优先讲、重难点精细讲,一张试卷、每一道题,都是依据学生的得分率被划归为不同层级,让习题讲评课重点突出、精准教学,极大地提升了课堂讲评效率。

四、注重个性差异开局,赋能创新因材施教

教育信息化的发展给学校提供了新的可能,在信息化运用过程中,通过"智慧作业"平台和大数据应用,学校基本能够实现对学生进行个性化学习方案的制定和个性化的指导。在实际的运用过程中,一方面,教师根据实际学情,将班级学生分层,针对不同层次的学生,布置分层作业或靶向作业。另一方面,"智慧作业"平台解决方案对学生错题进行自动归集,生成个性化错题本和学情档案,教师对学习质量进行综合评判,反哺课堂教学,形成良性的"教、学、评"一体机制,把因材施教落到实处,以提升学校整体教学质量。

五、课后辅导机制成局,赋能创新查漏补缺

随着"双减"政策落地,"智慧作业"正成为多地教育主管部门和学校丰富"课后三点半"服务的重要补充,尤其在江西的南昌、赣州等地区最为突出。自"双减"工作开展以来,做好中小学生课后辅导工作,就成了教育的重中之重。在全面落实"双减"政策的环境下,课后辅导服务是"智慧作业"一个核心的场景需求。为了保证个性化错题本的应用效果,一些学校形成了一系列的监督机制,对于错误率较高的个性化习题,教师会通过录制微课进行二次讲解;对于错误率较低的习题,教师则组织班级小组自行讨论解决,以此查漏补缺,巩固已掌握的知识点,从而真正实现了知识点的闭环,让学生的薄弱知识点有了更好的解决办法。

忆往昔,"一支笔、一道题、一本练习本",这是很多人小时候曾经写作

业的全部家当。随着数字化时代的到来,学生曾经书写作业的模式被赋予了更多的元素,以信息技术为先导,云计算、大数据、人工智能等新兴数字技术为驱动的"智慧作业",已经成为江西省教育行业系统性革新的内生变量。

近些年来,在广泛应用"智慧作业"平台的基础上,江西省广大师生充分体验了信息化课堂所带来的高效与便利,通过以作业数据为基础的教学管理,精准掌握教与学的实情,并将如何提升课堂教学品质作为长久课题,扎根于日常教育工作之中,不断创新信息技术与教育教学的深度融合,以期达到"精准施教助'双减',减负增效提质量"的美好愿望。

第二章

"智慧作业"生态圈的构建

"十三五"以来,在江西省委、省政府的坚强领导和全省各部门、各地教育系统的共同努力下,江西省教育信息化工作按照"四个一"[①]工作思路,加强顶层设计,多方协同推进,以"教育专网"为主要标志,建立了面向各级各类学校的教育资源公共服务平台、教育管理公共服务平台,实现了"优质资源班班通"和"网络学习空间人人通"。2018年,《教育信息化2.0行动计划》进一步提出"构建一体化的互联网+教育大平台",构建"互联网+"条件下的人才培养新模式、发展基于互联网的教育服务新模式、探索信息时代教育治理新模式。

优质的教育信息化发展"土壤"为江西省"智慧作业"的建设奠定了扎实的基础,通过新建、优化完善等方式,从基础学情数据的采集、数据分析到数据应用,反哺教学,完善教育信息化新型应用的生成,以"智慧作业"基础平台和数据多方向应用为主要建设内容,形成"中心驱动,多元发展"的"智慧作业"生态圈(见图2-1)应运而生,助力江西省教育现代化发展迈上新台阶。

在"智慧作业"平台中,通过整合现有省级教育信息化资源,一方面,通过技术升级,提升大数据、云计算等基础环境方面的承载能力,支撑"智慧作业"应用每日产生的千万条级教学数据的汇聚与存储,保障平台的安全稳定运行。另一方面,平台运行中产生的各类基础和过程性数据,如学校信息、教师信息、学生信息、作业数据、课堂数据、评价数

[①] 2012年,江西省人民政府办公厅印发了《关于江西省"十四五"教育事业发展规划的通知》,其中表示"四个一"指"一条路"(加快教育专网建设)、"一批车"(打造各类优质教育资源和教育教学应用软件)、"一朵云"(遴选建设一批云应用)、"一批机制(完善体制机制)"。

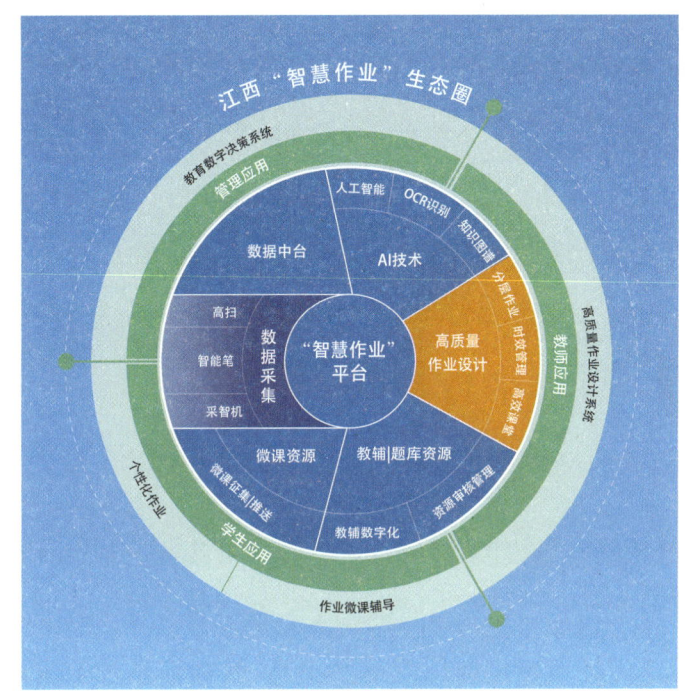

图 2-1 "智慧作业"生态圈

据等均实现集约式存储,实现教育数据的统一存储与深化应用。"智慧作业"与"赣教云"平台的无缝衔接推进了教育数据共享、教育资源共享的跨区域、跨部门的数据共享体系的建设。

"智慧作业"在应用层,深度挖掘教学数据,现阶段面向不同受众群体,按需提供相应的服务。如:①面向教育管理者,以数据驱动教育治理为核心。以信息技术手段赋能数字教育建设,动态监管中小学生日常作业时长、作业整体难度、教学进度等关键指标,落实江西省教育厅"双减"政策中的"一提高、两控制、三严禁"制度。提供学生应知应会知识点的掌握情况、学科强弱分析、学科薄弱知识点等核心教育教学质量分析功能和决策功能,有效落实"双减"工作,保证教育教学质量提升。②面向教师,以数据促进教育教研为关键。应用大数据人工智能技术为教研、教师提供学生群体、学生个体的学情维度精准分析。通过高质量作业设计系统辅助教研团队、教师提升教研能力。③面向学生,以数据赋能个性学习为根本。通过采集设备进行学情数据采集,智能化即时推送举一反三试题,帮助学生个性化学习。辅助名师微课,系统化、全方位地推动优质资源在江西省的共享,极大程度地满足学生对个性化发展与高质量教育的要求。

第1节　基础平台构建

经过多年来的探索实践，江西省信息技术对教育的革命性影响已初步显现，但与新时代的要求仍存在较大差距。数字教育资源开发与服务能力不强，信息化学习环境建设与应用水平不高，教师信息技术应用能力基本具备但信息化教学创新能力尚显不足，信息技术与学科教学深度融合不够，高端研究和实践人才依然短缺。充分激发信息技术对教育的革命性影响，推动教育观念更新、模式变革、体系重构，需要针对以上问题举起新旗帜、提出新目标、运用新手段、制定新举措。基于信息化技术手段如何实现优质教育资源的全方位共享、学生个性化学习是江西省教育管理部门一直在思考探索的问题。

"智慧作业"通过对教师批改后的学生作业本使用扫描、高拍等手段进行采集统计，经过大数据平台精准分析学生薄弱知识点后，能为每位学生推送个性化优质学习资源。平台构建以数据存储分析为核心，通过提供统一用户认证，实现与"赣教云"平台的无缝衔接，极大程度上简便了用户操作。

一、规范数据建设标准

"智慧作业"基础平台作为整体生态圈的核心数据进出口，应业务而生，形成"四个统一"的数据规范，不仅考虑数据在内部及生态圈层的流转逻辑,同时兼顾"智慧作业"平台与外部其他平台的数据共享,让"统一输出、统一认证、统一接入、统一权限管理"成为新常态,减少办事的时间和经济成本,以此满足高质量教育发展的需求。

(一)统一的数据输出

制定"智慧作业"系统统一的数据规范、统一的分类编码、统一的交换格式、统一的术语、统一的文件格式和统一的质量指标体系,以此为不同的采集端、不同的周边支撑系统的互联互通、共享交换提供支持,实现教师、学生与家长之间学情信息资源共享的应用服务。教师与学生之间的学情资源的推送和学习,使教师、学生、家长之间具备资源信息的动态流动性。

(二)统一的基础信息认证

"智慧作业"与江西省教育公共平台的统一身份认证对接,实现系统的用户、角色和组织机构统一化管理,确保各应用系统间跨域的单点登录和单点退出。统一的身份认证可以帮助用户登录江西省教育公共平台后,再转入"智慧作业"系统,简化用户的操作,也保证同一用户在不同的应用系统中身份的一致性。整体涵盖学校体系、班级体系、学生体系的统一。

(三)统一的数据接入体系

"智慧作业"通过接入源配置、服务配置等过程,完成与目标系统和站点的数据接入工作,并将接入的数据存储至"智慧作业"基础平台中,构建智能化区域数据枢纽,实现物理世界与数字世界的联通,最终打造智能化数据生态。

(四)统一的权限管理体系

"智慧作业"提供了统一的权限管理,各业务系统通过调用平台提供的服务接口,无须再从业务系统中开发管理模块的权限,缩减了建设周期。同时,"智慧作业"提供了基于角色的权限控制,通过每个业务系统的不同使用者可以划分为系统角色和用户角色。系统角色拥有整个业务系统的控制权,用户角色拥有业务系统授权访问处的控制权。用户组的权限如果不能满足用户的需要,可以直接给用户分配需要的角色,使之不再受限,授权形式更加灵活。"智慧作业"通过用户分组操作,可以批量操作用户分组,实现批量授权。

二、学科知识图谱建设

"智慧作业"以学科知识为核心,建立各个学科的知识点概念间的层级关系,知识点与知识点之间的关联关系,不同知识点之间的前后顺序关系,构成学科知识图谱。教师利用这个图谱,可以把知识点之间的关系,通过可视化的形式展示给学生,一目了然,帮助学生构建知识体系,查阅知识要点,做总结沉淀,消灭知识盲区。学科知识图谱构建之后,用户可以与教学资源(如教材、试题、讲义、教学视频、试卷等)构建关联,进而通过用户信息和学习记录,建立知识点与用户之间的关联。"智慧作业"通过知识图谱,更加精准地刻画出学生知识掌握情况,从而实现为用户精准研判学情,规划学习路径,推荐个性化学习资源。

"智慧作业"通过与教研资料关联,为教师教研备课提升效率和质量,以知识图谱问答为核心技术的辅助教学答疑系统,可以有效地减轻简单、重复问题给教师带来的负担,也能在很大程度上满足学生的答疑需求。"智慧作业"以教学图谱为核心的教育知识资源建设,利用知识图谱建立起领域知识间的关联,与不同版本的教材、教辅、讲义、视频、试题等各种教育资源之间建立关联,构成一个整体的网络。

三、内容识别技术完善

作业是基础教育的"神经末梢",是教育功能达成的"最后一公里"。作业向前延伸体现备课和课堂教学的实效性、高效性、结构性;作业向后延伸体现作业的批改、评价、分层教学。"智慧作业"利用OCR识别技术,结合算法完成题目区域及批改结果识别,实现对内容高精准性地识别。"智慧作业"平台下的OCR技术可以实现图片内容的提取,将题目按照区域范围进行划分,保留学生作答原笔迹,实现错题的二次推送。

第2节 教辅数字化构建

教辅内容作为"智慧作业"应用体系的基石,为"智慧作业"数据分析提供了基础数据信息。资源内容的数字化处理是关键一步,"智慧作业"利用信息技术手段对内容数字化、标签化处理,形成具有更新迭代特性的学习者特征模型库,实现根据学生情况进行学习资源和学习路径的个性化推送与规划。

一、教辅数字化技术发展

传统纸质教辅采用的人工输入形式易造成处理周期长、人工成本投入高、错误率高等问题。"智慧作业"教辅数字化的构建摒弃传统方式,坚持安全可控、全覆盖、全生命周期、全流程闭环的体系原则,有效节省了网络传输成本和提高了信息安全性。它通过政企合作形式,不断实现技术突破,最终通过自主研发的OCR技术实现本地化部署,研发实现了可持续、高质量、有价值的数字化系统。依赖人工智能系统进行处理,通过自动化降噪处理、自动化题目细拆后自动标注、自动标签化、内容"三审三校"等21道处理工序实现数字化教辅。

二、教辅数字化覆盖范围

"智慧作业"是江西省教育厅贯彻落实国家"双减"政策,组织研发个性化作业辅导服务平台,向全省中小学师生和家长免费开放,"智慧作业"数字化教辅资源涵盖《江西省中小学教辅材料推荐目录》以及《江西省义务教材课程标准作业本》中三至九年级的所有学科的练习册。

三、教辅数字化对教育管理的新驱动

随着"双减"政策落地,文件精神明确提出要确保小学一、二年级不布置家庭书面作业,可在校内适当安排巩固练习;小学三至六年级书面作业平均完成时间不超过60分钟,初中书面作业平均完成时间不超过90分钟。教师要指导小学生在校内基本完成书面作业,初中生在校内完成大部分书面作业。"智慧作业"通过全面的教辅资源数字化,可实现教师布置作业时进行作答预计时长管控与提示。

第二章 "智慧作业"生态圈的构建

第3节 采集设备的选择

"智慧作业"在不改变学生书写作业、教师批改作业习惯和正常教学的前提下,利用智能笔、高扫采智机等信息化手段动态采集学生每日作业学情,即时生成每个学生专属的错题集,并免费精准推送中小学名师共同研发的成体系作业解析微课和同类巩固练习,学校发的练习册上不会做的每道题目都有江西省全省教师通过电视机顶盒在线一对一原题辅导,解决广大家长辅导孩子作业的烦恼。家长可通过电视机顶盒、"智慧作业"学习室、计算机教室、电子阅览室或"班班通"多媒体教学设备等多种方式自愿选择登录"赣教云"平台查看错题微课,学生可根据自身需要自行打印错题及拓展练习题,这有助于学生掌握薄弱知识点,避免机械、无效、重复性作业,切实减少作业总量、减轻作业负担,帮助学生科学地减负增效。

一、智能笔模式

智能笔分为教师用笔与学生用笔。在无学生用笔的情况下,教师可自主使用智能笔进行作业批改,教师需同步登录"'智慧作业'教师端"微信小程序手动点击"数据上传",作业情况即可通过互联网传输汇聚至"智慧作业"平台,各区域、各学校可了解使用情况和作业学情等数据。此模式较为简单方便,只需要为每位教师配备一支智能笔,适用于一般的书写数据采集场景,如作业批改结果数据采集。

学生使用学生智能笔进行数据采集,则需在教室安装蓝牙接收等配套设备。"智慧作业"支持学生使用智能笔在已铺码的教辅作业本上进行书写并点击"上传书写轨迹"功能,学生书写完成后,智能笔针对自动批改的作业结果进行统计分析,如高频错题、作业正确率等,为教师因材施教提供参考。对于自动批改无法完成的极小部分题型,教师可通过作业批改系统的纸质批阅或电子批阅功能快速完成。学生使用智能笔做作业,数据将实时上传到"智慧作业"平台,教师收集全班作业数据后,可查看具体提交作业人数及学生姓名。通过此方式,教师可以实时监测学生完成作业的情况,还原学生作答结果。

二、高扫采集模式

"智慧作业"支持学生使用高扫方式在练习册上进行错题采集。它不改变学生传统的作答习惯,且支持客观题自动批改。高扫采集模式成熟简单、操作快捷,一分钟可扫50张左右的作业,且无须使用手机或其他软件操作,深受教师喜欢。高扫模式不管练习册是否铺码都可以实现采集功能。中小学教辅尤其是高中教辅品类繁多,难以统筹,通常每个学校甚至每个教师使用的练习册、试卷可能都不一样,但是教师仍然有布置作业和采集错题的需求,因此可采用高扫模式进行采集。通过这种模式采集的错题数据,系统会自动进行统计,学生错题会自动进入到学生错题本和班级错题本中,并将学生完成情况快速反馈给教师,保留批改痕迹和学生作答轨迹,便于教师在课堂教学时有的放矢,检验课堂教学效果。此采集模式集日常作业采集、查看错题、生成错题本、一键打印等功能于一体,支持广泛应用于公立学校、公立机构学生日常纸质作业中;具有超大内存空间,支持海量作业数据处理;采用每个班级配备一套的原则。

三、高拍采集模式

这种采集模式不改变学生传统的作答习惯,教师批改作业后,学生可自主通过高拍进行数据采集,系统将自动对前端采集设备传输过来的学生作业图片进行处理,如识别对错信息、判断题目知识点、汇总学生成绩、记录学生信息等。与使用高扫采集模式一样，系统也会自动进行统计，学生错题将自动进入学生错题本和班级错题本中，并将学生完成情况快速反馈给教师，保留批改痕迹和学生作答轨迹，便于教师在上课时掌握学生学习情况，及时检验课堂教学效果。此采集模式同样集日常作业采集、查看错题、生成错题本、一键打印等功能于一体，支持广泛应用于公立学校、公立机构学生日常纸质作业中；具有超大内存空间，支持海量作业数据处理；采用每个班级配备一套的原则。教师批改后的纸质试卷、练习册等均可通过此模式获取学生作答数据和作业笔迹，方便教师采集学生的学情，并在课堂讲解。

四、自主归集模式

该归集模式通过家庭电视机顶盒，按家庭孩子需求可实现将电视机升级为"智慧作业"学习机。对于家庭未安装电视机顶盒的用户，特研发专门的终端设备——"智慧作业"宝盒。学生作答完成之后利用家庭终端设备——学习机，即可在线观看每日作业所对应的微课视频，反复学习，相当于把名师请回家辅导。系统对前端采集设备传输过来的学生作业图片进行处理，识别对错信息，自主归集学生答错的原因，判断题目知识点，汇总学生成绩，记录学生信息等。同时系统将自动进行统计，学生错题自动进入学生错题本和班级错题本中，并将学生完成情况快速反馈给教师，为后续数据获取、个性化教育内容输出提供数据依据。

五、AI学习室

部分学校将学校城域网覆盖下建设的AI学习室或机房改造升级为支持登录"智慧作业"平台、观看作业题目微课的学习室。学生作答完成之后前往学校学习室查看题目视频微课，系统按学生解题错误原因将作业数据收集上传。此模式普遍适用于偏远地区的学校，可采集学生的作业作答数据，方便教师了解学生学情，并根据班级作答情况有针对性地在课堂上进行题目讲解。

第4节 辅导微课建设

为深化优质资源的共享应用,按照"共建共享"的原则,由江西省教育厅统一进行"智慧作业"微课征集活动,按题目进行微课录制,微课内容紧贴江西省实际教情学情。截至目前,江西省"智慧作业"已有数字化习题40多万道,征集微课60万节。通过建立激励机制与基础保障双效屏障有效维护作业微课建设体系的持续稳定运行。整个体系构建形成以下特色。

一、微课征集形式多样化

(一)基础保障分配制

江西省"智慧作业"微课录制面向全省45万余名中小学教师,每学期对三至九年级各个学科3万余道题的题目,按照单题进行3~5分钟的微课录制。"智慧作业"采用习题录制预约制的形式,教师根据自己的学段学科通过提前预约,等待系统分配,只要题目数量充足,耐心等待就能获得分配的习题,每个教师都有机会参与其中。

(二)各显神通抢题制

教育信息化形式下江西省教师教学热情高涨,迫不及待为全省的教育高质量发展贡献一己之力,这就造成"题目少,教师多"的问题。而这也造成每次放题时,教师们都是手机、电脑齐上线,双双开抢。

(三)微课录制转赠制

教师通过抢题或分配模式获得了多道习题,可以转赠给其他教师。未抢到题目或者未分到题目的教师也可以通过其他教师转赠的方式获取到题目,这大大地提高了题目录制的效率和习题征集的进度。

二、审核机制高效化

教师获得题目后,根据题目内容录制讲解视频并上传至系统,同时设置该知识点的举一反三试题。教师提交审核后,会有专员对教师录制的微课按学段、学科分配给专业的微课审核教师审核。微课审核组会及时将审核结果通过公众号推送给录制微课的教师。审核通过的微课仍需根据抽查机制进行随机抽查,最大程度保障线上微课资源的正确性。

三、应用场景多元化

微课辅导体系是江西省"智慧作业"生态圈内的重要一环,它通过分析生态圈下各采集方式收集到的学生作业数据,自动推送相应题目微课给学生。学生在学校未能听懂或未掌握的知识点、习题,可以在家里或者学校建设的"智慧作业"AI智能学习室通过微课辅导系统反复学习,直至学会为止。

第 5 节 个性化作业辅导生态构建

教育学领域将"个性"定义为个体在先天素质基础上,通过与后天环境的相互作用,形成有利于自身解放的、由多种素质融合而成的独特整体。"个性化作业"可以表述为"在发现和尊重受教育者现有个性的基础上,深度挖掘个体潜在的问题,最大限度地促进受教育者的体能、智能等素质的发展,最终形成优良个性的教育"。个性化作业辅导以日常作业数据的定量分析为教育教研突破口,改变以考试结果作为检验教学的观念,强化"以学生为主体"下的新课标、新教材、新观念的教育教研模式。它为学校和任课教师提供以教材章节进度、教辅作业进度为主轴线的班级学情、分层学情、学生学情的全面分析。它以学生精准分层为依托,以分层临界生提升班级应知应会程度为导向,实现生成性教学和分层作业设计。它以靶向分层作业、弹性分层作业、个性化作业为路径,让优等生"吃得好"、中等生"吃得饱"、学困生"吃得了"。

一、AI 赋能,作业"千人千面"

通过人工智能、大数据等新一代信息技术与教育教学的深度融合,学生作业"千人千面"已成为现实。"智慧作业"系统以学生为中心,开展学情分析和学习诊断,构建学生画像,根据学生的学习行为记录和薄弱项为其量身定制个性化作业。它能帮助学生规划最佳学习路径,减少低效、重复练习，提升学习效率。同时，系统将根据学生错题及层次，匹配、推送不同难度的个性化习题，教师参考个性化报告对学生错题进行讲评，学生自主进行个性化错题二次巩固。

二、分层作业，弹性完成，拓展发展空间

教师应用作为"智慧作业"生态圈内的组成部分，依托高质量作业设计系统，在教育信息化2.0实施的大背景下，通过信息化手段实现学情数据常态化采集，从作业设计、作业效果与作业反馈等场景入手，为提升学科素养提供可行路径，凝练实践经验，探索工作创新。

只有兼顾作业的差异化、个性化教学需求，才能做到减负不减质。在"双减"政策实施背景下，教师积极利用高质量作业设计系统和信息技术分析数据，了解学生知识掌握情况，为精准施教提供了基础。现在学校教师都能够利用人工智能和大数据技术，借助"智慧作业"平台，根据校内学生学情，智能精准生成符合不同层次学生的分层作业，设计并布置"千人千面，精准滴灌"的个性化作业，对学生进行有针对的训练，实现学生个性化学习，并取得了良好的效果。

"智慧作业"平台为教师日常的作业设计提供了核心运用场景，即作业精选、作业精做、作业精讲、微课辅导和作业时效管理，在不改变教师现有教学方式以及学生纸质作业习惯的基础上，对日常课时作业数据进行全方位覆盖的采集、记录、分析，切实落实"双减"政策要求，落实校内作业减负管理，减轻学生课业负担。

第6节　微课观看渠道

江西省教育厅依托"赣教云"平台建设"智慧作业"系统,以减轻师生负担、不改变学生作业习惯和教师批改习惯为前提,将光学扫描识别、云题库、人工智能、大数据分析等先进技术应用到学生日常纸质作业中,动态采集学生每日作业学情,即时生成每个学生专属的错题集,免费为学生精准推送错题微课视频、举一反三试题。学生在家中可通过视频学习机观看错题微课,巩固提升学习效果。为全面拓展微课应用范围,实现优质资源全省共享,江西省教育厅搭建了以四大运营商(江西广电、江西电信、江西移动、江西联通)+"智慧作业"专用"作业宝盒"为渠道的"电视+教育"的微课观看体系。学生通过家庭电视互动机顶盒即可进入"智慧作业"板块,输入本人身份证号码就可以直接免费使用"智慧作业",且家长可管可控,如学生需要观看电视,则需要家长同意,获得家长手机号的验证码方可退回到电视模式。(见图2-2)

图2-2

这种新型的教学方式——"电视＋教育",不仅让学生"抬头看",更在疫情时期成为教育教学的一种主流模式。(见图 2-3 和图 2-4)教育部、国家发展改革委、工业和信息化部、财政部、国家广播电视总局等五部委联合印发了《关于大力加强中小学线上教育教学资源建设与应用的意见》(以下简称《意见》),在《意见》提出的五项重要举措中,特别确定了要加强平台体系建设,统筹利用网络和电视渠道,促进资源共享、渠道互补,覆盖全体学生,完善国家中小学网络云平台和中国教育电视台空中课堂,而这也是电视首次被纳入线上教育平台体系中。相对于小屏移动端的在线教育,"电视＋教育"模式具有以下主要的优势:①屏幕大,沉浸式学习更强;②课件更清晰,教学场景代入感强;③相比移动端,电视蓝光更护眼;④电视网络信号稳定、流畅不卡顿;⑤电视内容的监管更严格、内容更安全。

图 2-3

图 2-4

第7节 "智慧作业"生态圈发展现状

伴随着现代信息技术的蓬勃发展，特别是受益于国家重点扶持新一代信息技术产业政策的支持，以及教育生态环境需求的有力推动，近些年来，"智慧作业"迎来了新一轮快速发展的重要窗口期。在过去短短4年的时间里，"智慧作业"从核心技术到应用场景落地，从平台产品体验到实际场景感触，经历了从早期平台功能单一、参与者寥寥、知晓率偏低，到如今应用地域广泛，教育部重点推荐，以及参与教育市场主体多元的一个发展历程。

早在2018年4月，教育部《教育信息化2.0行动计划》红头文件一经出台，就犹如吹响了新时代教育信息化赶考的"集结号"，发出了加快建设现代化教育强国的动员令，标志着智慧教育、数字教育开始在全国范围内广泛推行。其中，依托现代信息技术的"智慧作业"具备智能化、开放化、多元化、一体化等显著特点，为加快智能环境建设、推进教育治理现代化发展，极大地发挥了示范项目的牵引带动作用。

经过4年来栉风沐雨、玉汝于成的奋斗历程，"智慧作业"从它的雏形成型、开启元年，到步入新的转型期，其间，通过潜心摸索、不断创新，使得关键核心技术取得突破，创新能力持续提升。从此，开启了一段新的逐梦之旅，现在我们所看到的江西省"智慧作业"已赫然位列全国教育信息技术发展的第一方阵。

第二章 "智慧作业"生态圈的构建

下面,让我们一起来看看"智慧作业"的发展历程吧!

2018年4月,中小学学情调研工作组成立,组建了一支配备专家及教育行政管理人员的班子队伍;

2018年6月,制定江西省内、省外调研方案并建立相关机制;

2018年8月,"智慧作业"设想的雏形基本确立;

2018年12月,启动编制筹备项目计划;

2019年1月,组建"智慧作业"专家成员组及项目技术支撑团队;

2019年1月,项目建设正式启动;

2019年2月,深入南昌市铁路一中开展试点;

2019年3月,江西省首个"智慧作业"AI学习室落成;

2019年6月,实施名师微课录制工作;

2019年7月,启动微课征集,江西省名师助力"智慧作业";

2019年9月,江西省教育厅下发文件,"智慧作业"正式在全省推广;

2020年,新冠肺炎疫情期间,"智慧作业"助力江西省师生"停课不停学";

2021年9月,"智慧作业"荣登教育部"双减"十大典型推荐案例排行榜;

2021年10月,《中国教育报》头版头条专题报道"智慧作业":《江西为落实"双减"注入"智"动力——作业更智慧 学生不喊累》。

2022年1月,"智慧作业"平台解决方案,应邀参加江西省省长主持召开的"南昌市推进数字经济发展"座谈会。

截至目前,在"智慧作业"发展基本告一段落的情况下,前方的路还很漫长,还需要进一步增强实现教育现代化的紧迫感,加快教育信息技术创新驱动和转型发展步伐,不懈努力,继续前进。如今,摆在我们面前的问题和挑战依旧不少,诸如,如何发挥"智慧作业"平台作用,以解决传统作业设计中的种种弊端?如何进一步完善"智慧作业"生态圈的发展?"双减"政策下,"智慧作业"的赋能如何才能得到更充分的体现?但这一切,并不能阻挡我们对教育信息事业的追求与探索,反而更加唤起了我们战胜困难的勇气和力量。

以"科技赋能"为主题的"智慧作业",作为当前减负增效的解决方案,其实是一项系统化、整体性工程。所谓的"智慧作业"生态圈,是以教育教学资源为基础、以学校综合体集群应用场景为表现形式、以多元教育网络为支撑、以不同功能网络圈层为骨架而形成的对内自我循环、对外衔接有序,融合省市、县区、学校一体化的作业"生态系统"。"智慧作业"生态圈的提出,是对学校综合体应用场景理念的拓展,是顺应学校综合体发展趋势,实现从教育资源整合到数据资源共享过程的必然。"智慧作业"生态圈的架构,是基于学校综合体应用场景提出的,其形成是一个系统工程,是教育部门、企业与学校相互协作,省市、县区、学校相互融合,教师、学生、家长相互带动的过程,落实到具体的"智慧作业"综合体应用场景规划上,可以概括为:"一个平台、五大圈层"。

一、构建"一个平台"

无论是"智慧作业"生态圈的构想,还是"智慧作业"综合体的规划建设,目的都是实现信息技术与教育教学的深度融合,以融合开启智慧教育。其首要任务就是搭建一个平台,为各功能单元提高效率、协同共赢提供发展环境和支撑系统,而"政府主导、企业开发、学校应用"是构建这个平台的基本条件。

(一)政府主导

由江西省教育厅牵头组织平台建设,设立管理机构。"智慧作业"生态圈的形成与"智慧作业"学校综合体的建设,不是哪一家企业能独立完成的,其需要公共资源的配给,需要管理机构的协调。政府主导的形式可以是多种多样的,有政策型、管理机构型或政府部门指导型等,这些都可以起到积极的引领和主导作用,特别是政策上的倾斜支持、重点帮扶,更能进一步完善"智慧作业"生态圈的环境,促进"智慧作业"平台得到良好发展。

(二)企业研发

在江西省教育厅的明确指导下,企业将科技与教育深度融合,构建了"智慧作业"平台。其研发的重点主要在"三点":一是系统完善平台整体架构,平台重点承载面向全省中小学的各类优质教育教学资源,建立资源分发共享机制,将平台资源按设区市需要,分布式部署到省级平台;二是开发汇聚各类优质资源,聚焦服务全面育人,开发汇聚包括作业推送、海量题库、精品微课、课后服务等板块的优质资源;三是深入推进教育教学应用,充分发挥"智慧作业"平台在教育教学中的重要作用,大力推进信息技术与教育教学深度融合。

(三)学校应用

江西省各级各类中小学坚持以推广和应用为主线,将"智慧作业"平台作为深化教育教学改革,提高教学质量的重要途径,加大推广平台应用力度,强化使用培训指导,促进中小学平台应用全覆盖。

二、形成"五大圈层"

"五大圈层"是"智慧作业"生态圈内各单元有机循环的"土壤",每个圈层既相互独立又相互融合,且各圈层预留了对接更大区域范围网络系统的重要接口,与其他运营网络相衔接,形成区域系统发展的网络化机制。具体来说,就是按照"数字化、智慧化、信息化"要求,对"智慧作业"核心数据进行梳理和优化,线上系统要与线下处置流程相融合,充分服务和赋能线下处置流程,实现对上贯通数据、对下敏捷处置、对内闭环运行。

(一)以对内资源整合为核心的知识结构化圈

以数学实践为例,"智慧作业"生态圈以数学在不同年龄阶段的学习形式"确定数了解→确定数应用→未知数探索→图形探究学习"为主线,整合数与式、方程和未知数、图形几何等课程,在每个学习资源中采用"虚实结合""基础→提高→创新"递进的方式,实现资源自主分层。系统中的基础数据由教研中心共建或大众参与完成,并借鉴其他专业的知识得以完善。在内部生态圈中,通过教师和学生的不断反馈,有助于发现新的学习需求和原有生态圈的不足,从而促进内部生态圈的资源动态更新。

(二)以对外资源共享共建为核心的资源应用圈层

"对外资源共享共建"就是利用教师与学生的学习数据变化,根据不同层次的学校,定制更符合本区域学生的区域资源库。由于目前教育资源的分配不均,基础教育已然不能满足教师教学以及学生学习的要求,造成教师教学难、学生学不饱的情况。系统通过资源应用圈层的各个资源应用模块,把资源给到不同学校,个人开放资源共享,建立更加符合本学校内容的区域校本库,通过区域校本库的制作以及采集数据,形成更加符合本学校的学情数据,更加有利于资源共享提升。

(三)以对上贯通数据为核心的多元学情圈层

"对上贯通数据"就是统一学情分析数据采集入口,解决各类教育数据"入"的问题。目前,由于各类系统之间条块分割、碎片化、孤岛化,学情管理相关数据采集入口多,系统之间不能共享,造成数据被重复统计,既增加了工作量,又无法统一数据口径。系统通过在多元学情圈层的模块中给不同的单位、个人开放数据录入功能,统一数据入口,采集完成后直接进入基础数据库,在各业务模块中共享共用,有利于作业分层、精准推送。

(四)以对下敏捷处置为核心的作业推送圈层

"对下敏捷处置"是指学情分析数据不能停留在"智慧作业"平台的基础数据库层面,必须将其拓展到与教育教学相关的活动上去,解决教学数据"出"的问题。例如:通过错题本的习题、个性化微课的推送、因材施教的辅导等,实现所有相关数据的共享使用。

(五)以对内闭环运行为核心的数据利用圈层

"对内闭环运行"就是实行数据"点对点"的闭环管理,其他无关教育教学的数据则是严格控制。数据闭环运行,是一个能够高效利用海量数据,让数据高效流淌、驱动系统成长的闭环方案。数据闭环的难点在于效率的提升,如何让数据在整个系统中高效地运转和利用,是其中的关键节点。因此,打造一个数据闭环体系,就是要完成数据对于教育教学产生价值的闭环,让数据驱动"智慧作业"平台增值赋能。

以"科技赋能"为主题的"智慧作业",作为当前减负增效的作业管理解决方案,其实是一项系统化、整体性工程,从数据采集分析到数据赋能学生学习、教师教学与教育管理,以教育数据为核心向外衍生,进而构建一个完整的、创新的"智慧作业"生态圈。构建"智慧作业"生态圈,旨在为教育教学提供数据分析、虚拟技术以及实践探究和项目驱动的场景,提高"人机"协同的教学效能,实现教育信息化背景下智慧教学和个性化学习程度的最大化。

第三章

"智慧作业"生态圈内的高质量作业设计助力"双减"

　　江西省"智慧作业"自2018年初创立以来,已经走过了4年的奋斗历程,在这4年里,"智慧作业"始终坚持不断地研发突破与迭代应用,产品效能得到提升,服务效果越来越好,有效破解了家庭辅导难题,在全省范围内已实现常态化和规模化应用,取得了较为显著的成绩。但是现在的"智慧作业"只解决了"辅导难"的问题,并没有解决作业总量的问题。为全面落实"双减"政策,控制作业总量和时长,在满足学校师生减负需求的同时完成增效,"智慧作业"高质量作业设计系统应运而生。该作业设计系统在已有的"智慧作业"的成果基础上继续探索高质量作业设计实践,通过给学生布置协商性分层作业来满足教师因材施教、学生个性化学习的需求,从而获得减负增效的效果,全面落实"双减"政策。"智慧作业"是高质量作业设计的土壤和根基,积极应用好"智慧作业"的采集和微课讲解等功能,才能更大限度发挥高质量作业设计系统的优势。

　　"双减"政策背景下关于高质量作业设计,主要从作业的功能价值、作业形式等方面提供作业设计的指导意见。高质量的作业设计应该符合学生学习成长规律,从素质教育要求的角度出发,高质量"智慧作业"设计以认知科学为基础,注重培养学生的高阶思维技能。它依据学情定难度,注重选择性。一般而言,作业难度可以根据学情对应设计基础巩固类、能力发展类、拓展提升类三类难度依次递增的作业群,供不同层次学生选择。①基础巩固类作业围绕巩固知识、熟练技能等目标进行设计,要关注作业目标、内容和形式的全面性,注重基础知识、基本技能、基本思想和方法的训练,限定时间,校内完成,要求中等以下水平学生全部完成,中等以上学生选择完成,为教师及时掌握学生学习效果、发现共性问题、开展针对性辅导、改进教学提供参考,为学生打好发展基础提供帮助。②能力发展类作业围绕思维品质训练、关键能力发展等目标进行设计,规定时间,校内完成,要有明确的活动任务,注重问题探究和综合学习,供学有余力的学生独立完成或小组合作完成,以满足学生的特长发展,丰富其学习体验。③拓展提升类作业围绕拓展实践、运用提升等目标来设计,重视反馈学生在实践运用过程中的表现和情感态度,以项目作业为主要形式,时间相对较长,突出对学生具体活动的建议和帮助,重视学习成果展示和激励性评价,旨在培养学生的创新精神,提高解决问题的能力和实践能力。

  教师如果布置作业时不注重差异化,采取"'一刀切'、一视同仁"的方式,那么会出现两种情形:成绩好的学生认为作业过于简单,不具备挑战性,难以激发学习热情,久而久之,他们的核心素养得不到提升,对作业会产生无所谓的心态,学习兴趣有可能降低;反观另一端,学困生会觉得作业比较难,难以完成,于是抄袭作业或者干脆不做。这种两极分化的问题,就需要教师在认真分析学情的基础上注重学生的差异化,布置分层作业,高阶作业让学生"跳一跳,摘桃子",如此,既能激发学生的学习兴趣,锻炼学习思维,又能让学生通过作业训练进一步提升核心素养。低阶作业则让学生"踏步走,稳发力",作业内容紧扣教材,以达到巩固基础知识的目的。

  作业对于学生巩固知识、形成能力和培养习惯具有十分重要的意义。同时,也是教师检测教学效果、精准分析学情、改进教学方法的利器。优秀的教师往往会根据本班学生的情况,自主设计作业或者改编作业,而不是全盘照搬教辅资料上的各种习题。但由于现在教辅资料、网上作业资源泛滥,很多教师习惯于"拿来主义",时间久了,教师也就逐渐丧失了自主设计作业的能力。事实上,即使是同样的学校,同一年级的不同学生在经过同样内容的教学后,掌握的情况都会不尽相同。这就决定了教师需要有针对本班级学生特点进行选编、改编与创编作业的能力,而不是简单直接使用"大一统"的校外教辅资料等。只有这样,教师才能更好地分析和诊断教学情况,提高教学质量,开展因材施教,并最终促进学生发展。此外,高质量的作业还有利于学校完善教学管理、开展科学评价以及提高教学质量。所以,提升作业设计质量是落实"双减"政策,提升教学质量的关键所在。

第1节 作业是什么?

一、作业的属性

作业作为一种为达成一定的教育教学目标,完成一定的教学与学习任务而进行的学习活动,具有其独特的属性。

首先,不同作业是基于不同的教育教学目标而设定的,不同地区、不同学科领域、不同单元的作业所涉及的内容也有所不同。所以,作业具有目标导向性和内容差异性。

其次,作业应该具有情境性。在作业中恰当融入生活情境,学生可以感受到课堂内容生活化和具体化,将作业与学生生活经验联系起来,更具理解性和操作性。此外,根据知识技能的特点,作业设置的类型、题型有所差异,即作业具有形式多样性。如常识性知识可设置选择题、填空题,逻辑性知识可设置解答题、辨析题,情感态度类知识则可以设置作文题,技能类知识可以设置实践活动题等。根据不同年龄段学生的发展水平以及同一年龄段不同学生的个性化特点,作业的难度应因年级而异、因人而异,即作业应具有难度、水平差异性。

最后,作业还应具有时效性。学生做作业的时间应该适度,即合理控制作业总量与作业速度是有效作业的前提。作业总量与时长过多,学生压力过大,容易适得其反,磨灭学生学习兴趣;而作业总量与时长过少,学生可能难以取得较好的学习效果。

二、作业的定义

（一）作业的由来

我国最早提出的"作业"一词来源于先秦文献《管子·轻重丁》，如"行令半岁，万民闻之，舍其作业，而为困京以藏菽粟五谷者过半"。这里的"作业"指"劳作、工作"的意思，即体力劳动。世界上第一篇专门论述教育教学问题的论著《学记》也对"作业"有所记载，如"大学之教也，时教必有正业，退息必有居学"，意思是说大学教学，要按照时序进行，必须有正式的课业，课后休息时也要有课外练习。这里《学记》主张课内学习与课外活动（含作业）相结合，"退息必有居学"既包括对课内教学的补充和延伸，即指课后作业；也包括学生在课余时间应该有广泛的兴趣和爱好，即指广义上的课程或作业。可见，这里的"作业"已经被视为是一种脑力劳动，其内涵是指课外活动（含课外作业），是课内学习的继续与补充。

《辞海》中将"作业"定义为："为完成生产、学习等方面的既定任务而进行的活动。"由此可见，中国古代"作业"的内涵较为宽泛，既可以指生产活动中的劳作，也可以指学校教育中的作业。从学校教育的角度来看，对于教师而言，作业是教师为完成学校教育教学活动而给学生布置的课外任务；对于学生而言，作业是课堂延伸的学习活动。

（二）作业的一般定义

从整体上看，国内当今大多数学者都普遍认为"作业"是一种学习活动，是一种为了达成一定的教学目标，完成一定的教学与学习任务而进行的学习活动；并习惯于将"作业"分为课堂作业与课外作业，把课外作业作为学生独立进行的学习活动，并不强调师生、学生之间的相互合作，这便是我们所谓的传统历史作业观。

如《教育大辞典》和《中国大百科全书》中都将"作业"分为课堂作业与课外作业。《教育大辞典》对于"课外作业"是这样表述的："课外作业是根据教师要求，学生在课外时间独立进行的学习活动。布置及检查课外作业是教学组织形式之一。一般认为，它是课堂教学的延伸，有助于巩固和完善学生在课内学到的知识、技能,并培养学生的独立学习能力。"[1]《中国大百科全书》对"课外作业"的界定是:"课外作业是课内作业的继续,是教学工作的有机组成部分;学生作业的目的在于巩固与消化所学知识,并使知识转化为技能技巧。"[2]再如,《简明国际教育百科全书·教学(下)》将"课外作业"表述为:"课外作业是指学生课后开展的无教师指导的学习活动。"[3]根据国内这些较为权威的著作对于"作业"的界定,我们可以发现,国内对于"作业"内涵和功能的界定具有以下五个基本特征:

一是作业具有目的性、导向性,是为了实现特定的教学目标而设置的;二是认为作业是课堂教学的有机组成部分,将作业分为课堂作业和课外作业,课外作业被视为是课堂教学的继续和延伸;三是认为作业是一种学习活动,形式多种多样,可以是口头练习、阅读练习、实践练习或者书面练习等;四是在作业的功能界定上,更加侧重于认为作业发挥着帮助学生巩固知识和技能的作用,较少将其扩展到有助于培养学生独立工作能力和发展智力、创造才能等方面;五是强调学生是作业的承受主体,强调作业是学生独立进行的活动,相对忽视了作业中师生、学生之间的相互合作。

本书中"智慧作业"平台所针对的"作业"主要指课外作业,即家庭作业,作业形式上限定于书面作业。即学校各学科教师依据一定的学科教学目标而布置给学生在课堂时间以外完成的书面形式的学习活动。作业内容具有目标导向性,是为了完成教育教学任务而服务的;作业完成时间是非教学时间,是学生在课堂外完成的;作业形式限定为书面形式,如学校发的练习簿、作业本。

三、作业的功能

对于学校教育而言,作业所具有的功能可以从学生、教师和学校这三

---

[1] 顾明远.教育大辞典[M].上海:上海教育出版社,1990:212.
[2] 中国大百科全书编委会.中国大百科全书[M].北京:中国大百科全书出版社,1985:210.
[3] 中央教育科学研究所比较教育研究室.简明国际教育百科全书·教学(下)[M].北京:教育科学出版社,1990:441.

方面来看。对于学生来说,作业具有巩固与延伸功能、培养与发展功能;对于教师来说,作业具有反馈与交流功能;对于学校和教育行政部门来说,作业的功能在于完善教学管理、开展教学评价以及提高教育质量。

(一)学生方面

一方面,作业能够帮助学生有效地巩固与延伸课堂所学知识内容。一般来讲,学校教育如果单纯依靠教师教授,而不辅之以一定的作业和练习,这些知识是很难被学生所消化和巩固的。教师在课堂上通常是选择典型的、具有代表性的重点内容或者题型来进行讲解,不可能面面俱到。因此,学生需要通过作业或者练习来达到延伸拓展知识的目的,从而做到较为系统、全面地掌握好所学知识。另一方面,作业有助于培养和发展学生的智力和非智力因素。学生在完成作业的过程中,需要较长时间静下心来思考、练习,并克服一定的困难,这在一定程度上可以培养和发展学生的意志力、兴趣、思维能力、计算能力和观察能力等。

(二)教师方面

作业对于教师来说,有助于教师检测教学效果、分析学生的学习情况和改进当前教学方式。课堂上教师的教学效果、学生的学习效果如何,除了可以通过课堂提问和考试成绩得到反馈之外,更多还是来自学生平时的课内外作业。一方面,教师可以根据学生作业的反馈情况,及时对教学内容、教学方法等进行调整和改进,以便有效提高教育教学质量。另一方面,教师对学生的作业进行恰当的评改,也是对学生的一种反馈,学生可以通过作业发现自身的薄弱点并加以改进,与教师进行知识上甚至是思想情感上的交流。

(三)学校方面

对于学校来说,作业是学校对课堂教学进行科学评价的依据之一。学生的学习效果、学校教育的效果,可以在一定程度上通过学生的作业反映出来。学校对学生的作业进行评估,以此为依据展开教学评价,有利于判断学校教育教学效果,查漏补缺,有针对性地改善教学管理,提升教育教学质量。

第三章 "智慧作业"生态圈内的高质量作业设计助力"双减"

第2节 为什么要做高质量作业？

难题、偏题，就是好作业吗？

个体的身心发展具有差异性，对于同一年龄阶段的学生来说，其学习能力和接受水平也各有不同。同一道题，对于学习能力强的学生来说可能是容易的题，对于学习能力弱的学生来说可能就是难题。作业布置若整齐划一，忽视学生的个别差异，势必无法获得最佳的作业效果。如成绩较好的学生被教师要求重复做一些无任何难度的题目，将时间浪费在无效刷题上，成绩提升并不明显；而成绩偏差的学生对于难题无从下手，只能消磨时间或者乱做，这无疑也是无效做题，学生自身能力得不到有效提升。

作业量多、作业量少，哪种是好作业？

作业量多，学生的负担重，耗费时间，影响其正常睡眠和休息时间，有损身心健康，还容易使其产生厌学心理，与家长、学校产生冲突。

作业量少，学生放飞自我，课堂上的学习内容得不到较好的巩固和延伸。学习能力强的学生也许能保持良好的学习成绩，但是学习能力差的学生对所学内容似懂非懂，一头雾水，难以取得理想的成绩，有可能无法完成升学，或是早早辍学……

所以，因人而异，"合适"的作业才是好作业、高质量作业。"合适"可以理解为因材施教，即在同一教学目标下的作业设计应尽可能的有可选择性，要求根据不同学生的学习能力和接受水平，布置个性化分层作业，合理控制作业总量和时长。如此,作业才能发挥其最大功效,学生才能获得最佳发展。

为什么要做高质量作业设计?有两方面原因。

其一在于,基于"最近发展区理论"和"强化理论"可知:一方面,理想的作业设计和布置必须要考虑到每个学生的"最近发展区",作业难度要控制在学生的现有能力水平和潜在能力水平之间,这样才能真正使学生获得最佳发展;另一方面,理想的作业设计和布置要使学生在完成作业的过程中不断获得正向反馈,使得作业结果对学生的学习产生强化作用,从而激发起学生的学习动机和兴趣,帮助他们养成良好的学习习惯。

反思目前各个中小学校的作业,基本上都是采用整齐划一的模式,全班学生做着同样的作业,同样的作业量和同样的作业难度,这必然违背了理想作业的原则,自然也起不到应有的效果,有可能适得其反。就单个学生而言,作业的目的在于帮助学生巩固和提高课堂所学知识;就全班学生而言,作业的目的在于帮助全班学生巩固和提高所学知识,帮助全体学生获得发展。而现有的作业模式,不仅不能达到理想中的目标,反而起到了相反的效果。对于一些基础薄弱、成绩差的学生来说,学校布置的大量作业看不懂、无从下手,只能将时间耗费在无效作业上。对于一些基础牢、学习成绩好、理解接受水平高的学生来说,每天重复做着一些毫无难度的作业,浪费时间,得不到应有的发展。

这两种情况在一定程度上都阻碍了学生的发展,因为作业难度并没有落在学生的"最近发展区"内,前者超前于学生的潜在水平,后者则落后于学生的现有水平。对于学生来说,这两种作业都是无效作业,因为它并不能推动学生的"最近发展区"向前发展,并不能做到因材施教,甚至可以说在一定程度上阻碍了学生的现有水平向潜在水平发展的进程。而且大量无效作业给学生带来的负面情绪,只会使得学生越来越不愿意做作业,越来越不愿意学习,不仅不能激发学生的学习动机,反而是磨灭了学生的学习热情。

其二在于,基于学生作业负担过重的问题,2021年中共中央办公厅、国务院办公厅出台了"双减"政策,要求"全面压减作业总量和作业时长,减轻

第三章 "智慧作业"生态圈内的高质量作业设计助力"双减"

学生过重作业负担"。文件明确指出：一要健全作业管理机制，二要分类明确作业总量，三要提高作业设计质量，四要加强作业指导。其中，明确要求确保小学三至六年级书面作业平均完成时间不超过 60 分钟，初中书面作业平均完成时间不超过 90 分钟。很明显，现有的作业模式无法达到上述要求，因此，高质量作业设计势在必行。

如何在落实"双减"政策的同时，又能激发学生学习动机，实现大规模的因材施教，使全体学生都能获得最佳发展，是本书高质量作业设计的关键所在。在下一章节，本书将会详细介绍如何通过"智慧作业"生态圈来优化作业设计，在减轻学生负担和家长负担的同时，激发学生学习动机，提高作业效果，促进学校教育教学质量的提升。

理论依据：维果茨基的"最近发展区理论"

"最近发展区理论"是由苏联早期杰出的心理学家维果茨基提出的，其内涵是指"儿童独立解决问题的实际现有发展水平与在成人指导下，或在与有能力的同伴合作中解决问题的潜在发展水平之间的差距"。

维果茨基的研究表明，教育对儿童的发展能起到促进和主导作用，前提是需要确定儿童发展的两种水平：一种是指儿童当前已经达到的发展水平，即指其能够单独处理问题时表现出来的能力水平；另一种是儿童在学习或成长过程中可能达到的发展水平，即潜在发展水平，指儿童在教师、家长等成年人的指导下，或是在与能力水平更高的伙伴的合作协助下处理问题时的能力水平。这两种水平之间的可成长区域，就是"最近发展区"，如图 3-1 所示。

维果茨基"最近发展区理论"

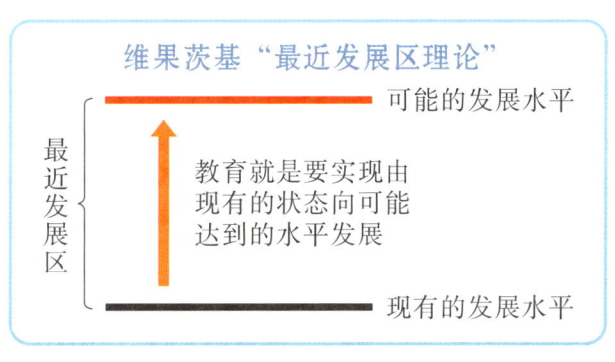

最近发展区 { 可能的发展水平 — 教育就是要实现由现有的状态向可能达到的水平发展 — 现有的发展水平

图 3-1

"最近发展区"的理论基础来源于维果茨基的文化历史发展理论。该理论认为,人类发展具有两种心理机能:一种是靠生物进化获得的低级心理机能;另一种是文化历史发展的结果,即以精神工具为中介的高级心理机能。在个体的发展过程中,这两种心理机能是融合在一起的。维果茨基认为,个体的心理发展是在教育与环境的影响下,通过掌握高级心理机能的工具——语言、符号等中介,由低级心理机能逐渐向高级心理机能转化的过程。值得一提的是,所有建立在个体的现有发展水平基础上的发展,无论是低级、机械的随机机能,还是高级、灵活的逻辑机能,都是在社会、文化与历史发展的大背景下,借助人类社会所创造的相关工具一步一步发展起来的。所以,个体的现有发展水平是一种普遍、连贯一致的现有状态。

　　维果茨基认为,教学主导者决定着个体智力的发展,这种决定作用,既表现在个体智力发展的内容、水平和智力活动的特点上,也表现在个体智力发展的速度上。为了指出个体在成长过程中教师的教学发挥对其指导和引领等方面的重要作用,以及教师教学与个体的成长之间所存在的密切联系,维果茨基从其"最近发展区理论"出发,结合"社会文化历史理论"提出了"合理的教学应走在发展的前头,并引导发展,教学应唤醒或促进一系列位于最近发展区内处于成熟状态的机能"这一观点。即认为教学"创造"着"最近发展区",教学应该走在发展的前面,强调教师的主导地位,强调学生是积极主动的知识建构者。基于此,教学的意义就是不断缩小并消除学生现有能力水平和潜在能力水平之间的差距。由此可见,在学生发展的内部条件和外部条件给定的情况下,教师在日常教学过程中,应该考虑到学生的"最近发展区",确定其教学安排落在了学生的"最近发展区"内。其关键在于对学生的实际现有水平的判断和潜在能力水平的预测,以及如何设计适合于学生潜在能力有效发挥的教与学过程的问题、作业等。学校则应该做到合理开发和利用各类社会资源,为充分挖掘学生学习潜力而进行教育教学实践。

　　维果茨基的"最近发展区理论",在当代教育中的应用越来越广泛,已经不仅仅局限于儿童教育,也可以应用于青少年甚至是个体的整个生命过程中。

第三章 "智慧作业"生态圈内的高质量作业设计助力"双减"

(一)"最近发展区理论"与教学的联系

"最近发展区理论"作为维果茨基社会文化理论的核心组成部分,打破了传统思维过度关注儿童的现有发展水平,用动态发展的眼光来看待儿童的发展,强调应该关注儿童可能达到的潜在发展水平,即在能力更高的人的帮助下能够达到的水平,从一个全新的视角阐释了教学与发展的关系。"最近发展区理论"与教学的关系可以从三个方面来看:一是教学难度应该根据学生的"最近发展区"来设定,二是教学要走在发展的前面,三是要把握教学的最佳期限。

1.教学难度应该根据学生的"最近发展区"来设定

维果茨基认为,教育不应该以儿童的昨天为目标,而应该以儿童的明天为方向。只有在教育教学过程中推动那些当前正处于"最近发展区"内的发展,教育才能发挥作用。因此,教学应该要从学生的"最近发展区"出发,向学生提供适合其发展水平的、难度适中的内容,调动学生的学习兴趣,充分挖掘学生的潜在能力,进而不断缩小甚至消除学生现有水平与潜在水平之间的差距,不断推动学生的"最近发展区"向前发展,不断创造新的"最近发展区"。通俗来讲,就是逐步从"未知"走向"已知",从"不会"走向"会",从"不能"走向"能"。

相关实践也证明,要想进一步促进学生的发展,必须针对学生的"最近发展区"进行相应的教学。如果仅仅针对学生已经完成的过去的发展进程,仅仅根据学生的现有水平而不考虑潜在水平来确定教学目标和组织教学的话,那么,这样的教学对学生的发展起不到促进作用,这样的教学将是毫无意义的。例如,有研究表明,如果对抽象思维能力低下的儿童进行直观教学,结果不仅不利于他们改善先天性的缺陷,反而会妨碍他们抽象思维能力的发展,甚至使其直观形象思维止步不前。也就是说,在现有已经成熟的心理机能的基础上进行教学,实际上是无效的。只有在那些还未完全成熟的心理机能的基础上进行教学,才能促使学生的现有发展水平与其潜在发展水平之间产生矛盾,矛盾推动发展,学生从而能实现更高水平的发展。

2.教学要走在发展的前面

"教学要走在发展的前面"可以从两个方面来理解:一是教学应该是促进学生的"最近发展区"转化为现实发展水平的动力;二是教学对学生的发展具有主导作用,教学影响着学生发展的内容、速度和水平。

维果茨基认为,教学不应该仅仅是与现有发展水平保持同步甚至是尾随于发展,因为儿童的发展不会向阳光下的影子一样尾随教学。维果茨基肯定教学的主导作用,认为教学创造着"最近发展区",提出了"教学要走在发展的前面"这一观点。因为儿童的"最近发展区"不是恒久不变的,而是处于一种动态的、不断发展变化的过程中。经过一段时间的有效教学,儿童的现有水平会向前发展,而其潜在水平也会向前发展。在一定条件下,儿童的潜在发展水平将会转变成下一个阶段的现实发展水平,而新的现实发展水平作为新一阶段的起点,在下一阶段又将会发展成新的潜在发展水平……循环往复,不断地实现潜在水平的现实化,每一次发展都会在原有基础上形成全新的并且高于原先的"最近发展区"。因此,只有当教学走在发展的前面,才能不断推动学生的"最近发展区"向前发展,不断创造出新的发展区,不断促进学生的可持续性发展。

3.把握教学的最佳期限

维果茨基倡导教学应该考虑儿童的年龄特征,他认为对儿童的教育教学必须以生物成熟为前提,并要走在已经有但尚未发展成熟的心理机能的前面,而教学的最佳期限就是建立在这些开始有但又尚未形成的心理机能之上。在教学的最佳时期,儿童的某些相应的心理机能已经具备并有待发展,处于尚未成熟阶段,在这个时候采取适当的方式对儿童进行教学,可以促进儿童心理机能的发展,并且进一步影响这些心理机能日后的发展。因此,要想教学取得最佳成效,就要把握好学生发展的关键期,也是进行教学的最有利时期。例如,儿童语言发展的关键期是一至三岁,在一岁半左右开始学习说话的效果最佳,如果在一岁之前或是三岁之后开始学习讲话,那么必然会非常困难。再如,儿童学习书写的关键期是四至五岁,处于四至五岁年龄段的儿童学习书写,能够达到自然而然使用书面语较佳的效果,如果在其他年龄阶段进行书写,则无法取得这么好的效果。

"把握好教学的最佳期限"具有两层含义,除了要把握好合适的教育教学的最佳时机之外,还要把握好教学的难度,难度应控制在学生的"最近发展区"之内。例如,让一组还不会加减运算的学生和一组已经会加减运算的学生一起接受教学,这两类学生的发展都会受阻。这是为什么呢?其实,本质原因就是其违背了教学的最佳期限,这种教学都是发生在学生的"最近发展区"之外的。对第一组学生而言,教学难度高于其潜在的发展水平,教学活动超出了其"最近发展区";而对第二组学生而言,教学难度低于其现有的水平,教学活动落后于其"最近发展区"。基于此,我们可以认为,"最近发展区"在一定程度上决定着最佳教学期限。教学活动如果超出学生的"最近发展区",那么对于学生来说难度过大,难以接受;教学活动如果落后于学生的"最近发展区",那么对于学生来说毫无难度,不能获得进一步发展。这两种情况都是无效教学,因为其并不能有效影响到学生有待发展的心理机能,无法推动学生由现有的发展水平向潜在的发展水平转变。因此,有效的教学应该要把握好学生身心发展的关键期,并将教学内容和难度控制在学生的"最近发展区"之内,才能促进学生的最佳发展。

(二)"最近发展区理论"和"因材施教"的联系

孔子在中国教育史上首次提出"性相近,习相远"和"因材施教"的教育观点。在这里,"性"是指人的先天素质,"习"是指人后天受到的社会与教育的影响。故孔子认为每个人的先天素质区别不大,是后天的社会环境与教育造成了人的发展有重大差异。由此可见,孔子极大地肯定了教育和环境对人的发展的重要作用,这成了人人都可以接受教育的理论依据。既然人人都是可以受教育的,且教育对每个人都是有用的,那么,如何进行教育对每个人的发展都能起到最大作用呢?孔子认为,教育应该从人的实际情况出发,根据每个人的个性特点和具体要求来进行针对性教育,以达到预定的教育目的。孔子关于"因材施教"的教育观,对我们当今的教育产生了深远的影响。

由于每个学生都是独立的个体,是发展中的人,故学生之间的差异无处不在。因此,我们可以将"因材施教"理解为在教育教学过程中,教师应该从不同学生的能力水平、性格特点、志趣爱好等实际情况出发,采取不同的教学方法进行有差别的教学,扬长避短,使学生获得最佳发展。对学生进行因材施教,教师首先要了解学生的学情、各方面能力水平与学习特点,才能较为精准地掌握学生的"最近发展区"。但是,对于当今的学校教育,班级授课制是主要的授课方式,不太可能完全实施个性化的因材施教,为了使得教育效果最大化,教师可以采用分层教学和设计分层作业的方式,将"最近发展区理论"贯穿于学校的分层教学中,实现班级授课制下的个性化教学。

例如,对于学生整体而言,班级的教学应面向大多数学生,使教学的水平为大多数学生经过努力后所能接受。这就得从大多数学生的实际出发,考虑他们整体的现有水平和潜在水平,正确处理教学中的难与易、快与慢、多与少的关系,使教学内容和进度符合学生整体的"最近发展区"。如遇到较难的章节时,教师可以添加一些为大多数学生所能接受的例题,不一定全部照搬课本,以便各有所获。对于学生个体来说,有的学生认识能力强、兴趣广泛、思维敏捷、记忆力强,他们不满足按部就班的学习,迫切希望教师传授给他们未知的知识,要求更有深度的知识。教师应根据他们的"最近发展区"的特点,实施有针对性的教学。例如,建议他们多做拓展类题目、进行超前学习等。而对于学困生,现有的整齐划一的教学方式是不太符合他们的"最近发展区"的,因此,教师在课堂教学中要注意这一批学生。同时教师在布置作业的时候也要作多层次的要求,避免个别学生交不上作业的局面,使得学生在作业中各有所为。此外,不同学生可能存在认知风格方面的差异,如有些学生不善于借助分析、综合和逻辑推理的方法来理解、掌握知识,而是比较倾向于用较为具体、形象的思维,因此,教师可以适当采取符合他们认知特点的方式进行相应的教学。例如,在七年级讲幂的运算时,正数的任何次幂都是正数,负数的偶次幂是正数,负数的奇次幂是负数,这样一个关于幂的符号取决时,教师可以由形象到抽象的顺序讲解,举个例子:

正数幂：$(+2)^2=4$，$(3)^2=9$。

负数幂：$(-3)^2=9$，$(-1)^3=-1$。

$(0^2)^2=0$，$(0)^3=0$。

先让学生直观观察，一起总结规律，然后再提出性质：正数的任何次幂都是正数；负数的奇次幂是负数，偶次幂是正数；0的任何次幂都是0。也可以和学生们一起将性质继续加深理解，变为数学符号：

当 $a>0$ 时，$a^n>0$（n 是正整数）；

当 $a=0$ 时，$a^n=0$（n 是正整数）；

$a^{2n}=(-a)^{2n}$（n 是正整数）；

$a^{2n-1}=-(-a)^{2n-1}$（n 是正整数）；

$a^{2n}\geqslant 0$（a 是有理数，n 是正整数）。

如此，在教学中适当兼顾少数和个别学生的差异性需求，会更容易让全体学生接受。

第3节　数字经济环境下的教育教学转型

一、教育数字化转型背景

我国"十四五"规划纲要提出,"迎接数字时代,激活数据要素潜能,推进网络强国建设,加快建设数字经济、数字社会、数字政府,以数字化转型整体驱动生产方式、生活方式和治理方式变革。"各行业迎来进入数字科技时代的历史机遇,社会数字化是必然趋势。在教育领域,随着教育信息化的发展,教师的教、学生的学和管理者的管面临着数字时代全新发展逻辑的挑战与重塑,促成一种以数字技术推动信息的数字化思维流向数字化模式转变。建设以数字化为支撑的高质量教育体系,是应对新阶段人才培养挑战的必然选择。习近平总书记强调,要应信息技术的发展,推动教育变革和创新;要高度重视人工智能对教育的深刻影响,积极推动人工智能和教育深度融合;要总结应对新冠肺炎疫情以来大规模在线教育的经验,利用信息技术更新教育理念、变革教育模式。在中国这样的人口大国,只有充分利用大数据、人工智能等技术,构建网络化、数字化、个性化、终身化的教育体系,才能实现"人人皆学、处处能学、时时可学"的学习型社会。加快推进教育数字化转型,是我国教育实现从基本均衡到高位均衡、从教育大国到教育强国的必然选择。当前,我国的教育数字化转型工作已经在基础设施、数字资源、信息平台等建设与应用方面取得阶段性进展。

(一)教育数字化转型的重要目标

一是充分应用数字化技术,改变传统教学的工作思路与流程,树立数字化意识,实现数字思维引领的价值观转型;二是教师、学生及教育管理者的数字化能力的培养,这是数字化转型的基本能力;三是构建智慧教育发展新生态,涉及数字战略与体系规划、新型基础设施建设、技术支持的教学方法变革和技术赋能的创新评价等;四是形成数字化治理体系和机制,全方位系统性重塑教育治理的体制机制、方式流程、手段工具等。

(二)教育数字化转型的内涵

一是从战略层面,教育数字化转型的根本任务是优化、创新和重构价值观,以形成组织和机构的数字化意识和数字化思维为目标;二是系统性变革是教育全要素、全流程、全业务和全领域的数字化转型,要推动智慧教育生态的形成和发展;三是核心路径,数字能力建设既包括学生和教师的数字能力建设,也包括教育管理人员的数字能力建设;四是教育数字化转型的关键驱动要素是数据,易用、可用、好用的数字教学平台和数字教学工具的广泛采纳是数据采集的基础,平台的互操作性是基本保证。

(三)教育数字化转型的战略意义

教育数字化转型的战略意义与数字中国、数字经济同脉,是教育主动适应新一轮科技革命趋势,从数字社会角度重新思考人才培养规格,优化和升级数字化学习环境,变革教学和评价模式,推动体制和机制创新,建立适应智能时代的包容、公平、绿色、高质量和可持续的智慧教育体系,完善时时能学、处处可学、人人皆学的终身持续学习体系。教育数字化转型还需重视地区差异和城乡差异,充分考虑数字鸿沟和数字使用鸿沟的问题,建立包容和公平的文化,考虑每一个学生的发展。

1.教育数字化将深化我国教育理念变革

教育数字化不是简单地将传统教育方式线上化或视频化,而是通过教学全过程进行教学大数据的采集、分析和应用,将传统经验型教学向以数据交互、信息评估为主的数字化教育转变,推动教育和学习活动无处不在、无时不有。从这个角度来看,教育工作者不仅需要掌握基本的信息技术工具,更需要用数字化的理念审视和指导教育教学过程的各个环节。

2.教育数字化将促进教育资源公平配置

在数字环境下,教育将不再局限于传统意义上的校园,受教育者不仅可以通过传统的面授方式获得知识,还可以足不出户借助计算机通过网络接受教育。各地实践也证明,通过教育数字化,可以扩大优质教育资源覆盖面,逐步缩小优质教育资源的区域、城乡差距,大力促进教育公平,让亿万孩子共享优质教育,通过知识改变命运。

3.教育数字化为推动教育高质量发展创造了条件

因材施教的个性化教育是未来教育的一个方向。依据每个学生的能力、潜力、创造力以及学习进度等数据,智能化的数字教育可以分析不同学生的学习情况,借助学习过程中双向数据反馈进行教学过程诊断与评价,科学引导教师差异化指导学生,为学生制定个性化学习方案。推动教育数字化有助于实现以学定教、以学评教、以学导教。

4.教育数字化有机融合虚拟与现实教育

教育数字化并非完全依靠数据和算法进行教育的全过程管理,各种教育软硬件的应用、数据技术的协同,都是为了提升教学质量,通过数据的应用助力教育走向精准、走向科学、走向高效。教育重点在于育人,虚拟教育不能完全替代现实教育,不能因为积极推动数字化教育发展而忽视或弱化师生面对面交流的课堂教育。教育数字化进程不可能一蹴而就,在较长时间内,在线教育依然是学校教育和课堂教学的补充和延伸,课堂线下教育和数字化线上教育必须相互融合。

二、建设高质量作业平台的现实意义

(一)教育均衡化

教育均衡发展是在教育公平、教育平等原则下的一种理想化模式,是一种新的发展观。教育均衡问题包含三个层面的内容:一是区域之间的均衡发展,二是区域内部学校之间的均衡发展,三是群体之间的均衡发展,特别是弱势群体的教育问题。当前,我国基础教育发展不均衡,东部沿海地区的教育明显高于西部地区,城市的教育明显高于乡村。改变教育不均衡发展,是个十分复杂的难题。实现教育均衡化,就是要帮助乡村孩子共享优质教育资源,优秀教师不再"专属于"某一个学校,而是大家可以共享优质师资。目前,江西省"智慧作业"已逐步深入至全省近30万建档立卡的在籍贫困生家庭,免费为贫困生提供优质个性化作业错题功能以及精准的作业微课线上学习服务。此举有助于推进江西省教育现代化建设,促进全省教育均衡发展,实现教育公平、"精准扶智",为建设教育强国铺路,并为中小学提供"信息技术与课堂教学深度融合""中小学教师信息化技术应用能力提升2.0的30个微能力"的完整信息化解决方案,从而能够缩小学校的教学差距,实现教育质量整体提升的大目标,最终促进教育的均衡化发展。

(二)学习高效化

"智慧作业"高质量作业系统以人工智能和大数据技术为基础,以优质教育服务为导向,为学校贯彻落实《中国教育现代化2035》和《教育信息化2.0行动计划》提供有效解决方案,可快速提升教师教学效率,实现学校教育的信息化,为学校提供智慧课堂真正落地的系统解决方案,为教师的教学工作提供便捷、高效的辅助性服务,并能针对每个学生量身定制个性化学习计划,做到真正的因材施教。"智慧作业"平台利用分层作业的核心理念和功能特性优化作业内容,不增加学生作业总量,符合国家"双减"政策。"分层作业"就是指平台会把题目按照科学依据划分成几个等级,再根据学生的不同学习情况推送不同难度的习题,随着学生学习程度的提升,作业的难度也会加大。同时建立学生大数据学情肖像,通过"智慧作业"对学生日常过程性学习数据进行采集,采用大数据手段为学生学科知识点查缺补漏,提供个性化分析,让每个学生每次作业的数据都有迹可循,且推送个性化习题让学生远离题海战术,节省学习时间,提高学习效率。

(三)教学智能化

人工智能带领人类走向智能社会,其所带来的社会变革必然推动教育领域的根本转变,促使教育模式向智能化、精准化的方向发展。"智慧作业"根据学生的学情数据进行科学分层,教师可以在授课前快速对学生掌握的情况进行定量分析,极大减少了教师备课布置作业的时间,减轻了教学负担。课中,教师按照预习或作业情况,有针对性地进行授课、讲解与练习。课后,教师在系统内根据学生实际掌握的情况布置弹性分层作业。在整个教学过程中,教师可以通过学生过程性数据及平时考试数据的分析形成教学质量检测报告,帮助教育管理者掌握个人、班级、学校、区域的教学水平和关键薄弱点,进而进行针对性的科学决策,打通教育场景中教、学、练、评整个环节。学校针对各班作业错误率和易错知识点及教师存在的教学困难等问题,帮助教师点对点解决问题,明确把握教学核心点,解决教学过程中的关键性问题。同时,教育管理者运用"智慧作业"系统的教学过程,以常态化作业数据采集、评价、反馈、改进为抓手,开展作业质量全过程评估,能够很大程度帮助教师减轻教学负担,有效提升教学质量,并且还能客观量化教学过程,公正评价教师工作业绩。

(四)教研精准化

教育研究活动在提高教师专业素养方面发挥着重要作用,所以必须要提升教师教研能力、课题研究能力。"智慧作业"可以帮助教师准确高效分析教研情况,教师可实时查看全班学生错题情况,了解学生知识点掌握程度。教师具备信息化教学能力,可以利用智慧平台开发教学资源、进行教学设计、提高教学能力,更精准地设计教学。"智慧作业"系统对学生的学习数据进行全要素采集,针对不同学生做出测评,基于大数据分析、学生能力系数和作业完成时间等多方面因素推送个性化作业,帮助教师实现精准教学;自动生成讲解稿并展示优先讲解的知识点,减轻教学负担,提高课堂效率;名师微课节省了课堂重复讲解的时间,同时也提供免费的名师学习机会,帮助年轻教师快速进阶教学水平。通过数据语境下的大数据分析,教师能够更有针对性地了解教学中的重点、难点,以数据基准为参照,评估教学质量状况,为教与学提供发展依据、指明教学改革方向。

(五)沟通无缝化

留守儿童教育问题是城镇化建设过程中不可避免的社会问题,原因是农村劳动力的转移,而留守儿童大多都是农村孩子,他们大多都在农村由祖辈抚养,这种隔代的教育很容易导致留守儿童的心理成长、性格发育等出现偏差。家长不能与学校、教师及时沟通,不能关注到孩子存在的教育问题和学习问题。"智慧作业"平台让数据清晰明了地呈现在家长面前,家长能够更加便捷地了解孩子的学习状况,从而实现家校无缝化沟通。

第4节　数据驱动下的高质量作业设计

随着人工智能赋能教育的发展、教育数字化转型的到来,依托高质量作业设计体系建设智慧教育云平台将成为智慧教育发展的关键。

一要加强高质量作业设计,推进教师"智慧作业"应用;二要立足基于数据的评价,构建基于数据的高质量作业设计体系;三要聚焦数智融合,优化教师"智慧作业"设计环节;四是关注智能研修,创设基于分层分类的"智慧作业"设计培训体系。

"智慧作业"应用管理机制已逐步完善,基于"智慧作业"平台的高质量作业设计是实现因材施教的关键一环。根据维果茨基的"最近发展区理论",作业内容应根据学生对知识的掌握情况设置相应的难度,维持学生当前认知水平的同时促进其向前进一步提升。当学生在做作业过程中获得了正向积极的反馈时,会在大脑中给予自己积极的心理暗示。因此,更加需要高质量的作业设计维持学生学习的热情和积极性,通过设置科学的作业难度、作业数量及作业内容,促进学生获得理想的学习成果。

一、高质量作业设计的基础和特征

(一)基于"智慧作业"的高质量作业设计

笔者经过很长一段时间的基层调研,发现现在的大部分学生都普遍存在作业负担重的现象,通常每个学生除了要完成学校统一发放的练习册外，教师还会布置一到两本额外的练习册作业。学生的作业都是一样的内容，但每个学生的知识水平却不相同。知识水平较高的学生再练习大量的基础题显然是浪费时间，而知识水平较低的学生遇到难度较大的题目则更加会打击自信心。

因此，我们要做的是为学生提供适合他们自身学习情况的作业，通过设计高质量作业，避免题海战术，减少机械的、重复性的训练。把所有题目划分为基础类、适中类、发展类，将厚厚的统一作业变成薄薄的有效作业，并且这本薄薄的有效作业都落在了每个学生的"最近发展区"。"智慧作业"平台可采集学生的学习数据，生成个人学情报告，根据每个学生不同的知识水平和学习薄弱点创建个性化的分层作业。并且在学生做题的过程中采集学生的错题，形成专属的错题本，利用数据分析和数据挖掘技术，给学生推送与错题类型相似的其他题目以及错题的微课讲解视频，实现更加有针对性的学习效果的提升。另一方面，教师可根据高质量作业设计系统所采集到的学生数据分析学生的学习情况，更加直观、高效、全方位地了解学生对各个知识点的掌握情况，也能检验出教师的教学效果，从而实时地调整教学策略，达到因材施教的目的。与此同时，很多学校评价教师作业批改情况仅仅停留在教师是否完成了作业批改的层面，缺少对作业布置的数量、难度、形式、效果等的评价。如今利用高质量作业设计系统设计作业，可更加直观地管理作业数量、难度等，更加方便地实现对学生作业完成时效时长的管理，也能拓宽对教师的评价指标，有助于客观量化教学过程，公平公正地开展教育评价，提高学校整体的教学水平和教学质量。

合理合情地分层设计、布置作业给不同学生提供了选择空间，尊重了学生差异，学生基于兴趣和能力完成作业，作业就不会成为负担，并且会促进不同学生素养和能力的提升。分层作业有很多，但是，为什么要强调协商性呢？"协商"其实指的是与家长之间的协商，保证家长对作业内容的知情权。分层作业的布置不是教师一股脑儿决定的，而是利用智能笔等采集工具采集学生每天的错题，系统根据学生的学情动态给学生布置协商性分层作业,教师也可以手动调整学生的作业内容,这种形式大大减轻了教师的工作量,作业布置也更精准。

平台会把学生的真实学习状况,通过微信公众号发送给家长,将学生在学校的学习状态和在课堂上的学习表现以及作业情况进行综合分析,得出学生在这一阶段的知识能力处在哪个水平。

(二)工作机制

1. 前期准备

为了减小教师教学负担,教学前期不需要教师对各种题目进行难度分类,只需教师提供相关题目即可,高质量作业设计系统会自动进行题目难度层级分类。教师使用智能笔批改,通过智能笔系统就能获得学生作业数据。

2. 协商性分层作业

在学生作业数据采集后,高质量作业设计系统会对学生进行评价,将学生的作业情况划分为不同的层次水平和风格特征。系统根据学生的学情数据自动匹配题目(包括必做题、选做题),教师可以对题目内容进行调整。

同一目标下的作业设计要尽量有可选择性,兼顾不同的学业水平、能力、兴趣的学生。根据"最近发展区理论",作业的内容应符合学生当前的发展水平。对于学习层次较低的学生,以稳固基础为主,应该增加基础类题型的数量,减少拓展类题型。而对于学习能力强、接受速度快的学生,应以难点突破为主,减少基础题的数量,让他们多练习拓展类题目。通过探索协商性作业分层设计,能有效解决同样的作业本适合不同层次的学生,使每个学生都能"跳一跳,摘到桃子"。脑科学研究表明,孩子需要正向鼓励,若想要提升学生作业完成效果,教师们则要注意调动学生的内部动机,如自我实现感和成就感。因此,协商性分层作业的设计既能提高学生的学习兴趣,又体现了因材施教。

3. 作业数据分析

学生使用智能笔做作业,系统能够统计学生作业完成的时长和作业正确率,以及班级总体的作业完成平均时长和正确率,并反馈给家长,让家长及时了解孩子的学习情况。同时,系统采集的数据比人工统计的数据更加精准。结合学生作业时间系数与作业成绩双重维度,建立四象限模型,综合分析学生的作答特征。统计学生做题时间段和成绩之间的关系,可以得出更适合学生做作业的时间段是什么。例如刚放学,学生注意力集中,因此正确率高,课后三点半的提交人数和准确率更高。系统统计各学科作业的平均用时情况,辅助教师和管理者进行作业量及作业难度的调整,均衡各学科作业用时。系统纵向分析学生用时差异度,衡量作业的难度系数和学生掌握程度,辅助教师进行分层作业设计。区域教研人员也可以通过系统整体了解某学科在各学段的作业用时分布,从而进行跨学科的作业量衔接管理。

4.大数据智能分层

通过大数据比对和分析学生的日常作业数据,达到一定量的时候,平台会给学生智能预分层,且每周根据学生的作答情况动态调整习题分层情况,帮助教师减轻教学负担,做到科学有效分层。

5.微课辅导

微课视频均由江西省各级教师进行录制,系统根据采集到的学生错题记录,为学生推送相关的微课讲解视频,方便学生快速学习巩固知识点。同时,高质量作业设计系统能与教室一体机完美结合,"智慧作业"错题数据回流课堂,帮助教师精讲作业,日常作业和微课可以通过高质量作业设计平台在教室一体机呈现,为教师节省了大量的时间,也促进了"智慧作业"微课与课后延时服务完美结合。

(三)设计特征

分层次作业与教学是差异化教学的一种可行性方案,但这种方案也存在局限性。很长一段时间以来,教师对所有学生都是采用同样的教学方式和教学内容,只需要准备一套教学方案即可。当实行差异化教学时,教师要充分考虑每个学生的学习风格、认知水平、学习偏好等因素,对不同的学生采取不同的教学手段,难免会耗费大量的精力。而利用高质量作业设计系统设计作业,系统会根据采集到的数据自动分析学生学情,从数据库中为学生挑选最适合的作业内容,为教师节省了大量的时间。要实现高质量作业在教育教学中的可持续发展,得到教师们的广泛应用,必须要满足以下特征:

1.保持原有的作业习惯

教师和学生已经习惯日常性使用评议目录教辅作为作业的主要内容,分层作业的目的是让学生按需做作业。高质量作业设计的协商性分层作业拥有特别优质的前置条件,是统一使用江西省评议目录教辅内的练习册,在有限的练习册内,能大大减轻平台的工作量,同时也具备广泛推广的基础。所以高质量作业设计应在原来作业的基础上加以改良,不改变教师的批改习惯和学生的做题习惯,这才有利于减负工作的进一步实施。

2.以减轻学生作业负担为前提

"双减"政策的目的是减轻学生过重的学业负担,因此,高质量作业的前提是不能够增加学生作业总量,而应根据学生的学习薄弱点设置不同的学习目标,根据不同的学习目标和层次为学生布置个性化作业。

3.操作流程便捷、标准化

教师在教学过程中扮演着学生学习的引导者和促进者的角色,作业可以视为教师的教学助手,高质量作业设计系统可以自动生成学情分析、调整教学方案,助力教师实现因材施教。如果把制定教学策略比作使用地图导航,那么,高质量作业设计平台就可以帮助其确定最佳路径。高质量作业设计系统是教师在教学过程中使用频率较高的工具,因此,高质量作业设计必须有清晰的设计标准,操作过程应简单明了、容易上手,能在帮助教师减轻繁重的工作压力的同时便于教师培训工作的开展。

4.能够适合不同层次的班级

不可否认,当前中小学义务教育仍然存在着城乡之间、学校之间教师素质、学生素质的差异,分层作业设计需要满足不同学校、不同任课教师和不同班级的需求。作业数据库中要拥有足够数量的题目,需制定明确的作业分类标准,包括题目难度、题目类别、题目涉及的知识点、题目作答预计时间等要素,将题目划分为不同的等级层次。不同的学科需要设计不同的分类标准,以适应不同的教学策略。

二、高质量作业设计核心

协商性分层功能是"智慧作业"高质量作业设计系统下的一种作业布置方式。该作业方式可根据学生已采集至系统的答题正确率情况,结合预设的学生正确率层级(根据题目的难易度、必做题/选做题双指标),自动将教师布置的题目,生成与学生学业水平相当的家庭作业。随着学生作答情况的反馈,逐步推送拔高题,实现因材施教的作业设计和管理体系。

学生作业归集方式支持智能笔(教师笔)、高扫仪、错题采集卡、电视端(如"智慧作业"宝盒等)。

(一)高质量作业设计中协商性分层作业的特点

1.根据题目难易度及学业水平进行自动智能作业分层,每周日凌晨更新作业分层数据,支持教师手动调整。

2.自动识别必做题、选做题,减轻学生作业负担。

3.基于江西省所有评议目录教辅,支持市场教辅、校本题库及互联网题库等。

4.支持多种作业采集方式,如智能笔、高扫仪、电视机顶盒自主归集等。

(二)协商性分层具体功能介绍

1.系统中所有评议目录教辅均已对页码、题序、题干、内容、答案、解析等进行数字化,并配备了相应的知识点,教研教师把每一道题都设置了分层标签,如"基础""适中""发展"等。

2.平台根据教辅数字化的页码、题序及学生的学情数据,预设协商性分层作业,教师可手动调整学生学业水平区间,并可调整不同分层的正确率区间。系统采集学生的作业答题情况(正确或错误),根据答题正确率设置学业水平区间(正确率区间)。系统支持教师根据题目难易度为每个学业水平区间设置必做题、选做题,且支持教师手动调整当次作业的必做题、选做题。系统根据教师布置作业时的选题情况及学业水平区间,自动给学生推送作业。

3.发布作业时,教师可对作业发布时间、推送视频微课时间及错题采集卡下载进行设置。

教师选择需要布置的教辅练习册和习题,平台会给学生智能分配相应难度的习题,如图3-2。

图 3-2

教师选择发布的时间和微课推送时间,支持通过高拍仪、高扫仪、智能笔、电视端等采集方式采集学生作业,如图3-3。

图 3-3

第三章 "智慧作业"生态圈内的高质量作业设计助力"双减"

系统根据学生的学情数据智能预分层,教师可手动调整,自主设置层数,最高为 5 层,如图 3-4。

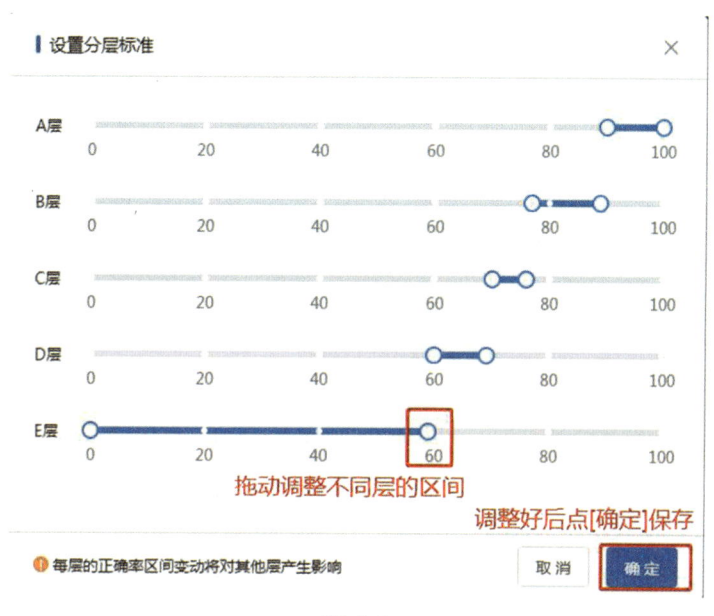

图 3-4

教师可手动调整分层的习题难度分布值,如图 3-5。

图 3-5

教师可手动调整学生的选做题和必做题,如图 3-6。

图 3-6

"智慧作业"生态圈内的 高质量作业设计

教师布置作业后,学生还能在电视端查看作业及微课:打开"智慧作业"首页能看到"高质量作业"模块,如图3-7;点击"高质量作业"模块进入可自主归集的作业列表,查看教师布置的专属作业内容,包括当天需要做的必做题和选做题,如图3-8;进入详细页面后可查看每道题的题干、解析和微课视频,实现个性化辅导,还能自主归集错因,如图3-9。

图 3-7

图 3-8

第三章 "智慧作业"生态圈内的高质量作业设计助力"双减"

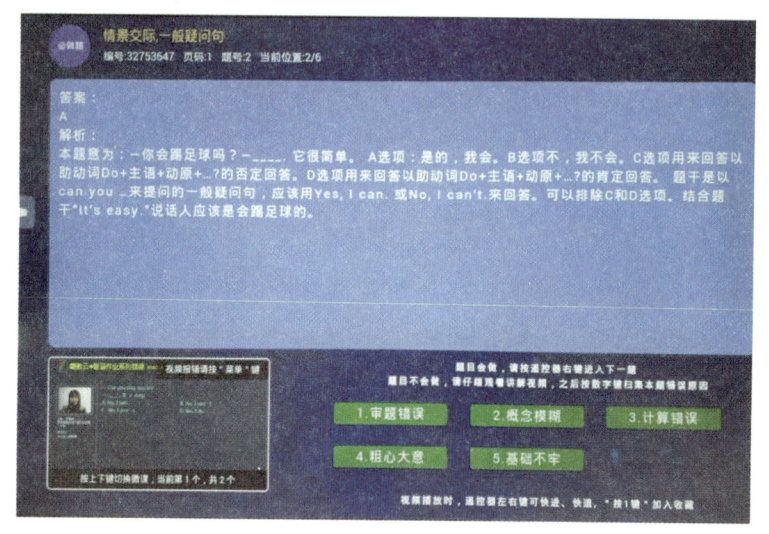

图 3-9

家长能在"智慧作业家长学校"小程序上查看孩子的作业内容，如图 3-10 和图 3-11。

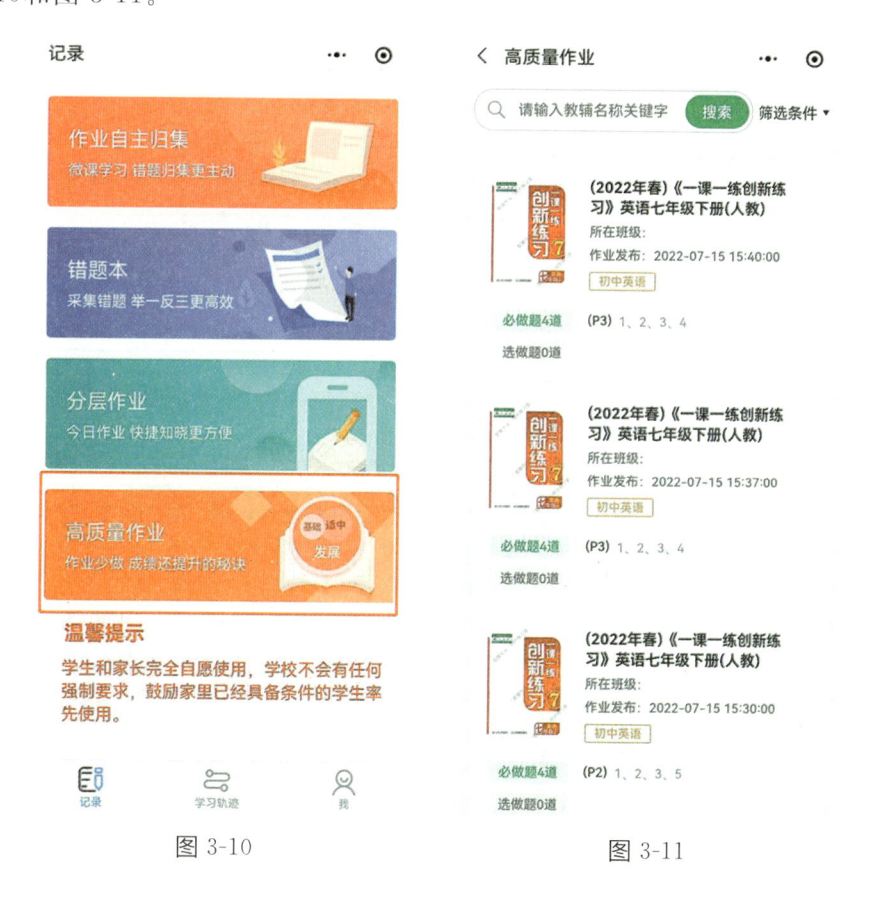

图 3-10

图 3-11

三、如何用好高质量作业

(一)与学校信息化基础设施整合

高质量作业在设计、建设和使用过程中,要与学校现有的信息化设施整合到一起,充分利用好已有的基础设施,节约资源,避免重复建设。依托高质量作业设计系统,在不改变原来使用习惯的基础上,将各部分功能进一步升级细化,实现彼此之间数据、资源和功能的互通。这种互通一方面使教学活动和作业活动可以连贯开展,另一方面可以让学生的学习全过程被更为完整地记录下来,将学生的课堂表现与作业数据整合到一起,便于更加准确全面地分析学生的学习情况。

高质量作业系统的设计和使用要与教师、学生日常的工具使用习惯相一致,尽量降低在技术使用上的学习成本,让教师和学生一学就会,迅速上手。高质量作业追求的是以质胜量,减少学生作业总量但提高了作业的质量,为学生提供更加适合自己的作业内容,提高学习效率。为了满足多样化的高质量作业要求,需要信息化系统与"智慧作业"系统相关功能之间相互配合,同时获取教师和学生的使用需求及使用过程中遇到的问题,不断丰富优化相关的功能和流程,使高质量作业系统能用、好用。

(二)充分发挥教师主观能动性

教师是设计作业和管理作业的主体。要充分发挥教师的专业能力及对作业设计的创造力,利用好高质量作业设计系统进行高质量作业设计,充分发挥其主观能动性,但也要注意避免给教师增加过多的任务负担。虽然"智慧作业"平台将练习题目都进行了数字化处理,提供微课辅导减轻了校外培训负担,但高质量作业不是简单地将题目打乱重新分配,而是需要教师结合学生的学习情况和特点,利用现有的资源进行"再创造",设计出适合学生的个性化作业。因此,设计高质量作业时应该充分发挥教师的主观能动性。毕竟机器只是依赖于算法,不能根据实际情况灵活多变。为了能更好地运用"智慧作业"平台开展教育教学、设计高质量作业,教师可以从以下几个方面来优化"智慧作业"平台的精准教学模式。

1. 处理好"传统教学"与"精准教学"的关系

在传统的教学中,教师通常根据自身多年的教学经验选择教学方法和教学策略,如今利用数据分析等新技术进行精准教学,则需要教师具备一定的理解数据、分析数据的能力,能够理解数据带来的信息,并通过这些信息调整自己的教学策略。这就要求教师也不能停下学习的脚步,需要不断地提升自身的教学能力水平,以更好地适应新时代对教师提出的新要求。[①]

2. 处理好"短期"与"长期"的关系

高质量作业设计系统能保存学生在义务教育阶段用智能笔批改的所有作业数据。教师应改变教学观念,用长远的眼光看待学生的发展,不仅仅只关注学生一段时期的学习情况,而应做到长期收集学生作业信息,利用形成性评价与总结性评价相结合的方式,全面综合地分析学生的学习数据,及时发现学生学业问题,对学生进行针对性的指导,提高学生学习成绩。

(三)减少技术对学生的干扰

在教学实践中,过度使用技术导致学生注意力分散,过度用眼导致学生视力下降等健康问题的出现是常有的事情,采用技术进行过量习题训练等新技术强化旧教育的现象也屡见不鲜。因此,我们在"智慧作业"应用中要辩证地看待技术,既要关注其便捷性和先进性,也要充分注意其局限性,多考虑育人少考虑技术,从作业内容、形式、支持工具和评价方式等方面避免技术的滥用。

第一,作业内容要多做"减法",形式不宜过于丰富。采用高质量作业设计系统,要防止作业内容由于技术无序介入产生的"重复训练"和"信息过载"等问题。例如,过多知识性练习的推荐,会使学生陷入无休止的机械训练,弱化作业的育人效果。再者,"智慧作业"中如果没有边界或不能有节制地推荐相关学习内容,反而容易使学生关注点偏移。同时,要思考作业形式与作业内容、目标的适切性。

[①] 李章科,徐莉华.基于江西省"智慧作业"平台下的精准教学实践研究[J].小学教学研究,2021(36):32—33.

第二,支持工具要适宜学生身心发展。高质量作业设计系统的优势之一,就是在完成作业的过程中,让学生可以得到不同的技术支持和反馈。然而,无纸化作业、自动解题等作业支持智能技术的背后也存在着过度支持的隐患。过多使用屏幕对学生的视力、体质等都会有影响。因此在使用智能作业时,要关注扫描、打印、点读等物理交互技术的使用,最大限度减少技术对学生的负面影响。

第三,自动化评价要防止单维化。现在很多高质量作业设计系统标榜智能评价,但我们应该注意到这些评价只能进行知识和行为等表层的、单一维度的评价,难以对学生的解题过程、情感状态等内在因素进行评价。我们要合理认识自动化评价,不能迷信机器的评价结果,在作业评价中要采用机器与教师相结合、量化与质性相结合、单次作业与全过程评价相结合的方式,对学生完成作业的过程进行综合、立体和精准的评价。

第5节 构建高质量作业设计平台

一、总体规划

(一)建设思路

新冠肺炎疫情常态化背景下,给当前教育教学带来了极大的困扰与挑战,传统的工作和学习方式已经发生了深刻的转变,规模化在线学习成为后疫情时期的主流学习方式。[1] 依托数字化转型开展的信息化教学,已经步入了快车道。在此背景下,我们再看作业设计这一问题,作为课程与教学活动开展的重要组成部分,作业不仅是学生学业能力提高的重要手段,同时作业设计与实施也是新时代考核教师的必备专业能力素养的手段之一。随着核心素养教学理念的提出,义务教育"双减"政策的落地以及近年来学校教育信息化建设水平的整体提升,"智慧教育""智慧校园""智慧教室""智慧作业"如火如荼地推进,为学生高质量作业设计,智慧学习空间提供了参考。2019 年 8 月 27 日,江西省教育厅发布《关于在全省中小学全面使用"智慧作业"的通知》,指出要积极开展"智慧作业"普及应用,由于疫情阻碍了线下常规的教学,传统教材和作业只是简单的电子化,仅仅是方便了师生的取阅,作业质量对于学生的真正效用值得我们考究。我们需要探

---

[1] 万昆,郑旭东,任友群.规模化在线学习准备好了吗?——后疫情时期的在线学习与智能技术应用思考[J].远程教育杂志,2020,38(03):105-112.

索一种能够支持教师主导地位,学生主体地位下的学生分层、自主探究的高质量作业新形式。①

(二)场景

1.教育教学

作业是连接教与学的重要桥梁,是检验教学成果的重要工具,同时也是提升学习效果的催化剂,而教师在教育教学中扮演着至关重要的角色。高质量作业设计平台的主要使用者就是教师,平台为教师提供更便捷、更专业的手段来高效布置科学的分层作业。高质量作业平台不仅能在课后布置个性化作业中发挥作用,更可以贯穿于课前、课中、课后整个教育教学的全过程,全程指导学生学习,促进教师教学工作的开展。在课前,平台为教师提供学生的学情数据,帮助教师了解学生的学习情况,及时调整教学策略和教学方法。在课中,高质量作业平台可以与教室一体机完美结合,将平台中的微课讲解视频投放到一体机中,帮助教师实现精准教学。

2.家校共育

众所周知,不涉及孩子学习问题,家庭就会非常和谐;一旦涉及辅导孩子的学业问题,许多家庭就会出现"鸡飞狗跳"的场面。高质量作业设计的诞生很大程度解决了这一问题,其运用为家校教育交流搭建了一座别样的共育桥梁。一般而言,学校教育是按照国家的教育方针对学生进行系统的、有目的、标准化的人格养成,因而学校教育对孩子的成长作用是显性的;而家庭教育是通过父母长辈的言传身教,对孩子潜移默化地施加影响。因此,学校教育与家庭教育天然存在区别,在许多情况下,二者对学生成长的影响互相交织,使得对孩子的教育问题呈现出更加复杂的特征。家庭教育与学校教育关系失衡,不仅会致使家庭教育失责,同时也会给学校教育带来更多、更大的阻力。②而高质量的作业设计能够充分调动起家校之间的有效联系,将学校、家长、教师、学生以及外部支持人员紧密地联系在一

---

① 宋宣,陈俊鹏.核心素养导向下的"智慧作业"[J].人民教育,2020(Z2):109-110.
② 吕子燕.新时代我国家庭教育存在的问题与对策探析[J].黑龙江教师发展学院学报,2022,41(07):82-84.

个家校圈内,不论是在纸质作业电子化阶段、在线作业布置阶段,还是作业分析反馈阶段,都能让家校圈内的各要素参与进来,学校教师以高质量的作业设计为着力点,在理想、心理、学业、生活、生涯等方面对学生进行全面而有个性的指导,努力提升学生学习的自主性和学生的心理健康水平,有利地发挥了学校教育在家校共育过程中的主导作用。家长通过改进自身教育观念,完善教导方式,养成良好心态,借助作业辅导的有利途径,营造良好、温馨、和谐、积极、乐观的家庭氛围来提高孩子的心理健康水平,从而促进孩子学业成绩提升。[①] 高质量作业设计是开展家校共育的有效手段,能够为家庭教育和学校教育之间提供有效的交流路径。

3.学校教育治理

学校教育治理是当下学校教育改革的重要目标向度,有效的家校合作则是学校教育治理现代化的题中之义。[②] 作业设计作为家校合作的重要部分,高质量的作业设计可以帮助教育管理者掌握个人、班级、学校、区域的教学水平和关键薄弱点,针对具体问题开展的作业设计能够有效反馈出设计对象的学业情况。教育主管部门通过对学生过程性数据及平时考试数据的分析,可形成教学质量检测报告,报告内容涵盖学习时长、易错点、失分点等相关方面的学习状况,对报告内容进行提取分析,发掘出当前教育教学中存在的问题,然后会同多方形成针对性的科学决策,打通教育场景中教、学、练、评整个环节。在这个过程中,学校不仅可以对学生学习情况进行考评,还能在一定程度上反映出教师的教学能力情况,从而为学校治理提供参考。通过高质量作业设计平台学校可以:第一,了解各班作业错误率和易错知识点及教师存在的教学困难,帮助教师点对点解决问题;第二,明确把握教学核心点,解决教学过程中的重难点以及关键性问题;第三,客观量化教学过程,对教师工作业绩进行公正评价。此外,"家校共治"也越来越成为学校教育治理的重要组成部分。随着教育大数据战略的逐

[①] 安宁.新时代家校共育实施途径探析[J].基础教育参考,2022(06):67-70.
[②] 江平,李春玲.教育治理体系现代化视角下家校合作创新实践[J].上海教育科研,2020(02):58-62.

步推进,新兴技术在教育领域变革性的应用大大提升了社会监督的时效性和有效性。而且,教育信息化可以让课堂教学有效延展。教师设计课后自主学习任务单,让学生开启家庭自主学习模式,这一新的学习模式需要家长共同参与,这样,既深化了家校合作的意识,让学生在家的自主学习更加有效,又为学校教育治理减轻了压力,提供了新的思路。[1]

二、平台升级服务体系及运行机制

(一)平台与理念的融合——优化教育资源供给

学习科学领域的一系列研究成果为教学理论的发展提供了有力支撑。基于"最近发展区"理念和脑科学研究理念的作业设计都指向了教育资源的供给优化,这对平台功能的升级提出全新的要求。平台与理论的融合,主要途径基于"智慧作业"生态圈,采集学生学情,给学生推送合适的作业,探索协商性分层作业,达到因材施教的效果,以实现优化教育资源供给的目的。

(二)平台升级管理服务体系及应用

1.区域及学校教育质量提升服务

通过使用高质量作业设计平台,覆盖中小学,强化平台在面向全体学生,满足全部学科教学,符合完整教学流程及个性化教育教学等方面的功能与资源需要,实现线上、线下教学无缝对接,保障教育教学的连续性。通过使用平台,学生能针对自身特点,进行定制化的个性学习。教师因材施教的高效教学,需照顾到每位学生,并为中小学提供"信息技术与课堂教学深度融合""中小学教师信息化技术应用能力提升2.0的30个微能力"的完整信息化解决方案,从而能够缩小学校的教学差距,实现教育质量整体提升的大目标,最终促进教育的均衡化发展。

同时,高质量作业设计平台能够收集所有使用该平台的学生的学习数据,数据是最公正、最有力的决策导向。因此,将收集到的数据合理利用就

---

[1] 张瑾.共建共治共享,实现学校管理向学校治理的转型[J].教学管理与教育研究,2019(22):108-109.

可以发挥巨大的价值。如根据一个班级的学生数据能够得出班级的平均水平，根据所有班级的平均水平能够反映出一个学校的整体教学水平，而将各个学校的数据汇聚在一起即可分析出一个区域的教学质量和教学状况。

2.教师教研能力提升服务

在当前信息化的时代下，面对教育数字化转型的大背景，信息化应用能力是每位教研人员必须要掌握的，加强教师的培训工作是至关重要的。学校要按照"边培训、边应用、分角色、分学科"的思路，全面开展教师信息化应用能力培训和作业设计能力培训，包括教研员培训、学校管理者培训、信息管理员培训、学科教师培训、班级培训。培训内容应该摒弃大量的理论知识，多注重于实践，提升教师的应用能力，包括智能平台的使用、对于平台数据的分析处理、如何设计高质量作业等内容。"边培训，边应用"，在应用过程中发现新问题并及时解决。高质量作业平台利用数据反馈信息，也通过数据做出行动，教师则应学会通过数据反馈的教学问题来改进教学策略。不同的学科作业设计原则，也应根据学科特点有所区分，教师应学会使用不同的教学资源和教学方法，真正做到学有所长。

3.课题及科研能力提升服务

为深入推动高质量作业设计系统的应用，可以通过开展课题及科研能力提升服务形式。开展教学专业提升专项培训，通过高效作业管理设计应用、实践、研究提升教师的高质量作业设计、教学实践能力。探索信息技术与中小学课堂教学深度融合的应用模式，提升课堂教学质量和效果，在示范区域及试点探索多样化的应用方式。

学校要鼓励教师积极提升研究水平和能力，设计高质量作业，积极探索运用信息技术，做好教师教学过程、学生学习的过程性数据和全要素数据采集，基于大数据分析、学生能力系数和作业完成时间推送个性化作业，在实现精准的基础上控制好书面作业总量，并完善作业结果运用机制，综合发挥评价导向、鉴定、诊断、调控和改进作用。

(三)平台规模化实施及常态化推进机制

1.建设高质量教师队伍

教学能力是教师教学过程中必须具备的能力,其中包括课堂教学能力、教学研究能力、教学设计能力以及教学反思能力等。对于相应的能力有学者做出不同维度的划分。但在网络高度发达的今天,为有效培养高素质人才,学校教师应具备以网络为基础的信息化教学能力,即利用智慧平台开发教学资源。进行教学设计、提高开展教学的能力。教师教学能力的高低直接影响教学质量的好坏,要体现高质量作业平台的价值所在,需要高质量的教师队伍驱动其长效发展。因此,为深入推动"智慧作业"的应用,我们首先要通过队伍建设,建立一支以各市、县(区)电教专家、中小学教师为主的队伍,为推动"智慧作业"提供人才保障支撑。以"智慧作业"平台为基础进行信息化教学,将传统的线下课堂教学与线上平台教学相结合,拓展学习资源,增强互动,激发学生的学习兴趣,提高其自主学习能力。

第一,教师的教育教学观念应该随着时代的发展而不断更新,社会数字化、教育数字化也要随之转型。教师要摒弃传统作业束缚,弥补传统作业劣势,势必要将观念更迭,以"数字化智慧"为基础,打破传统的单一课堂作业模式,使作业更具有针对性。这样既能帮助学生挖掘学习深度与拓展学习广度,也能为教师高效工作提供保障。

第二,教师需要具备一定的学习能力,要加强平台技术学习,能够自如地使用"智慧作业"平台。教师要适应平台需求,懂得合理应用平台数据,能够科学分析学生作业完成情况,能为学生提供丰富的学习资源,为更好地教学提供辅助服务。

第三,教师要加强课堂教学设计能力。基于课前数据进行充分的预设后,在课堂中,教师可以直达本节课的重点、难点,然后进行深度的加强,形成高阶思维。通过预习作业了解教学难点、定量分析作业完成数据,实现

第三章 "智慧作业"生态圈内的高质量作业设计助力"双减"

生成性教学;通过分层作业,减少作业总时长,使学生高效学习;通过弹性分层作业,精准实现提质增效;通过家庭机顶盒的播放,让学生在家就可以学习,实现学习巩固和错题再练。

2.完善相关制度建设

提升作业管理能级是一个系统工程,需要区域、学校、教师各司其职,才能形成高效运作的完整闭环。因此,必须建立完善的管理制度,才能有条不紊地将高质量作业应用于日常的教学工作中。为进一步推广"智慧作业"应用,促进"双减"工作落地见效,为各地选择"智慧作业"建设模式提供参考,相关部门已经出台了一些政策,如《关于进一步减轻义务教育阶段学生作业负担和校外培训负担的若干措施》(赣办发〔2021〕25号)、《关于进一步推广中小学"智慧作业"应用工作的通知》(赣教基字〔2021〕62号)。以上文件明确要求优化作业分层设计,提高作业设计能力,充分发挥信息技术在精准分析学情、个性化布置作业等方面的作用,通过高质量作业设计系统对作业进行分层管理,为教师提供学情报告和课堂讲解稿,提高课堂效率。除此之外,为深入推动"智慧作业"的应用,江西省教育技术与装备发展中心在"智慧作业"的制度建设等方面形成了一系列文件,如制定《江西省"智慧作业"建设技术方案》包括"智慧作业"的背景、应用范围、运行结构等。针对高质量作业在实际应用中暴露出的问题,相关部门应进一步完善制度,实现"智慧作业"规范化建设,为学校和教师推进作业减负提供有效指导。

3.建立家校协同工作机制

家长是孩子的第一任教师,家长的言行举止对孩子产生着潜移默化的影响,但很多家长在孩子的学习过程中,一味地依赖教师对孩子进行教育培养,造成家长角色错位,在教育过程中参与度不高,形成一种虚假的家校共育形式。只有家校同心方能破解此难题。家校同心,让教育回归常识:教育是一个慢生长的树人过程,揠苗助长只能适得其反。为此,教育者要依照学生的天性,研究学生的差异性,尊重学生的意愿,充分发挥学生的主体作用,顺应学生成长和发展的规律,方可玉琢成器。① 建立家校协同工作机制,加强学校与家长之间的沟通交流,双管齐下。学校要以立德树人为根本任务,按照育人规律来办学,培养全面发展的人、身心健康的人、大写的人;家长要陪伴孩子健康成长,让孩子感受学习之乐,成长为朝气蓬勃的青少年。学校与家长之间各司其职又相互配合,才能更好地促进孩子的成长。

4.形成多维度评价体系

在高质量作业应用过程中,数据采集是前提,数据分析是关键,不仅要将学生学习过程中的数据进行全方位的采集,更重要的是这些数据背后蕴含的关键信息。通过分析这些数据,我们能够得到学生的学习风格、学习偏好、学习特征、学习薄弱点等信息,只有充分利用好这些信息来调整教学策略,进行精准教学,才能达到因材施教、提升教学效果的目的。目前,我国提倡促进学生全方位发展,所以对学生也不能只从单一的层面进行评价,应从知识、情感、方法等多角度评价学生的综合能力,将阶段性评价与总结性评价相结合,形成多维度的评价体系,采用丰富的评价方式对学生进行综合评估。灵活采用精批、批阅、面批、抽查等形式;采用"师生对话"的方式,以追问的方式批改作业;添加表情包、简笔画,用孩子的语言批改作业,让学生在轻松有趣的氛围中,完成作业的订正与整理。②

三、高质量作业设计平台实施路径

构建高质量作业设计平台,第一,要以作业监管平台建设和应用推进为抓手,积极探索作业管理与设计,构建作业管理、统筹设计、监督落实制度体系;第二,要利用信息技术优化作业管理,实现分层、个性化的作业布置,提升课堂效率和教学质量,减轻学生课业负担,破解减负提质难题;第三,要组织专家针对各中小学校作业的总量、作业内容、作业是否具有活动

---

①陈珍.高质量作业体系的内在意蕴与行动构建[J].四川教育,2022(Z2):18—21.
②王晓芳.创新驱动,作业变革走向高质量[J].教育家,2022(07):62.

性、实践性、探究性以及作业、试卷的难度情况进行评估,实现督促学校落实减轻学生作业负担的工作目标。

(一)实施原则

1.作业管理达标建设,实现减负提质

从短期看,高质量作业设计平台帮助学校建设校内作业公示制度,实现跨学科总量控制,各学科教师可以相互查看对同一学生布置的作业用时情况,系统实现自动预警,年级教研组长可以进行适时干预,实现管理有制度、干预有手段。同时利用平台的大数据技术,根据知识点掌握分析,辅助教师制订教学及复习计划,实现从传统经验式教学向基于大数据精准化教学的转变,建立大数据学情档案,通过大数据分析学生的知识掌握程度,根据学生的学习薄弱点给予合理的建议,引领学生找到专属自己的提升方法,从而切实提高课堂教学的效率和质量及师生的信息化素养,真正能够减轻师生负担。

2.打造高效课堂,提升教育信息化水平

高质量作业设计平台不仅能够为师生打造"教、学、练、测、评"的闭环教育生态,同时也是教育信息化顶层设计中的重要组成部分。通过教师对教学和学生学习行为进行全场景的教育大数据深度采集,利用教育大数据进行教学质量的实时监测,可以支持教师治理、教师教育、教育教学等内容。同时可以助力教育教学、管理和服务的发展,显著提升区域的教育管理信息化水平、教育业务管理和教学管理等工作能力。

3.沉淀优质资源,促进区域均衡发展

通过高质量作业设计平台项目的实施,整合区域的优质教学资源,将资源与教学深度融合,打破教育资源开发利用的传统壁垒,利用大数据技术采集、汇聚丰富的教学、教研、文化资源,为区域内各学校和全体师生提供海量、适切的学习资源服务,实现从"可用"向"适用"的转变。从更长远的角度观望,以"共建共享共发展"为宗旨,利用作业管理平台共同打造优质学科教学资源和题库,交流信息技术与课堂教学深度融合的经验,为同步围绕教学质量提升而努力。通过作业管理平台让优质资源、教学工具等均衡化,大力发展优质学校资源共建共享,让薄弱校能够缩小与优质学校的差距,实现教育质量整体提升的大目标。

(二)实施路径

1.形成"研、修、训"一体化高效作业生态圈

围绕高质量作业设计,联动起"产、教、学、研"各方力量,共同构建起江西省高质量作业设计体系。从学生的具体学情出发,以学生为本,贯彻落实"双减"政策中的作业减负,聚焦于当下作业设计体系中长久存在的问题①,以高质量作业设计为纽带,将企业参与、学校教学、学生学习、教师教研形成"研、修、训"一体化的高效作业生态圈,为作业设计明确方向。

2.加强作业管理应用体系建设

作业管理是高质量作业设计过程中的重要一环,关乎作业设计的效果性。虽然看似仅为教学的一个环节,但作业管理牵涉面甚广。学生作业负担过重问题由来已久,对其进行治理,不可能毕其功于一役,相关教育责任主体应协同治理,加强对作业设计过程中作业管理这一环节的关注,采取综合行之有效的举措,从根本上治理这一痼疾。② 在这一过程中,第一,要着力推进区域优质资源共享实践、创新服务供给方式,加强全省"智慧作业"管理可持续常态化应用;第二,加强新型教学模式构建,探索高效作业管理模式,在"供给侧"教学服务改革下,增加优质教育资源,搭建在线免费辅导平台,在全省范围内推广"智慧作业""三精一管一辅导";第三,探索协商性分层作业设计及应用模式,对学生作业设计进行分层作业、分层管理,并且形成专家共同体协同开展工作。

3.抓好示范应用,培育应用良性生态链

高质量作业设计平台的应用是"智慧作业"活动开展的关键。深化高质量作业设计应用,从而带动起平台的常态化应用、融合式应用,最后形成名师工作室等典型的平台深度应用。第一,由点到面,选取具有代表性的案例,形成示范,在平台的示范应用当中发掘共性特征,总结成可复制推广

---

①薛模祥."以生为本"作业设计模型的构建[J].江西教育,2022(20):10—11.
②姚继军.作业管理的调适策略[J].江苏教育,2022(42):37—40.

的经验,进行常态化的推进,并结合不同的案例应用,打造融合式的平台应用样板。第二,过程性应用深化教育评价改革,在平台应用过程中会出现各种现象问题,这些问题所反映的本质即是当前教育评价改革的重点。第三,上下联动,着力抓好示范平台的引领作用,以多元化、多途径的形式开展应用推广活动,贯通多个层级扩大影响面,在高质量作业设计平台应用过程中培育良性生态链。

4.组织培训活动促进平台应用

平台只有在不断的实践检验过程中才能发现问题。依托设计平台开展的形式多样的培训活动,既能检验平台功能存在的不足,又能反映出平台中各方要素的水准。通过举办一系列"智慧作业"活动和比赛,如组织协商性作业设计、高质量作业设计培训活动等,提升教师作业设计、作业管理、创新教学的能力,帮助青年教师快速成长,促进骨干教师改进教学中的不足。各种培训活动,包括竞赛在内,开展的主题往往是切合时下教育教学的热点,能够反映出当前教育教学的方向,在高质量作业设计平台构建过程中,将部分培训、竞赛内容适时加入其中能够取得良好的效果。

5.课题和研究

近些年来,在中小学教育当中,教学相关的课题研究愈发被重视起来,课题研究的广度与深度也在持续深入,包括教育现象、学校特色、教师教学及专业发展、学生学习以及教育要素之间的关系等。对教学实践中存在的问题与困惑进行科学研究的意识与能力,成为评价一名优秀教师的重要标准。在研究中不断提升教学水平也成为教师专业成长的重要途径。以教师专业发展为例,随着新课程改革的深入,课题研究受到更多一线教师的青睐,教室逐渐成为研究场所,教师慢慢成为研究人员。因而,课题研究与高质量作业设计平台是相辅相成的关系,一方面,课题研究的成果可以指导平台建设;另一方面,作业设计平台遇到的问题可以作为课题研究的对象。

第四章

"智慧作业"之可持续发展保障体系

"智慧作业"是推进信息技术与教育教学深度融合的重要手段,也是主动服务教育、优化教学模式,实现教育信息化可持续发展的最佳方案。推动"智慧作业"可持续发展,核心是创新,关键是技术,要义是应用。其中,创新是引领发展的第一动力,只有不断创新,才能保证其发展的持续性,即"智慧作业"的可持续发展。那么,如何才能保障"智慧作业"进一步迈出可持续发展的步伐呢?

众所周知,"智慧作业"的可持续发展,是信息技术与教育政策深度融合实施的核心命题,其完善的保障体系,则是可持续发展的动力所在。毋庸置疑,提升"智慧作业"可持续发展,有赖于创新服务机制的加持,有赖于培训激励机制的参与,有赖于完善政策机制的建立。因此,很有必要构建一套完备、科学、实用、可持续发展的"智慧作业"保障体系,此举不仅势在必行,而且也是大势所趋。倘若没有这些配套机制体系作为支撑,我们就难以承担起可持续发展的重大责任,也就无法落实江西省教育信息化工作的总体部署,最终也无法推动教育信息技术与教育教学的深度融合,那么,就会直接导致"智慧作业"可持续发展名不副实、形同口号,缺少实质含义。由此看来,可持续发展,并不是哪一个部门或哪一个项目的孤立行为,而是一种全局性、整体性的举措,需要在各个领域凸显"智慧作业"可持续发展的目标任务,以各种机制体系的根本保障融入"智慧作业"可持续发展之中。唯有此,"智慧作业"的创新活力和潜能才能得以尽情释放,也才能为加快江西省教育现代化建设,实现信息技术高水平发展提供更多新动能。

很显然,入之愈深,其进愈难。新时代全面深化"智慧作业"可持续发展,就越需要我们保持定力、勇于担当,注重科技赋能教育新生长可持续发展的影响力、支撑力和牵引力,坚持科技创新和教育领域改革同步发力,强化科技与教学的衔接,着力构建支撑"智慧作业"可持续发展的良好保障环境。

第四章 "智慧作业"之可持续发展保障体系

第1节 "智慧作业"服务体系的建设

坚守以生为本——可持续发展的影响力

所谓"智慧作业"服务体系,就是以政府政策为支撑,以江西省中小学校为骨干,以全体中小学生为服务对象,以促进信息技术与教育教学深度融合为主要内容的教育服务体系。我们要推进教育现代化,建设教育强省,就必须加强高质量的"智慧作业"服务体系建设。

以生为本谋育人,以学定教促效能。毫无疑问,用智慧服务教育,以品质惠及师生,是"智慧作业"服务体系建设最基本的职能之一,也是"智慧作业"科技赋能教育、助力"双减"精准实施的优先选择。"智慧作业"服务体系建设的重点是突出教育服务,它包括服务机制、服务活力和服务实效。因此,围绕"以生为本"的原则,建设"更加完备、更高水平、更具活力"的服务体系,是顺应形势变化,把握社会需求,促进人工智能与教育良性互动,加快融合、厚植优势,构建"智慧作业"核心竞争优势的重要举措。

一、聚焦高质高效,着力优化应用服务机制

"智慧作业"应用服务机制的优化,必然是要按照江西省教育厅下发的《关于进一步推广中小学"智慧作业"应用工作的通知》文件,坚持问题导向、目标导向、需求导向,聚焦提质增效、拉高服务标杆,以推动应用服务机制的优化性能得到进一步的提升。

(一)上下同欲,坚持"三级联动"

育新人上下同欲,攀高峰勠力同心。坚持"智慧作业"应用工作全省"一盘棋"理念,将省、市、县(区)、学校推广一体谋划、一体部署、一体推进,加强统筹协调,扎实推进全省中小学校"智慧作业"应用全覆盖。突出三级联动、上下同欲,建立省、市、县(区)、学校四级纵向和政府、企业、家庭三级横向的联创机制,同频共振、同向聚合。一方面,依托"智慧作业"平台,将优质教学课堂资源,推送到全省每一所学校,以实现教育流程再造、教育数据共享,倒逼教育理念、教学方式、教育评价等深刻变革,提升优质教育资源共建共享的常态化和有效性,以推动义务教育一体化发展,全面促进城乡教育优质均衡发展。另一方面,通过教育云平台与个人终端系统对接,形成网络学习平台,将优质教育资源推送到千家万户,营造"人人皆学、处处能学、时时可学"的学习环境,改进学习方式,改善学习环境,实现共同管理的一体化治理目标。

(二)内外兼修,提升服务能力

内外兼修始于足下,师生共赢可至千里。①优化作业分层设计。依托"赣教云"网络平台,开展作业设计培训及优秀作业展示活动,将优秀成果提供给省内各学科教师选择使用。鼓励教师布置分层、弹性和个性化作业,坚决克服机械、无效作业,杜绝重复性、无效性作业。②提高作业设计能力。组织开展全省义务教育阶段"优秀作业我来评"作业设计征集评比活动,分学科、分学段进行课堂作业、课后作业、单元作业以及长周期作业设计。与此同时,积极组织省、市、县(区)、校四级教学研究人员、学科带头人、特级教师为各县(区)培养一批作业设计校本研究导师,以加强常态下学校教师作业设计指导、监测工作。③完善平台服务能力。在智能笔(点阵笔)、采智机(高拍仪、高速扫描仪)、错题收集卡、自主归集的基础上,极大地丰富了作业数据采集方式,优化采集效率,自动形成个性化错题本,并通过高质量作业设计系统对作业进行分层管理,为教师提供学情报告和课堂讲解稿,进一步提高了课堂效率。

（三）知行并重，推进常态应用

①积极推动平台应用。各地教育主管部门积极推动"智慧作业"常态化应用，组织开展"智慧作业"课题研究和应用活动，挖掘应用典型案例，推广应用典型经验。教师通过"智慧作业"平台合理调控作业量。学生通过运营商电视机顶盒、"智慧作业"学习室、计算机教室、电子阅览室或"班班通"设备登录"赣教云"平台等方式查看错题微课，根据需要自行打印错题及拓展练习题。②健全作业管理机制。各级教研部门主动指导一线教师结合作业设计与学生学习结果、教学质量的内在联系，系统设计符合学生年龄特点、学情特点和学习规律的作业，优化设计体现素质教育导向的基础性作业、分层作业、弹性作业和个性化作业，合理调控作业结构，全方位、全学科开展作业管理工作，进一步提升作业设计质量。

二、聚焦动态管控，着力激发应用服务活力

江西省积极探索推广"智慧作业"，利用信息化手段增加优质资源供给，搭建在线免费辅导平台，帮助教师优化作业设计、减少作业总量、提升作业质量，进一步减轻义务教育阶段学生过重的作业负担。

（一）创新作业模式

依托"赣教云"平台，将光学扫描识别、点阵码、结构化知识图谱、云题库、人工智能引擎及大数据分析等技术应用到学生日常作业中，利用点阵笔、高拍仪、高速扫描仪及学生自主归集等模式动态采集学生每日作业学情，即时生成每个学生专属的错题集，免费为学生精准推送错题微课视频、举一反三试题，帮助学生学习和掌握薄弱知识点，避免机械、无效、重复性作业，切实减轻学生过重的作业负担。

（二）优化作业设计

对"智慧作业"练习本进行数字化处理，教研人员对作业题目进行分层标注，将作业题目根据难易程度划分为基础（A类）、适中（B类）、拓展（C类）等。系统根据教师布置的作业范围、学生学情大数据，自动从教师布置的作业范围中挑选适合各层次学生能力的作业题目，不同学生根据系统推

送的适合自己的题目,使同样的作业本适合不同的学生,实现作业布置分层次、弹性化和个性化。

(三)完善作业辅导

"智慧作业"练习本经过江西省中小学教材审查委员会评议审定,与根据新课程标准修订的全省义务教育阶段教材同步发行,覆盖义务教育阶段的全学科和全学段。江西省教育厅组织全省教研员、电教系统人员和中小学名师,共同开展"智慧作业"配套微课资源的研发、录制工作,制作成体系的作业解析微课。依托电视端建立学习资源推送机制,为全省中小学生搭建"智慧作业"在线辅导公益服务平台,学生在家中就可以通过电视机观看错题微课,破解学习知识重点、难点,巩固提升学习效果。

三、聚焦教育所需,着力提升应用服务实效

为深入推进"智慧作业"应用工作,江西省教育厅采取了"试点示范、先易后难、循序渐进、逐步推广"的实施原则,精绘应用服务"点、线、面"工作图,有力地推动"智慧作业"应用取得新成效。

(一)因地制宜,抓好"点"位,突出示范引领

结合实际,率先选择条件好、基础优的设区市作为先行示范点,以形成良好示范效应。同时,把推动当地教育信息技术建设和着力提高教师信息素养工作紧密结合起来,充分激发广大教师的责任主体意识,集中力量铺开一批"智慧作业"应用示范点,为全域推广打下了坚实基础。目前,江西省设立了3个"智慧作业"县级样板区和270所"智慧作业"样板学校;在南昌市、新余市、赣州市义务教育学校四至九年级大力推广"智慧作业"应用全覆盖。

(二)提高站位,穿针引"线",突出政策指导

为贯彻落实江西省教育厅《关于在全省中小学全面使用"智慧作业"的通知》(赣教基字〔2019〕35号)文件精神,全省各地教育主管部门按照省厅工作统一部署,以出台相关政策文件为轴线串起各级中小学应用"智慧作业"的主干架构,助力推进"智慧作业"在城区义务教育学校广泛应用。省

级层面,搭建起了科技赋能教育"新平台",制定了工作方案,明确责任、应用办法等具体举措。市级层面,探索推广应用"新机制",各设区市根据本地实际,相继建立"智慧作业"应用管理机制,成立专项工作领导小组,确保"智慧作业"应用的有效推进。县区层面,培育应用良性生态链的"新支撑",以示范应用为引导,积极探索全域应用"智慧作业"常态化教学经验。学校层面,拓展课后延时服务"新通道",帮助家长解决按时接送学生的困难,有效解决了个性化教育实施问题,进一步增强了教育服务能力。

(三)大胆探索,全"面"开花,突出全域推进

以"管用、爱用、受用"为目标,提升数据整合共享质量,拓展多领域应用场景,完善工作运行机制,加快推进"智慧作业"应用向基层学校延伸、向偏远山区农村学校延伸,实现全域覆盖,推动形成区域创新"多点开花"协同共进的新发展格局。诸如,江西省南昌市制定《"智慧作业"应用管理办法》,深入推进"智慧作业"项目在全市的推广和应用;赣州市将"智慧作业"作为减负增效的有效方式,在多个县(区)试点应用工作的基础上,推动"智慧作业"在全市城区义务教育学校普及应用等。目前,"智慧作业"使用学校达7 359所、使用的师生人数达479万人,已建设配套作业微课52.8万余节,参与微课建设教师达10万余人,有效增强了优质作业资源共建共享,进一步提高了作业完成质量。

第 2 节 "智慧作业"培训体系的建设

坚持全员参与——可持续发展的支撑力

近年来,为全面推进中小学"智慧作业"应用推广工作,充分发挥"智慧作业"在减轻义务教育阶段学生作业负担中的有效作用,江西省各级教育主管部门,牢牢把握新时代教师信息技术应用培训的新要求,按照"干什么、学什么、缺什么、补什么"的原则,精心设置培训课程,合理安排教学内容,突出全员、全域、全力的"三全"工作理念,构建"分类分层、线上线下、纵横到边"的全覆盖培训体系,靶向发力、精准施策,着力在精准化培训上下功夫,不断提升"智慧作业"平台应用培训的质量和水平。

一、全员参加,分类分层

教育信息化是教师专业发展的一大契机,"智慧作业"改变传统课堂教学模式,不仅仅立足于知识的教授,更是站在启迪智慧的高度激发学生的学习兴趣。正如华东师范大学中国著名教育家叶澜教授所说:"新基础的教师,既是创造者,又是学习者;既是教育者,又是研究者;既改变旧的教育模式,也改变自己。"因此,每位教师理应扬起信息化的风帆,做新时期、新背景下的新教育者。

(一)全员覆盖、分类培养,优化教师成长路径

江西省立足"四个全面"战略布局和教育改革发展大局,以全面提升培

训质量为主线，遵循和把握教师专业化发展的特点和规律，按照"分级管理、项目推进、有效培训"的要求，面向全体教师，突出重点，有目的、有计划地组织全省中小学教师分类、分层、分岗开展"智慧作业"应用培训工作。一是紧紧围绕"智慧作业"平台应用，在多媒体教学、混合学习、智慧学习等环境下从学情分析、教学设计、学法指导和作业推送等多个维度，分层分类开展教师信息技术应用能力提升全员培训。二是采用专题研修、网络研修、分类培训等模式，重点开展市级指导团队的专项培训，以提升指导团队的顶层设计、方案研制、送培送教、指导"智慧作业"应用等能力。三是积极鼓励学校组建本校的信息化培训指导队，并创造条件尝试外聘专家，切实加强学科教师信息化教学的能力，以及应用信息技术进行教学设计、课堂管理、作业应用等能力。

（二）校本培训独具特色，创建优质学校

江西省积极开展"以校为本"的教师"智慧作业"信息素养提升培训。全省各学校坚持"学用融合、生动有趣"的原则，根据各学校信息化应用发展情况和教师信息技术应用能力，组建由校长领衔、以教研和信息等人员为核心的信息化管理团队，研制学校教师全员参与"智慧作业"信息技术应用能力培训计划，合理配置学校培训课程套餐，采用自主选学、实践为主的培训方式，组织开展教师全员培训、教学实践和应用研修，并积极引入外部优质资源，为教师的"智慧作业"应用实践提供应用改进的评估和指导。

（三）专注教师成长，从入格、合格到升格

江西省根据教师专业发展"入格、合格到升格"三个阶段的特点，为不同阶段教师提供专业发展支持，促进教师从入格、合格到升格的转型。对于新教师而言，为帮助他们尽快适应"智慧作业"教学的需要，各学校每年都要组织新教师入职培训。其中，以信息技术与教育教学深度融合的效果为导向，结合中小学教师专业发展的实际情况，从一线教师的教学实际需求出发开展培训，以此打造具有较高信息素养的新时代高素质的教师队伍。对于骨干教师而言，采取"先训后用，用训结合"的做法，按照"在岗位中培训、在工作中提升、在实践中成长"的原则，构建以校为本、基于课堂、应用驱动、注重创新、精准测评的教师"智慧作业"信息素养发展新机制，基本实现校长和管理团队信息化领导力、骨干教师信息化教学能力和培训指导团队信息化指导力显著提升,全面促进信息技术与教育教学的融合创新发展。与此同时,还专门为名师后备、优秀骨干群体搭建平台,发挥他们示范、引领、指导、研究作用,形成省级、市级、县(区)级、基层学校级的"智慧作业"应用研究共同体,帮助教师由经验型教师向研究型、专家型教师转变。

二、全域推进线上、线下培训

"线上、线下"是两种培训学习方式。线上培训应扎实开展,线下培训应弥补线上培训学习的不足。只有这样,才能使教师更好地由线上培训过渡到线下培训中来。那么,如何才能做好线上、线下培训学习的有效衔接与融合呢?目前,江西省本着"区域全覆盖、体现差异化"的原则,各地都是采取"试点先行、全面推广"的方式,以网络化学习工具或学习空间的有效应用为培训抓手,以线上、线下学习活动的"智慧作业"数据采集、作业推送、学情评价及指导为培训内容,通过实践应用案例分析的方式,帮助教师了解本校信息化应用环境,掌握社会性的优质信息化学习工具的使用,并开展学生学习分析与指导会,研究相关策略与方法,尤其关注数据采集和分析的工具使用,提升全体教师运用学习工具和学习数据的水平,有效提高开展课堂教学和作业指导的能力。

三、全力以赴,纵横到边

以教育信息化支撑引领教育现代化,是新时代我国教育改革发展的战略选择,而要实现教育信息化,必须要有一支熟练应用信息技术、改进教育教学的教师队伍。

(一)培训形式上,聚焦培训创新性

根据"智慧作业"培训内容和不同类别人员的特点,开展研讨式、案例式、模拟式、体验式等培训形式,探索运用实践教学、研讨教学、课堂提问等教学方法,聚焦运用,突出实践效果。一是提升理论支撑,以教育教学新需求、新问题为出发点,着重了解"智慧作业"平台的工作原理、操作流程和应

用效果，主动适应教育发展新需要，提高专业素养和理论水平。二是提升实践运用，参培教师在教育教学过程中，主动应用"智慧作业"平台收集学生作业数据、分析学情等，通过实践，实现从感性认识到理性认识的飞跃。三是提升教学质量，要求参培教师上好"三课"，即利用培训所学要上好"智慧作业"应用汇报课；把所学知识运用在课堂教学中，上好实践课；分学区，选定优秀培训学员定期举行示范公开课展评，上好公开课。

(二)培训人员上，聚焦培训广泛性

每次全员培训面向在职、在岗的全体中小学干部教师，旨在落实好江西省关于加强教师培训的工作要求，建设一支群众满意的高素质、专业化、创新型教师队伍，促进江西省基础教育高质量发展。根据各层面、各类别教师的不同特点，各学校分别举办不同主题内容的培训活动，对全校领导班子成员、中层干部、专业技术人员、一线教师等多个层面的人员开展培训，切实提高广大教职工"智慧作业"培训的覆盖面和知晓度，实现学校人员的全员、全域、全面培训的全覆盖。一线教师要聚焦课堂，提质增效。要始终提高站位，真正落实"以人的发展为本"的教育理念，转变过去以升学率和考试成绩作为衡量教育质量的教育发展观，通过"智慧作业"平台把学生的全面、持续和个性化的发展作为教育的核心追求，并以此审视和度量教育质量效果。学校书记、校长责任重大，任务艰巨。要做好学校信息化发展的引路人，学以致用，把握机遇，紧跟教育信息化2.0发展趋势，努力推进教育信息化的升级应用。要以身作则，以上率下，提高教师的信息技术核心素养，让每一位专任教师熟练运用"智慧作业"平台，更好地为课堂教学服务。

(三)培训内容上，聚焦培训全面性

根据学校实际情况，既要坚持问题导向，又要满足工作需要；既要强化理论学习，又要注重实践运用，切实增强广大教师教育培训的科学性和有效性。许多学校聘请专家教授为参训人员做专题讲座，以"大数据在实施精准教学中的应用"为标题，分析了教育大数据在精准教学中的应用方法，就如何提升教师教学水平，增强"智慧作业"教学研究能力，着力激发学生学习兴趣，有效增强学生创造思维，助推优质教学资源建设，加速创新教育教学改革,作了全面解答和陈述。此外,又以"日常教学中利用平台采集大数据的方式方法"为标题,从"智慧作业"的特征与实施、大数据与"智慧作业"、教师的数据素养、"智慧作业"案例分析等4个方面进行阐述,着重解读了"智慧作业"相关内容,强调了数据分析的注意点。数据贯穿于"智慧作业",贯穿于教学过程,运用大数据,可以在课堂中实现数据实时化、决策可靠化和交互智能化。

(四)培训效果上,聚焦培训精准性

"培训提升信息素养,大数据助力智慧教育。"这是许多教师在培训结束后的心里话。培训是专业素养提升最有效的方式之一,通过培训,可以全面提高教师利用信息技术组织教学的能力,利用信息技术进行再学习的能力,促进信息技术与课堂教学的深度融合,全面提升教育教学质量和水平。在培训的实践中,教师们一致认为,针对"智慧作业"应用的培训,目标真实、内容充实、形式平实,每位教师从一开始被动地"听",到后来主动地"说",既说"智慧作业"平台的优点、长处,又谈其不足、缺陷。一方面有针对性地提出改进的建议,同时,又勇于反思自己应用中的教学效果。可以说,在江西省教师的群体中,基本形成了一种"重培训、提能力、转作风"的浓厚氛围,为全省教育信息化高质量发展奠定了坚实基础。正如一名初级中学的校长所说:"为进一步提高中小学教师的信息素养和运用现代教育技术的能力,加快学科教学与信息技术整合的步伐,我们的全体教师,就必须要与时俱进,主动接受新的教育理念、学习新知识、掌握新技能。否则,终究会被社会所淘汰、被时代所抛弃。"

简而言之,"理可顿悟,事须渐修。"培训体系的建设是一个循序渐进的过程,不能一蹴而就,更不能流于形式。"智慧作业"的培训体系建设,致力于为师生提供一种不断学习、自我更新、自我完善、自我超越的培训学习机制,逐步让"智慧作业"培训,走向全域化、全员化、全面化,为信息技术教育的稳健发展提供强有力的人才保障。

第四章 "智慧作业"之可持续发展保障体系

第3节 "智慧作业"政策及考核体系的建设

坚定正确方向——可持续发展的牵引力

国务院印发的《国家教育事业发展"十三五"规划》明确提出,"全力推动信息技术与教育教学深度融合""支持各级各类学校建设智慧校园,综合利用互联网、大数据、人工智能和虚拟现实技术探索未来教育教学新模式"。

面向"十四五",我们深入推进智慧教育,要强调推进教育新型基础设施建设,深入推进智慧教育示范区建设,推动"互联网＋教育"持续健康发展。《教育部2022年工作要点》提出"实施教育数字化战略行动",加快推进教育数字转型与智能升级。这就要求我们通过制度创新、政策突破、体系完善等一系列改革创新手段,优化教育市场环境,促进技术转移转化效率,提高科技教育创新水平,逐步推动江西省迈入科技创新强省行列。而要想更好、更快地完成教育信息化目标,就必须着力推进教育创新政策体系建设,为"智慧作业"搭建平台,助推江西省教育信息化全方位发展。

一、推进"智慧作业"政策体系建设的重要意义

推进"智慧作业"政策体系建设,不仅为发挥"智慧作业"政策的功能提供了系统指引,同时,也为衔接"智慧作业"政策的配套措施提供了框架依据,还为优化"智慧作业"政策的目标提供了基础保障。

首先,为发挥"智慧作业"政策的功能提供了系统指引。"智慧作业"政策体系,不仅能为多样化的"智慧作业"政策工具功能提供引导,还能适应"智慧作业"政策工具的复杂性、交织性。认识和理解"智慧作业"政策体系的整体性、全局性和系统性,是完善"智慧作业"政策的重要基础。从江西省教育厅发展"智慧作业"角度出发,涵盖"智慧作业"政策缘由、政策目标、科技绩效、综合实力和协调发展等方面政策,为"智慧作业"问题分析和策略制定提供有价值的导向指引,推动"智慧作业"体系稳定有序地运行与发展,促进国家整体"智慧作业"效率不断提升,彰显"智慧作业"政策体系重要的基础理论性和指导实践性。

其次,为衔接"智慧作业"政策的配套措施提供框架依据。"智慧作业"政策体系是对接国家信息化教育体系的关键,是形成和落实教育信息化政策配套措施的依据。可以依据国家教育信息化体系的主要要素,把握好承接"智慧作业"政策的配套措施重要内容,根据人、财、物等落实"智慧作业"要素政策;以企业、高校和科研单位等为依托,落实科技创新主体政策;参照科技创新主体相互关联、相互协作机制,落实科技创新关联政策,参考特定产业出台政策;依照区域创新发展水平,落实差异化的科技创新政策;依据科技创新生态环境,落实科技创新环境政策;根据科技创新国际开放环境,落实科技创新开放政策。

最后,为优化"智慧作业"政策的目标提供基础保障。"智慧作业"政策体系及深化"智慧作业"政策体系改革创新,能有效提升"智慧作业"政策工具的作用,优化"智慧作业"政策的目标。在"智慧作业"创新进程中,深化"智慧作业"政策体系改革创新,可以快速适应"智慧作业"体系结构和规模的变迁,与教育信息化体系实现更加合理的匹配,推动江西省信息化水平进一步提升。同时,还可以优化"智慧作业"政策目标,推进"智慧作业"政策体制机制改革,有助于实现建立"智慧作业"政策体系的长效机制。

二、推进"智慧作业"政策体系建设的侧重点

推进"智慧作业"政策体系建设,需要注重"用好平台、用活数据、用足

第四章 "智慧作业"之可持续发展保障体系

资源"三大侧重点。"智慧作业"政策体系将不断深化融合，破除各类智慧应用数据共享利用不足，跨部门、跨层级、跨业务协同项目建设难等问题，努力建成统一采集存储、数据共享开放、应用协同、系统集成的数据平台，真正把教育教学数据"建起来、用起来、活起来"，为全领域、全主体、全地域的数字化改革提供有力支撑。

首先，用好平台。注重以"智慧作业"政策服务定点对象为着力点。为适应教育信息化快速发展，尤其是信息技术与教育教学的深度融合，必须及时调整"智慧作业"政策目标，同时调整"智慧作业"政策工具，以促进"智慧作业"政策工具更好地服务学校、学生、家庭等"智慧作业"政策目标，使二者达到最佳组合，以提升"智慧作业"的最佳效率。

其次，用活数据。注重以"智慧作业"政策服务数据采集为支撑点。数据的采集，对"智慧作业"赋能新兴技术发展，促进教育教学数字化转型，提升教育综合治理能力和保障教育信息化发展等方面都具有非常重要的现实意义。基于我省地缘辽阔、人口多、学校多、层级多，各地区、各部门的教育信息化发展水平参差不齐，导致各类型的数据纷繁多样，迫切需要"智慧作业"政策发挥作用，统一数据、用活数据，打造大数据"智慧作业"支撑平台，把各地域教育教学的数据汇聚融合共享起来。

最后，用足资源。注重以"智慧作业"政策服务数据流通为支撑点。当前，随着数字技术总体上仍处在拓展上升阶段，"智慧作业"政策体系建设要在顶层设计"指方向、划底线"的基础上，对数据流通和利用的教育监管模式与法律制度，要争取留出较大的演化空间。要坚持"用"字当头，放活渠道，"智慧作业"政策要在推动数据流通和市场化建设上发挥积极作用，促进各类教育主体，分享数据的权利和机会平等。

三、推进"智慧作业"政策体系建设的保障举措

要充分发挥"智慧作业"政策多方面的功能，必须衔接好教育督导考核政策以及监督服务，以推进传统教育教学模式转型升级，建设好"智慧作业"平台，为江西省发挥推进"智慧作业"政策体系建设的先行先试示范效

应夯实扎实的基础。

第一，教育督政。教育督政政策是推进"智慧作业"政策体系建设的根本保障。具体而言，一方面，加强教育督政工作，重点督导评价教育部下发《教育信息化 2.0 行动计划》重大教育决策部署的落实情况，其中就包括信息化教育投入落实和经费管理、智慧教育、智慧教育示范区建设等情况。另一方面，政府教育督导委员会围绕"十四五"教育发展规划及 2035 年远景目标，紧盯贯彻落实"五项管理""双减"工作等重点任务，针对基础教育推进教育信息化、深化新时代教育评价改革等教育领域热点问题，适时组织开展督导检查。

第二，教育督导。学校督导工作是推进"智慧作业"政策体系建设的坚定基石。把学校全面贯彻党的教育方针、落实立德树人等情况作为首要任务跟踪督导，其中也包括教育现代化建设、信息技术教育、"智慧作业"应用工作等情况。重点开展义务教育学校信息技术课程开设、"智慧作业"应用等专项督导，进一步强化落实中小学责任督学挂牌督导制度，责任督学挂牌督导要覆盖每所中小学。

第五章

基于"智慧作业"和"高质量作业设计"的教学实践

> 在素质化教育和现行课程改革深入发展的大背景下,当下国家在宏观上对学校课堂的要求相较于以往而言,也有了更加明显的调整和转变,不再以简单的理论知识记忆为本位,而是更加强调技术的延伸和拓展,这种变化也给教师的创新提供了更加清晰的思路。数学作为培养学生逻辑思维和实践能力的重要基础,在这种情况下也应当受到更多的关注和重视,特别是对学生而言,要尤为注意大数据与分层教学的结合。
>
> 通过信息化、物联网、大数据、区块链、人工智能、智慧平台等技术的应用,教师能够破解班级授课制下的个性化学习问题。智慧学习环境按照以人为本的设计理念,注重学习空间的可重构性与灵活性,使课内与课外、线上与线下、现实与虚拟有机整合,从而实现多种教学场景的融合。

第1节 促进教师信息素养提升

"我"与"智慧作业"共成长

江西省南城县实验小学 邹艳丽

(一)基本情况

2020年4月9日,江西省教育与发展装备中心发布了《关于进一步做好"智慧作业"推广使用工作的通知》,要求各地加强"智慧作业"使用管理情况,切实解决推广应用中存在的问题,加快推进"智慧作业"的覆盖面,保障"智慧作业"使用常态化。"智慧作业"将信息化技术应用到学生日常纸质作业中,通过对学生的作业过程数据进行实时收集,生成个性化错题集,并推出相应的名师微课,减轻学生负担,提高学习效率,帮助学生养成自主学习的习惯。对教学过程的分析可以使教师在教学过程中正确地进行教学,从而达到因材施教、精准教学、减负增效的目的,全面提高教学质量。在现实教学中,"智慧作业"真正地解决教师统计难、学生辅导难的难题,让师生能够共享这份便利。

(二)主要做法

1.在班级推广中,采用"五部曲"的方法

①"一部曲"了如指掌:首先我联系了当地三大运营商的"智慧作业"专员,了解该应用如何开通,接着把"智慧作业"专员拉进班级群,由他们向家

第五章 基于"智慧作业"和"高质量作业设计"的教学实践

长解答开通相关方式。

②"二部曲"广泛宣传：我在班级群推送"智慧作业"的宣传片以及相关的推文，如"智慧作业家长会"公众号发布的《省长易炼红赴扬子洲学校参观"智慧作业"AI学习室》，借助媒体报道的力量，引导家长了解"智慧作业"。

③"三部曲"整理账号：我预先整理好学生的身份证号码。

④"四部曲"借力推广：如今班上的一体机可以观看"智慧作业"微课。我在一体机上登录学生的账号，演示各种功能的操作，让学生感知"智慧作业"的魅力。学生觉得管用，自然就会与父母分享，家长开通"智慧作业"就水到渠成。

⑤"五部曲"精准推广：完成以上"四部曲"后，我采取"VIP私人定制"精准推广，先对有意向开通"智慧作业"的家长发送一些教程，如家长查看学生错题的教程。我坚持每天在课堂上与学生进行"智慧作业"互动的活动，比如让学生说说自己使用"智慧作业"的感受，在班级中创造使用"智慧作业"的氛围，坚持将学生观看"智慧作业"微课的照片发布到班级群，让更多家长了解此项活动的意义。（见图5-1）

图5-1 学生日常观看"智慧作业"微课

2021年12月，为配合"双减"工作推进，充分发挥"智慧作业"在进一步减轻义务教育阶段学生作业负担中的有效作用，南城县教育体育局开展了"智慧作业"推广三级培训，包括校长、信息化领导培训，区级骨干培训，校本全员培训。在这三级培训活动中，我非常荣幸担任主讲工作。

成效：短短半个月，我所带班级使用"智慧作业""双率"均高达90%以上，同时我在"智慧作业家长会"公众号上发布"班级推广'五部曲'"方法，供全省教师学习。我所执教的班级在"智慧作业"应用考核数据中的学科覆盖率均达到了100%，班级覆盖率优秀，教师使用率优秀，真正做到了"智慧作业"在日常教学中的常态化应用。我积极参加江西省教育厅、江西省电教馆举办的以"智慧作业"为主题的一系列活动,获得傲人的成绩,从当初录制"智慧作业"微课的"小白"成长为江西省"智慧作业"应用授课专家,同时还担任了许多活动的评审专家,比如"智慧作业"微课评审,第二十七届江西省中小学、幼儿园优秀教学资源展示活动评审等。

2. 培养兴趣

兴趣是最好的教师,我培养学生坚持看"智慧作业"微课的兴趣,做好以下两方面。

(1)营造氛围

我班上学生是2021年暑假开始使用"智慧作业"的,当时是二年级,刚好"智慧作业"推出了二年级《暑假作业》练习微课,但"智慧作业"不支持学生手中的那本《暑假作业》,也就是学生没有微课可看,但这不影响我在班级推广"智慧作业"。推广前期,我脑海中"智慧币"的方法诞生了,曾经有好多老师咨询我,奖励给学生的"智慧币"是在哪里购买的。"智慧币"只是一种概念,是一种无形的产品,"智慧作业"教师端可以看到每个孩子观看微课的记录,2021年暑假我通过这个渠道记录学生获得的"智慧币"。有了这样一种奖励机制,学生们观看微课的兴趣特别浓厚,他们每天还会在班级群分享自己观看微课的照片。2021年秋季开学初,我举办了颁奖活动,给坚持观看微课的孩子颁发奖品,这样的活动极大地调动了孩子们观看"智慧作业"微课的兴趣,拿到奖品的孩子非常开心,其中有一个孩子当时说了一句话:"太高兴了,这是邹老师送给我的礼物,我要好好留着。"听到这句话,我内心顿时感到非常温暖,能得到学生的认可是教师最大的幸福。

(2)定期开展活动

2021年9月,我将暑假奖励"智慧币"的机制方案(见图5-2)进行了修改,把学生的日常行为与学习习惯等方面都纳入奖励机制中,同时为了满足不同层次学生的发展,我结合自己立项课题内容,开展了3个活动:"快乐的'智慧作业'——萌娃讲题",制作《"智慧作业"能量卷》,"我与'智慧作业'的故事"征文。这些事情都是由学生记录,一个班干部负责收集一项材料,每星期汇总评价,由学生参与管理,这样既能减轻教师的工作负担,又培养了学生管理班级的能力。

> **南城县实验小学三年级(8)班"智慧币"奖励机制方案**
>
> 为了激发学生的学习动力,规范学生的日常行为,特制定以下奖励方法。
>
> **学习方面**
>
> 1. 每日观看"智慧作业":奖励10个"智慧币"。
> 2. 每个单元作业:A+的奖励50个"智慧币"。
> 3. 每周作业:字迹工整的奖励5个"智慧币",潦草的扣5个"智慧币"。
>
> **日常行为**
>
> 迟到、上课开小差:扣10个"智慧币"。
> 为班级获得荣誉:奖励50个"智慧币"。
> 为班级抹黑:扣30个"智慧币"(比如乱扔纸屑)。
>
> **各种竞赛**
>
> 1. 参加"快乐的'智慧作业'——萌娃讲题"比赛
> 上交一道讲题作品(按要求制作成文档,每人一周2个作品为上限):奖励100个"智慧币"。
> 2. 制作一份《"智慧作业"能量卷》:奖励100个"智慧币"。
> 3. 撰写"我与'智慧作业'的故事"征文,入选一篇:奖励100个"智慧币"。
>
> **"智慧币"换购奖品方法**
>
> 300个"智慧币"换购2元学习用品;
> 500个"智慧币"换购5元学习奖品;
> 1 000个"智慧币"获得邹老师亲笔签名的精美日记本一册。

图5-2 "智慧币"奖励机制方案

3.评价激励

在评价激励方面,评价学生的方式要多元,教师既要重视结果评价,更要重视过程评价。在学生使用"智慧作业"的过程中,我将精神鼓舞与物质奖励相结合。我在网上定制"智慧作业"奖励专用章,平时批改练习册、错题本时都会用到,通过无声胜有声的方式让"智慧作业"的身影时刻伴随着孩子的学习。(见图5-3)

图5-3 教师批改作业"神器"——"智慧作业"点赞专用章与错题本

教师要善于收集素材、发现典型,及时宣传正能量的事物,我把暑假的这个活动制作成一个小视频,发在班级群里,孩子们感受到我一直在关注着他们平时的学习状态。在奖励给孩子们的物品中,他们最喜欢的是我亲笔签名的笔记本,在孩子的心目中,教师的地位是至高无上的。

4.方法指导

(1)善于引导,积累素材

《"智慧作业"能量卷》所有的素材都来自学生的错题,以及相对应的举一反三练习题。每个星期我都会挑选好的能量卷在班级中展评,让"出卷人"谈一谈思路和方法。一张张能量卷凝聚了孩子们的心血,不仅让孩子们将所学的知识融会贯通,同时培养了自主学习能力,提升了收集信息与分析能力。我班上有的学生是留守儿童,爷爷奶奶不会录制视频,没办法参加"快乐的'智慧作业'——萌娃讲题"活动,怎么办呢?他们为了赚"智慧币",使劲地出《"智慧作业"能量卷》,有名留守儿童一个月出了6张《"智慧作业"能量卷》。

(2)适时点拨,开拓思路

在开展"我与'智慧作业'的故事"征文活动之前,我上了一堂习作课,这堂习作课以说为主,一步步引导学生谈自己使用"智慧作业"的感想。上完这堂课后,我布置了这项工作,孩子们用稚嫩的文笔记录了他们真实的感想。有位名叫蕾蕾的学生在文中写到她的爸爸妈妈在外打工,爷爷奶奶辅导不了自己的功课,看着班上好多同学的家长都能辅导功课,她的心里很着急,心情很郁闷,有了"智慧作业"后,她再也不用担心没人辅导功课。如果不是看了她写的这篇文章,我都不知道小小年纪的蕾蕾,心理负担这么重。现在蕾蕾的爷爷还学会了如何推送微课给她读五年级的姐姐看。2022年1月我受"智慧作业家长会"公众号编辑邀请录制"告白'智慧作业',祝福虎年新春"祝福视频。我用视频记录下孩子对"智慧作业"的告白,以及他们的学习生活愿望等,蕾蕾同学主动向我提出要露个脸,要感谢"智慧作业"创始人唐旭老师,谢谢唐老师创造了这么好的"智慧作业"。通过开展"我与'智慧作业'的故事"征文活动,我更加全方位地了解孩子们,倾听他们的心声。

开展"快乐的'智慧作业'——萌娃讲题"活动时,我先让学生在家里反复看这道题的练习微课,最后进行讲题比赛。在学生讲题比赛这个环节中教师的角色是非常重要的,教师要及时引导,比如精准规范数学语言、解题方法等。这样的讲题活动在班上持续了一个月,大部分孩子掌握了讲题方法。为了使更多的同学能够参与其中,我又将这一活动内容进行充实,孩子可以在家里讲题,通过文档方式呈现,有题干、有解析,解析下方附有解题视频的二维码。当然这个把解题视频转化成二维码的技术是需要教师指导家长完成的。

(扫一扫观看"'智慧作业'——萌娃讲题"活动视频)

| 萌娃1讲题 | 萌娃2讲题 | 萌娃3讲题 | 萌娃4讲题 | 萌娃5讲题 |

(三) 典型成效

1. 课堂教学与"智慧作业"的有效融合

在大数据时代,现代信息技术以其丰富的资源、精确的分析等优点,在教育中发挥了不可替代的重要作用。下面我以《长方形的周长》为例,具体谈谈"智慧作业"应用与课堂教学的有效融合。

1.1 情境导入——"智慧作业"温言堂

师 首先走进"智慧作业"小讲堂,这是同学们昨天作业的分析数据统计表。(见表5-1)

小学2019年8班(小学数学) | 新课标同步单元练习数学

三年级上册(北师大版)(2021年秋)第27页

作业讲解建议按题号顺序排列

优秀:正确率≥80%

良好:正确率≥60%(不含优秀学生)

不及格:正确率<60%

表 5-1 "智慧作业"系统的学情分析表

题号	本次作业分析 知识点	班级正确率	做错人数统计(按本次作业正确率分别统计)			
			做错总人数	优秀	良好	不及格
1	除数是一位数的口算除法及应用	93.62%	3	2	1	0
2	周长的概率与比较	93.62%	3	2	1	0
3	周长的概率与比较	100.00%	0	0	0	0
4	周长的概率与比较	100.00%	0	0	0	0
5	周长的概率与比较	93.62%	3	2	1	0

接着学生观看错题微课——"智慧作业"练习微课,然后请学生说说有哪些收获。

1.2 探索新知——"智慧作业"明理堂

A. 猜测、质疑:谁走的路更长?

师 红蚂蚁每天围着长方形饼干绕圈走一周,黑蚂蚁每天围着正方形

第五章 基于"智慧作业"和"高质量作业设计"的教学实践

饼干走一周。红蚂蚁说:"我每天走的路多。"黑蚂蚁说:"不对,是我每天走的路多。"同学们猜一猜,到底谁每天走的路多些?仔细观察它们每天走的路线,想一想:要求蚂蚁每天走的路,其实就是求什么?

生 长方形饼干和正方形饼干的周长。

B.动手实践

(1)探索长方形周长公式

师 要计算长方形的周长,需要知道什么?

生 需要知道长方形每条边的长度。

师 同学们动手试一试,算出课本上这个长方形的周长。

(学生动手测量,教师巡视指导。)

生1 通过测量,我们得到长方形的长是5厘米,宽是3厘米。

生2 只要把长方形四条边的长加起来,就可以求出长方形的周长,即 5+3+5+3=16(厘米)。

师 四条边长加在一起确实是这个长方形的周长,还有不同的方法吗?

生3 因为长方形相对的边相等,所以我们只要量出长和宽,再把2个长和2个宽加起来就得到长方形的周长,即 5×2+3×2=16(厘米)。

生4 我是把1个长和1个宽加起来,再乘2求出长方形的周长的,列示为:(5+3)×2=16(厘米)。

师 同学们真了不起!一下子想到了这么多种解决问题的方法。现在我们回过头一起对比观察,看看你最喜欢哪一种。为什么?

生 我喜欢第三种方法,第三种方法最简便,根据长方形对边相等,长方形有2组长和宽,只需要算出1组长和宽的和,再乘2就可以求出周长了。

师 同学们能根据图形本身特点进行探索、研究,非常了不起!

(2)探索正方形周长公式

A.正方形的周长该怎样计算?

师 刚才同学们通过自己的智慧发现了长方形周长的计算方法,我们知道正方形是特殊的长方形,你们能尝试找到正方形周长的计算方法吗?

B.学生独立完成,小组讨论,对比交流。

生1 刚刚通过测量,我们发现正方形的边长是3厘米,只要把正方形的四条边长加起来就是它的周长,即3+3+3+3=12(厘米)。

生2 根据正方形的特点,每条边都相等,那就可以把边长乘即4,3×4=12(厘米)。

师 同学们真不错!刚才这两种算法,你更喜欢哪一种呢?为什么?

生1 通过对比,我们发现正方形的周长用边长直接乘4的计算方法更快,也容易理解。

生2 第一种方法把正方形每条边一一加起来和第二种方法边长乘4其实意思一样,都是求4条边长的总和,只不过乘法是加法的简便计算。所以我们也选择用第二种方法求正方形的周长。

师 (小结):正方形是特殊的长方形,不仅对边相等,而且4条边都相等,因此可以直接用边长乘4的方法来计算正方形的周长。

(3)说一说:如何计算长方形、正方形的周长?

师 前面我们学习了长方形和正方形的周长如何计算,现在我们来总结一下吧。

生 长方形周长=(长+宽)×2,正方形周长=边长×4。

师 求长方形的周长要知道什么条件?

生 要知道长方形的长和宽。

师 求正方形的周长要知道什么条件?

生 要知道正方形的边长。

A.小小设计师

师 小淘气想靠墙围成一个长方形的蔬菜园,长是6米,宽是4米。可以怎样围?分别需要多长的围栏?同学们先与你的同桌讨论交流一下,然后尝试着在本子上画一画。

(学生独立完成后。)

师 说一说你是怎样画的?

生1 靠墙的那面不需要围栏,所以只需要用围栏围出3个边就可以,可以用围栏围成1个长,2个宽。(见图5-4)

生2 还可以用围栏围成2个长,1个宽。(见图5-5)

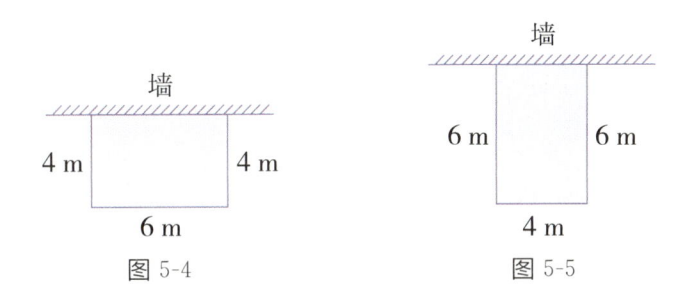

图 5-4

图 5-5

师 这两种围法围成的长方形的周长一样长吗?该怎样求分别需要多长的围栏?

生 这两种围法围成的长方形周长不一样长。

师 它们围成的长都是6米,宽都是4米,周长为什么不一样呢?

生 因为第一种方法,有一条长是靠墙的,不用围栏,所以围栏的长就是1条长加2条宽的总和,即 $6+4\times2=14$(米);第二种有一条宽靠墙,不用围栏,所以围栏的长度就是1条宽和2条长的总和,即 $4+6\times2=16$(米)。

1.3.实践运用——"智慧作业"小讲堂

(1)跬步千里("智慧作业"系统中的基础题)(见图5-6至图5-8)

量一量,再算出图形的周长。

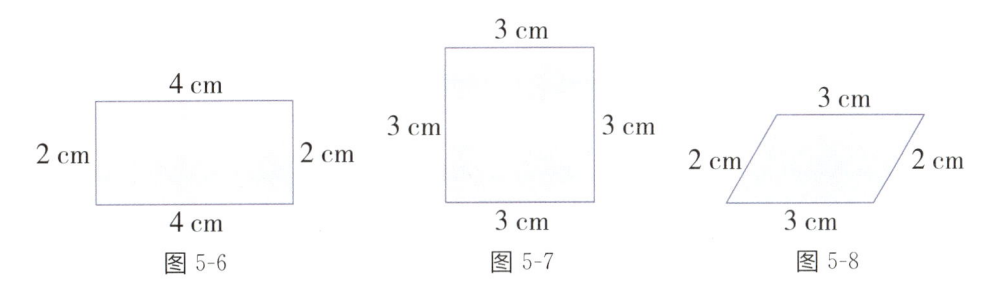

图 5-6

图 5-7

图 5-8

(2)游刃有余("智慧作业"系统中的举一反三试题)

有两个同样的长方形,长4厘米,宽3厘米,把它们拼成一个大长方形,这个大长方形的周长是多少?

①学生独立练习

②教师播放微课视频,学生自己订正

(3)开拓进取("智慧作业"系统中的拓展题)

A.张伯伯的菜地长16米,宽8米,一边靠着围墙。他要给菜地围上篱笆,至少需要多长的篱笆?(见图5-9)

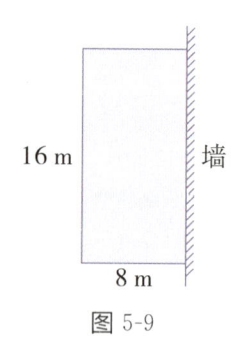

图5-9

B.一块长方形菜地,长12米,宽8米,一面靠墙,其他三面围上篱笆,篱笆至少需要多少米?

C.你会求下面图形的周长吗?(见图5-10至图5-12)

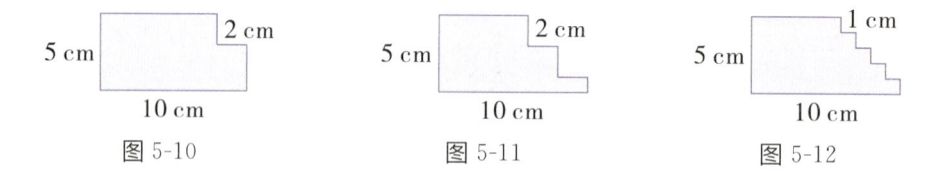

图5-10 图5-11 图5-12

"开拓进取"有三道练习题,A为必做题,B、C为选做题,学生在规定的时间内(6分钟),完成的练习题越多,奖励的"智慧币"也越多。

1.4 总结评价——"智慧作业"愿景堂

师 同学们通过今天的学习,你有什么收获?请你结合成功、喜悦、困惑、遗憾说一说。

第五章　基于"智慧作业"和"高质量作业设计"的教学实践

《长方形周长》是北师大版数学三年级上册第五单元的内容，隶属于"空间与图形"范畴。本节课是在学生掌握了长方形、正方形的特征和理解周长概念的基础上，通过自主探索、动手操作、验证猜想、合作交流等方式归纳出长方形和正方形周长计算的多种方法。三年级学生以形象思维为主，逐步向抽象思维过渡。他们有着强烈的好奇心和求知欲，喜欢在玩中学、在做中学。根据对教材以及学生学情的分析，我将本节课分为4个板块进行教学："智慧作业"温言堂—"智慧作业"明理堂—"智慧作业"小讲堂—"智慧作业"愿景堂，通过导学（学情分析、资源推送、智能备课）—互学（因材施教、精准教学、互动交流、合作学习）—延学（名师微课、个性辅导、举一反三）等环节，把"智慧作业"平台引入日常教学，为实现"智慧作业"与课堂教学的有效融合、打造高效的课堂教学而不断努力。

2."智慧作业"高质量作业设计系统为作业设计赋能

"双减"政策要求有效减轻义务教育阶段学生过重的作业负担，对学生的作业时长作了明确的规定。"智慧作业"高质量作业系统能根据学生学情大数据，分析出每个学生不同的"最近发展区"，帮助教师自动在日常的练习册上挑选出适合相应层次学生能力的作业题，将厚厚的练习册通过"智"动力变成薄薄的一小本，实现个性化的高质量作业，做到作业减量不减质，杜绝机械性、重复性、无效性作业。

（1）"智慧作业"高质量系统平台下作业设计的创新之处

"智慧作业"高质量作业设计系统基于练习册的作业数据，贯穿教学课前、课中、课后全场景，通过采集和分析教师日常教学和学生的过程性作业数据，提供精准的学情和教研数据，实现作业减负的同时有效提升教学质量，帮助教育科学决策。"智慧作业"高质量系统还具有作业时效管理功能。教师根据课时要求可手动设置作业作答时长，系统根据题库内题目标签自动计算时长，如全学科作业布置时间三至六年级超过60分钟、七至九年级超过90分钟,系统则会进行超时预警提示,最终采集的作业时效可生成多维学情报告分析。教师通过观察统计、分析的数据,会发现不同的学生对知识点的掌握情况,因此作业讲评课该怎么上,该怎么去辅导学生,就有了一个非常科学的依据。

(2)"智慧作业"高质量系统平台下作业设计在课堂中的实际应用

①协商性分层作业,减轻学生作业负担

"智慧作业"高质量作业设计系统下的作业设计基于江西省教育厅评议目录教辅,将评议目录教辅的题目进行层次分解,通过预习作业实现靶向教学、定量分析,实现生成性教学;通过课中作业讲解,面向学生,增强学生课程参与感;通过分层作业,减少作业总时长;通过弹性分层作业,精准实现提质增效;通过电视机顶盒播放微课,让学生不需要课外辅导就能进行学习巩固和错题再练。分层作业分为三类,分别为A类(基础)、B类(适中)、C类(拓展),以此达到"作业薄一点、减负不减质"的目标。

②利用数据分析,增效作业讲评辅导

作业的及时、高效讲评能快速准确地解决学生在学习中遇到的困难,帮助学生找到产生困难的原因,找到学习的方法和增强学习的信心。学生对重难点知识的掌握情况往往是传统教学模式下教师难以掌握的部分。然而在"智慧作业"高质量作业设计系统的支持下,教师可以通过学生课后作业批改情况的数据来分析学生对本节课学习内容、重难点的理解程度和掌握情况,并对下一节课的教学目标进行调整。例如:在学习《长方形面积》这一课后,我登录"智慧作业"高质量作业设计系统界面,点开班级错题菜单,在智能笔批改后的班级错题本反馈数据中,有一道求不规则图形的面积与周长的练习题,正确率只有40%左右。我立马结合"智慧作业"微课等资源为学生讲解了这道题,当时的我信心满满,认为在自己声情并茂的讲解下,全班同学都听懂了这道题。(见图5-13)

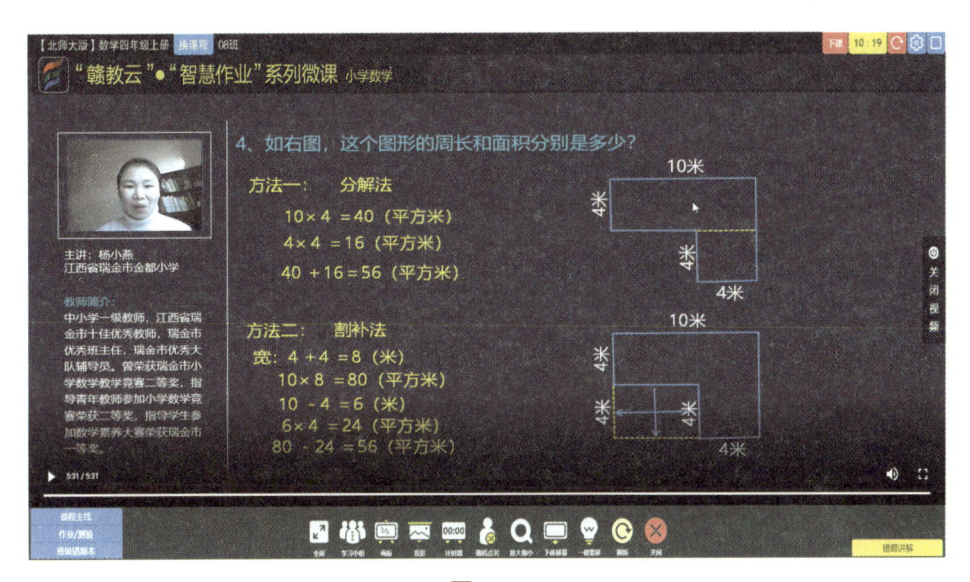

第五章　基于"智慧作业"和"高质量作业设计"的教学实践

图 5-13

可在第二天反馈的靶向作业中,现实无情地打了我的脸。一共 41 个学生做了这道题,其中做对的学生只有 27 个,做错的有 14 个,尤其是做错的学生中还有一部分是平时表现很优秀的学生,我在平台上逐个查看了学生的答题情况,了解了学生在求周长的知识方面掌握得很好,但不知道如何求不规则图形的面积。于是我拿着题卡,利用下课的时间与做错题的学生聊天:"你当时为什么会这样写呢?"学生们率真地回答我:"老师,您说的'添补法',我听不懂,所以是乱写的。"还有的学生说找不准分割后图形的长和宽……听到学生们的发言,我挺惭愧,我总是站在自己的角度去思考问题,总把自己以为最好的、最简单的解题方法教授给学生,却忽略了学生现有的认知水平。后来我又重新讲解了这道题,注重演示分割图形的过程,然后又请了几个做对的学生分享这道题的解题方法,最后又给做错的学生布置了靶向作业,也就是举一反三试题。通过观察他们上交的举一反三练习,我发现正确率提高了很多,才确认学生已经掌握了这个知识点。"智慧作业"高质量作业设计系统的大数据分析功能,及时改正了我错误的想法,可见精准分析学情是多么重要。

使用"智慧作业"高质量作业设计系统,课堂上学生作业的数据可以直观反馈在教室一体机屏幕上,教师能清楚明了地看到每份作业的学情和每道题的正确率、正误名单,这大大提高了教师的讲题效率;还能直接播放所需题目的微课,每道题都由不同的教师讲解,讲题思路也不一样,这大大提高了学生自主学习的能力,锻炼了学生的思维能力。

教师进行作业讲评时可以根据"智慧作业"高质量作业设计系统收集到的数据,自主选择典型问题和错误问题进行及时讲解和分析,同时学生运用"智慧作业"高质量作业设计系统的举一反三试题,触类旁通,这样节约了大部分学生的时间,提高了作业的实效性。

3. "智慧作业"线上教学显智慧

2022年4月本是草长莺飞、花红柳绿,春意盎然的好时节,一场突如其来的疫情,却将这座美丽的江南小城——江西省抚州市南城县,按下了暂停键。全县所有中小学校停止线下教学,转为线上教学,全县教职工都加入了这场没有硝烟的抗疫战争中,我也是其中的一员。

面对线上教学少互动、无反馈、学习活动难落实等弊端,我动脑筋、想办法、创新一系列有益的教学补充形式和手段。我依托"赣教云"平台上的高质量作业设计系统里丰富的教学资源,将它与企业微信直播功能相结合,打破时空壁垒,和学生跨越时空进行面对面地授课。在执教《有多重》直播课时,我精心设计教学活动,提前让学生准备袋装的食盐、煮熟的鸡蛋、一枚1元硬币,让学生通过"估一估""掂一掂"的活动形成"千克、克"的表象认识,让学生通过"找一找""说一说"去感受、列举生活中用"千克、克"表示的物品。同时结合"智慧作业"高质量作业设计系统的随机点名与加分功能,激发学生的学习兴趣。一名学生说道:"上数学直播课有趣又刺激,我要时刻做好回答问题的准备,邹老师好像就在我旁边上课一样。"(见图 5-14)

第五章 基于"智慧作业"和"高质量作业设计"的教学实践

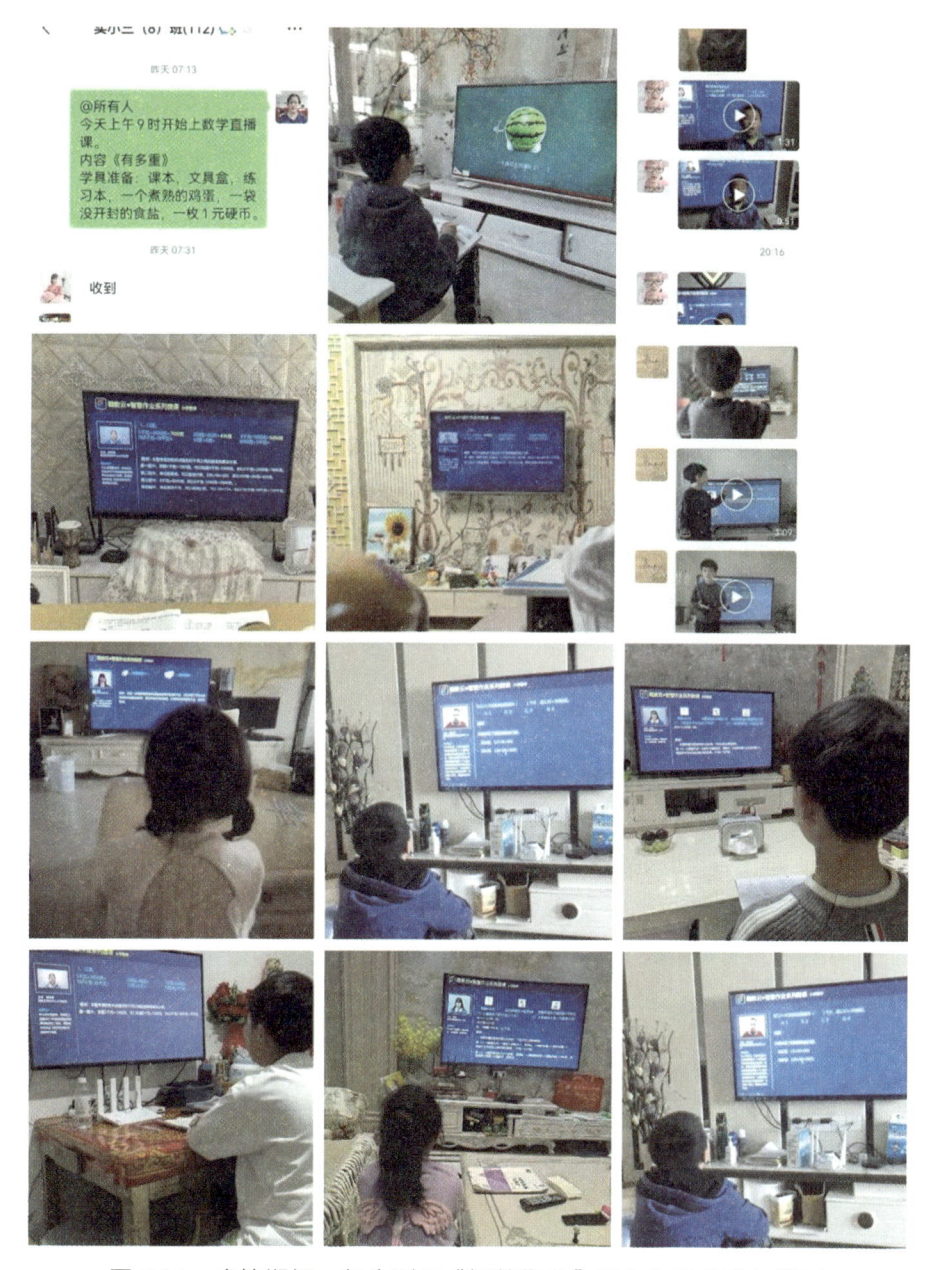

图 5-14 疫情期间，师生利用"智慧作业"平台在线教学与学习

为了使孩子们线上学习期间的作业更有实效，我创新作业形式，将视频作业与书面作业有机结合，用奖励"智慧币"的方式激励学生按时保质完成作业，同时我还将信息技术应用到学生线上作业日常管理中，每天通过"智慧作业"高质量作业设计系统布置练习册上的分层作业，同时用"智慧

119

作业"智能笔远程动态采集学生的作业过程性数据（见图5-15），形成学生专属错题集，再通过"智慧作业"平台精准推送名师微课给学生观看。

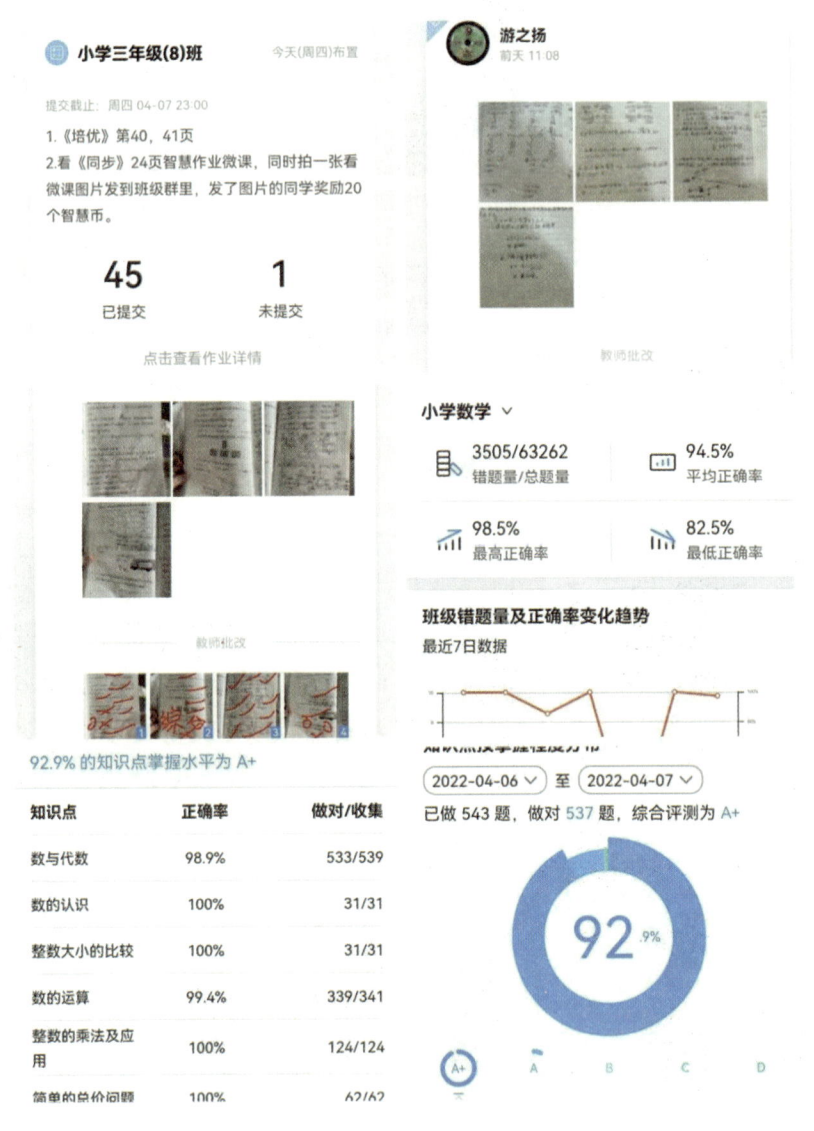

图5-15　疫情期间，教师运用"智慧作业"智能笔线上批改学生作业，对学生学情精准研判

4."智慧作业"成就智慧教育

为了更好地解决学生们在各科学习中遇到的困难和问题，我还通过问卷星网制订《基于"智慧作业"模式中高段学生数学自主学习能力的研究

第五章 基于"智慧作业"和"高质量作业设计"的教学实践

(家长版)》问卷调查,从家长的角度探寻作业现状,进而探索在"双减"背景下,"智慧作业"对中高段学生数学自主学习能力的研究。问卷形式与调查结果如下:

您的孩子就读几年级? [单选题]

选项	小计	比例/%
三年级	44	32.59%
四年级	44	32.59%
五年级	47	34.82%
本题有效填写人次	135	

您觉得"智慧作业"平台使用方便吗? [单选题]

选项	小计	比例/%
方便	115	85.19%
不方便	20	14.81%
本题有效填写人次	135	

您的孩子会经常使用"智慧作业"平台吗? [单选题]

选项	小计	比例/%
经常使用	69	51.11%
偶尔使用	66	48.89%
本题有效填写人次	135	

您的孩子每周利用"智慧作业"平台自主学习的时间大概是多久? [单选题]

选项	小计	比例/%
0～1小时	104	77.04%
1～2小时	19	14.07%
2小时以上	12	8.89%
本题有效填写人次	135	

"智慧作业"实施后,您是否需要自己辅导孩子写作业? ［单选题］

选项	小计	比例/%
不需要	40	29.63%
仍然需要	33	24.44%
部分需要	62	45.93%
本题有效填写人次	135	

孩子在使用"智慧作业"平台学习时,您觉得它可以帮助孩子在自主学习方面提供什么功能? ［单选题］

选项	小计	比例/%
可以提前预习新课	18	13.33%
可以进行课后复习	63	46.67%
有海量资源,可以学习其他专业知识	18	13.33%
其他	36	26.67%
本题有效填写人次	135	

您觉得"智慧作业"平台对孩子的学习会有帮助吗? ［单选题］

选项	小计	比例/%
有	119	88.15%
没有	16	11.85%
本题有效填写人次	135	

"智慧作业"实施后,您的孩子学习成绩有明显的提升吗? ［单选题］

选项	小计	比例/%
有很大的提升	29	21.48%
提升了一点但不多	73	54.07%
没有变化	32	23.71%
成绩反而下降了	1	0.74%
本题有效填写人次	135	

第五章　基于"智慧作业"和"高质量作业设计"的教学实践

您对"智慧作业"平台使用感到满意吗？　[单选题]

选项	小计	比例/%
满意	66	48.89%
基本满意	58	42.96%
不满意	11	8.15%
本题有效填写人次	135	

您认为"智慧作业"学习平台的不足之处有哪些？　[单选题]

选项	小计	比例/%
题目只有解析,没有讲解视频	29	21.48%
上课形式单一	16	11.85%
查看错题烦琐	21	15.56%
其他	69	51.11%
本题有效填写人次	135	

分析这次问卷调查的结果可知,经过课题组教师们的不懈努力和推广,我校学生对"智慧作业"平台的使用率有大幅度提高,大部分的家长积极支持孩子使用"智慧作业"平台,并表示此平台不仅减轻了家长的经济负担,更解决了他们不会辅导的大难题;提高了孩子们的学习积极性,增强了他们的学习自信心和自主学习能力。

我校学生使用"智慧作业"后部分实验班与对照班成绩的数据对比情况见表5-2。

表5-2　南城县实验小学近3年部分实验班与对照班的学情数据对比表

测试时间	班级		平均分/分	合格率/%	优秀率/%
第一学期摸底	2019级8班	实验班	80.5	80.3	21.0
	2018级1班		69.5	78.5	15.5
	2017级8班		72.5	81.5	14.5
第一学期期中	2019级8班	实验班	82.7	85.0	30.0
	2018级1班		71.5	80.5	21.5
	2017级8班		75.5	89.5	24.0

续表

测试时间	班级		平均分/分	合格率/%	优秀率/%
第一学期期末	2019 级 8 班	实验班	84.6	87.3	33.3
	2019 级 4 班	对照班	79.2	78.0	17.0
	2018 级 1 班	实验班	73.5	83.0	25.5
	2018 级 2 班	对照班	68.6	75.5	14.8
	2017 级 8 班	实验班	78.5	90.5	30.5
	2017 级 6 班	对照班	71.0	82.3	12.6
第二学期期中	2019 级 8 班	实验班	86.6	90.0	43.3
	2019 级 4 班	对照班	78.8	79.0	20.5
	2018 级 1 班	实验班	77.5	85.0	35.0
	2018 级 2 班	对照班	57.8	76.0	19.2
	2017 级 8 班	实验班	83.5	92.5	34.0
	2017 级 6 班	对照班	70.1	83.2	13.4
第二学期期末	2019 级 8 班	实验班	90.9	94.0	63.0
	2019 级 4 班	对照班	81.0	82.4	27.8
	2018 级 1 班	实验班	80.7	90.0	47.0
	2018 级 2 班	对照班	63.5	78.3	27.0
	2017 级 8 班	实验班	87.5	98.0	51.0
	2017 级 6 班	对照班	75.3	83.6	23.7

通过两年来"智慧作业"在小学数学学习中的探索与实践，课题组教师们充分认识到信息技术的变革给教育教学所带来的影响，认识到了"智慧作业"平台对减负增效、提高教育教学质量的重要意义，也更加坚信现代化的教学手段融入课堂教学，将使学生的课堂更加生动、形象，真正助力教师信息素养的提升。学生也通过"智慧作业"微课的学习，逐渐养成了自主学习能力。举一反三功能的上线，让不同能力的学生在不同的题目中得到收获，提升了学习效率。

"双减"背景下教师智能笔助力作业数据采集管理

江西省南昌市湾里管理局第五小学 杜婷

作业是学校常规教学工作中的重要组成部分,是检测教师教授与学生学习情况的媒介,是师生交流的工具,是全面提高教学质量的保证。但是目前现行的作业管理方式是学生完成作业后,教师进行批改,批改完成后再统一进行讲解。对于学生错的题目,学生、家长或者教师需要手动登记,非常费时费力,而且反馈不及时。从长期来看,绝大部分学校、教师、家长没有办法精准掌握、跟踪作业及教学情况,这样就没有办法提供精准教学支持。此时若有一种作业数据采集管理方式来帮助学校、教师、家长对学生作业错题进行统计,在提高教师的教学效率的同时,提升学生的学习效果,那就太好了。

(一)基本情况

江西省教育厅推出的"智慧作业"智能笔采集模式在不改变学生书写作业形式、教师批改作业习惯和正常教学的前提下,将智能笔应用到教师日常批改纸质作业中,动态采集批改过程性数据,生成专属错题本,并免费精准推送中小学名师共同研发的成体系作业解析微课,帮助教育管理者科学决策,提高教师工作效率,减轻学生学业负担,解决广大家长辅导孩子作业难的烦恼,避免学生机械、无效、重复地做作业。

(二)主要做法

江西省教育厅对中小学评议目录教辅中的练习册进行铺码及数字化处理。学校为对应的学科教师配备教师智能笔,学生使用普通笔完成作业后,教师使用智能笔批改作业。教师智能笔在批改作业过程中,可以识别出作业的页码、题目量、题目位置等。教师批改完作业后,将数据通过"智慧作业"教师端微信小程序上传至"智慧作业"平台,平台对在批改作业过程中产生的"✕""〇"等错题标识进行统计,再根据错题数据生成个性化错题本,推送精准微课给学生。"智慧作业"教师智能笔模式的应用优化了作业数据采集效率,实现日常学科作业的全过程采集,扩大了"智慧作业"的覆盖面,提高了"智慧作业"的推广速度。

(三)典型成效

以江西省南昌市湾里管理局第五小学(以下简称"湾里五小")为例,湾里五小是第一批使用智能笔的学校。2020年5月,在湾里管理局教体办的沟通和江西省电教馆的大力支持下,湾里五小启动"智慧作业"智能笔批改项目,最初只有10支智能笔,2年时间已给三至六年级教师配备了40多支智能笔,覆盖三至六年级17个班级的语文、数学、英语科目,目前我校是江西省"智慧作业"省级样板校。

对于教师来说,使用智能笔批阅后,作业数据会实时上传至数据平台,平台会自动统计分析批阅结果,使用大数据为教育教学提供了新思路,实现了精准教学,如系统会生成班级知识点、能力等多维度的报告和班级共性错题讲解稿。教师可以根据分析结果,全面了解班级学习情况,及时调整教学重点,提高教学效率。(见图5-16和图5-17)

图5-16 湾里五小的教师使用智能笔批改作业

第五章 基于"智慧作业"和"高质量作业设计"的教学实践

图 5-17　湾里五小五（2）班英语作业数据及讲解稿示例

对于学生来说，"智慧作业"会根据智能笔批改采集到的数据自动分析学生的每一次作业，自动生成学情报告、错题本和举一反三习题集，可以让学生精准地进行练习，提高学习效率。平台自动推送错题微课，可以让学生更及时地掌握不会的内容，减轻家长的辅导负担。（见图 5-18 和图 5-19）

图 5-18　湾里五小某名学生电脑端错题本汇总示例

图 5-19　湾里五小某名学生电脑端错题及相关微课示例

对于家长来说,教师智能笔批阅完成后,家长可以通过家长端小程序准确了解孩子的作业错题情况,有针对性地对孩子进行课外辅导。(见图 5-20)对于教育资源比较匮乏的家长,平台推送的免费微课和举一反三试题可以帮助孩子巩固知识点,不仅减轻了家长的学业辅导负担,"零"收费更帮助家长减轻了经济压力。(见图 5-20)

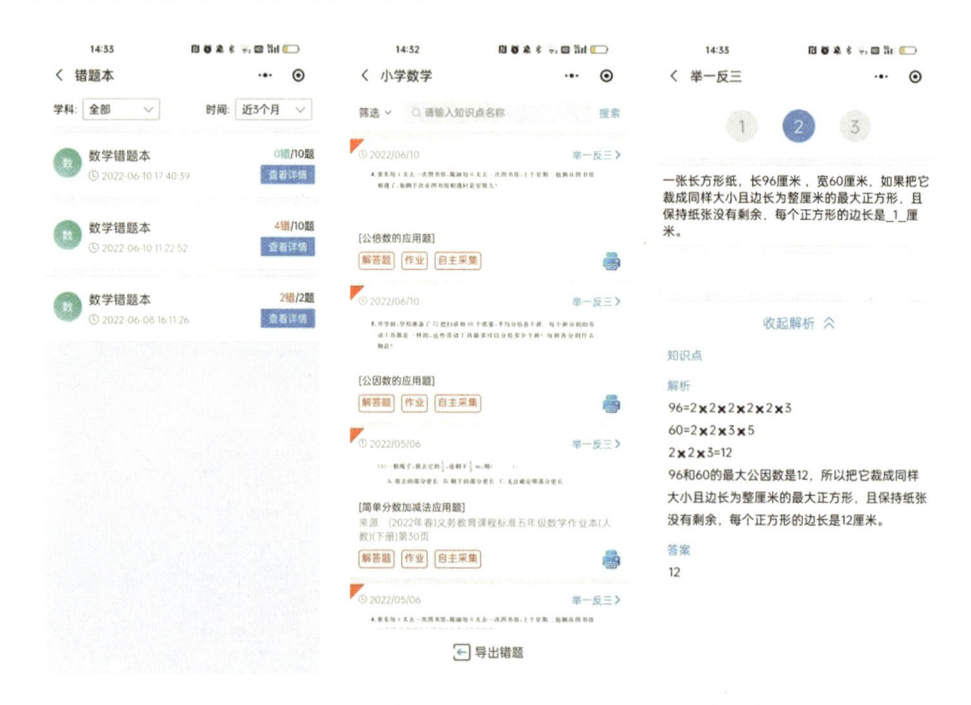

图 5-20　依次为家长小程序端学生错题本汇总、错题例题、
举一反三例题截图

第五章　基于"智慧作业"和"高质量作业设计"的教学实践

我校五(2)班有一名孩子,他的父母长期在外地工作,不能照顾他的生活和学习,爷爷奶奶年事已高,也辅导不了他的作业,这直接影响到他做家庭作业的效率。虽然有时爷爷奶奶也会打电话给老师,帮助孩子解决一些家庭作业上的困难,但是此办法不是长久之计,有时候孩子也听得糊里糊涂。自从有了"智慧作业",爷爷奶奶再也不会因为孩子的作业而焦虑,孩子通过观看"智慧作业"微课堂教师们详细的讲解,家庭作业质量提高了,人也变得更加自信了。(见图5-21)

图 5-21　五(2)班某名留守儿童在家使用电视机顶盒观看专属的错题微课

对于学校来说,通过教师智能笔就可以实时掌握学校作业次数、作业成绩、批改题量及人数等,可以客观准确地判断批阅情况,为教学评优、教学管理提供可视化数据支持,也可以客观量化与评价学生减负的工作情况,做好作业管理工作。

目前湾里五小的作业正确率已经由2021年春季的78.11%上升至82.06%,这足以证明"智慧作业"对学校教学工作带来了非常大的"智力"支持。(见图5-22)

图 5-22　湾里五小校级作业数据情况

同时,湾里电信无偿为湾里五小搭建"校园云电视台"。(见图 5-23)此平台整合了"智慧作业"及教学资源,完善后还将发布校园动态及班级活动,方便家长了解孩子在校学习、生活情况。

图 5-23　学生家庭电视"校园云电视台"界面

湾里五小作为江西省级样板校受到多方关注。2021 年 3 月迎来江西省新余市数字投资代表团、山东淄博市电教馆代表先后来校实地调研"智慧作业"推动使用情况。(见图 5-24)同时学校多次作为"智慧作业"标杆校被媒体广泛宣传报道,并在南昌市教育系统中进行优秀案例分享。(见图 5-25 至图 5-27)

第五章 基于"智慧作业"和"高质量作业设计"的教学实践

图 5-24 多方单位来湾里五小考察工作

图 5-25 2021 年 9 月,湾里五小作为"智慧作业"标杆校接受江西教育新闻采访

"智慧作业"生态圈内的 高质量作业设计

图 5-26　2021 年 10 月，湾里五小"智慧作业"被《中国教育报》头版头条点赞

第五章 基于"智慧作业"和"高质量作业设计"的教学实践

图 5-27 2022 年 3 月,湾里五小作为"智慧作业"示范校在南昌市智慧教育汇报会中进行优秀案例分享

通过一支智能笔、一部手机、一本作业本、一台电视机、一个"小盒子"(机顶盒)(简称"五个一")就可以实现不改变(纸质传统)、减负担(只看对错)、专属题(错题本)、智能教(微课)、易提升(举一反三),这就是江西省"智慧作业"的魅力。

第 2 节　促进教师教研能力提升

高质量作业设计助力高中语文古诗文分层教学

江西省南昌市外国语学校　王莉莎

一、教学内容

部编版高中语文课文《梦游天姥吟留别》。

二、课堂教学设计理念

教师通过课前预习作业对学生知识掌握层次进行判断,在第 1 课时,将高中语文古诗文《梦游天姥吟留别》的课堂教学任务分为 3 个层次进行,为每个学生量身定制学习活动,带领学生走进李白的梦境,探寻"诗仙"生命的诗意。

三、作业设计理念

在学习完新课后,教师在第 2 课时给学生布置作业,通过"智慧作业"高质量作业设计平台进行大数据分析,在课堂中重点讲解错误率较高的习题,用微课辅助讲解错误率较低的习题。教师根据习题正确率情况,在课堂中现场将学生分为"奋勇争先层(拓展题)"和"再接再厉层(基础题)",在

第五章 基于"智慧作业"和"高质量作业设计"的教学实践

"智慧作业"高质量作业设计系统题库中选择同类知识但不同难度系数的题目给学生做,最后分析学生做题情况,真正做到让每个学生都拥有适合自己的作业,实现知识点"堂堂清""日日清"。

第1课时 课堂教学实录

师 上课!同学们好!

生 教师好!

师 在上课之前,我想请同学们和大家分享一下,在你们的诗歌世界里,李白是个什么样的人。

生1 有着"仰天大笑出门去,我辈岂是蓬蒿人""天生我材必有用"的自信。

生2 有着"人生在世不称意,明朝散发弄扁舟"的洒脱。

生3 有着"天子呼来不上船,自称臣是酒中仙"的桀骜不驯。

师 自信、洒脱、桀骜不驯诸如此类,同学们说得都非常好。本节课老师将带领大家走进"诗仙"李白的诗意人生,重回盛唐,走进李白《梦游天姥吟留别》中的梦境,感受这个自由的灵魂绽放出的生命之光。首先请同学们一起来诵读一下这首诗歌。请同学们齐读课文。

(学生齐读课文)

师 同学们读得不错,接下来的时间交给同学们,请"且行乐、须尽欢、散千金"3个学习小组,根据课前的预习和导学案,分别完成本节课的3个学习任务。(见图5-28)

1.且行乐组学习任务:吟咏诵读入仙境

(1)自由诵读诗歌,以"梦"为关键词串联文章写作思路。

(2)本诗句式、韵律的变化是什么?

2.须尽欢组学习任务:缘景明情觅仙踪

描绘李白梦游的画面并概括诗人梦游心情的变化。

3.散千金组的学习任务:知人论世品诗仙

探讨李白的梦境是美梦还是噩梦?

小组学习任务分工

且行乐组 吟咏诵读入仙境	须尽欢组 缘景明情觅仙踪	散千金组 知人论世品诗仙
用"梦"字串联文章写作思路	描绘李白梦游的画面	讨论:李白的梦境是美梦还是噩梦?
探寻本诗句式、韵律的变化	概括诗人梦游心情的变化	

图 5-28

师 讨论时间 5 分钟,计时开始!

且行乐组:吟咏诵读入仙境

师 文章写作思路是怎样的呢?

生1 梦之因——梦之景——梦之感

师 这首诗句式的变化是怎样的呢?

生2 在读的过程中,我们不难发现,诗以五言、七言为主,兼杂言,并且多次换韵。

师 这首诗的韵律变化是怎样的呢?

生3 第一自然段由"ao"—"u"—"ng",第二自然段由"ue"—"i"—"an",第三自然段不押韵。

师 同学们回答得都很好,句子的长短的确是诗歌的内在节奏,长短句的参差起伏隐含作者情感的高低起落,而韵脚的变幻体现了诗意的转折和诗境的转移。

"智慧作业"平台内容展现见图 5-29。

第五章 基于"智慧作业"和"高质量作业设计"的教学实践

一、吟咏诵读入仙境

1. 通读诗歌，用"梦"字，串联文章思路。
   梦之因——梦之景——梦之感
2. 自由诵读，寻找诗歌句式和韵律的变化。
   五言、七言为主，兼杂言，并且多次换韵。

且行乐组

图 5-29

须尽欢组：缘景明情觅仙踪

师 "因声求气，感受诗韵"，这是学习诗歌最常见的方法。"缘景明情"，通过想象诗境，还原画面，设身处地地感受作者在诗中寄予的情感是鉴赏诗歌的另一种方法。第二个学习任务，我们就是要运用这种学习方法来品读语言、分析情感。请须尽欢组的同学来概括一下诗人梦境中的画面和心情。

例如："我欲因之梦吴越……送我至剡溪"（飞度镜湖——轻松、愉悦）

生1 登山奇景（迷恋、沉醉）

山林战栗（震惊、恐惧）

洞天仙境（迷离、恍惚）

师 请同学分享一下，你们小组是用什么方法总结出画面、概括出心情的。

生2 抓住意象、提取关键字词、描绘意境、概括情感。

师 不错，方法把握得很准确。下面，我们一起看看同学们昨天做的同类诗歌画面概括题，同学们做得不是特别好，尤其是在第一题诗歌画面概括题时，错误率比较高，答题思路不清晰，语言逻辑不流畅。希望同学们可以在课后将本节课学会的诗歌画面概括方法学以致用。

"智慧作业"平台内容展现见图 5-30。

二、缘景明情觅仙踪

"缘景明情",通过想象诗境,还原画面,品味情感。

飞度镜湖——轻松、愉悦
登山奇景——迷恋、沉醉
山林战栗——震惊、恐惧
洞天仙境——迷离、恍惚

方法总结:抓住意象、提取关键字词、描绘意境、概括情感。

须尽欢组

图 5-30

散千金组:知人论世品诗仙

师 作者梦中的景色是神秘的、绚烂的,品读中我们惊叹于李白思维的跃动:上天入地、纵横捭阖。李白将浪漫主义的风格发挥得淋漓尽致,不愧有"诗仙"之称。其实对于本诗的梦境,评论界说法不一,有人认为李白的梦是美梦,有人认为李白的梦是噩梦,请散千金组分享一下你们的观点。(见图 5-31)

三、知人论世品诗仙

寻找李白的隔代知音,
李白的梦境是美梦还是噩梦?

散千金组

图 5-31

生1 我认为李白的梦是美梦,首先,李白对天姥山的情感是向往的,梦中的画面瑰丽、奇特,并且李白自己也沉浸其中。李白在最后发出"世间行乐亦如此"的感慨,说明行乐如梦,行乐是做快乐的事,那它对应的不就是美梦吗?

生2 我认为李白的梦是噩梦,理由是:"日有所思,夜有所梦。"一个人的梦境是会映射他的现实经历和心情的。这里李白梦中的四个场景,可以

第五章 基于"智慧作业"和"高质量作业设计"的教学实践

说是和他的人生经历一一对应的。开篇写他飞越镜湖,是他奉旨入京的暗示;接着写登山奇景,就像是在写李白初入朝廷的状态;再然后,写深林战栗,洞天仙境,就像在写他向往的朝廷充满腐败的气息,自己格格不入,被权贵排挤,被赐金放还。现实世界的李白是失落的、不满的,所以他从梦中惊醒,并发出"安能摧眉折腰事权贵,使我不得开心颜?"的慨叹。

生3 我也认为李白的梦是噩梦,理由是:从情感态度和知人论世的角度来看,诗中的"梦游天姥"就像是李白人生的缩影,"飞度镜湖"表示他入京做官,"列缺霹雳"暗示他在朝中得罪权贵,"仙之人兮列如麻"写朝中权贵得志的样子,然后他被吓到惊醒。这场梦让他又经历了一次失意人生,这难道还不能说明它是噩梦吗?

师 同学们分析得都很有道理,到底是美梦还是噩梦,同学们言之有理即可。"美梦说"的同学认为,梦境体现生命的洒脱,体现李白对理想人生的追求。"噩梦说"的同学认为,梦境是对现实的隐射、讽喻,天马行空,与现实人生是对应关系。其实,无论是超越现实的美梦,还是隐射现实的噩梦,它终不过是一场"梦",梦的意义就在于发现自我真正的精神追求。

师 同学们,大丈夫有所为,有所不为。达,我能兼济天下;穷,我能独善其身。傲岸的李白,潇洒出尘,仰天高唱:"别君去兮何时还?且放白鹿青崖间。须行即骑访名山。安能摧眉折腰事权贵,使我不得开心颜?"生命不能有苟且,还要有心性和远方!同学们,今天,我们一起上了一节很愉快的课,希望同学们在日后的人生道路上,不管遇到什么挫折和困难,都要保持"开心颜"和勇敢向前进!

师 最后,老师根据同学们的做题情况,给同学们布置了分层作业,请同学们课后认真完成!本节课就上到这,同学们再见!(见图5-32)

图 5-32 《梦游天姥吟留别》课堂教学情况

第 2 课时　作业讲评实录

🧑‍🏫 同学们,上节课,我们上了《梦游天姥吟留别》的新课,课后给大家布置了习题作业。上节课我们分为"且行乐、须尽欢、散千金"3 个小组,并根据 3 个小组的学情分了"奋勇争先层"和"再接再厉层"作业(见图 5-33),"再接再厉"小组做了这一页的第一、二题,"奋勇争先"小组做的是这一页的第三、四题。

作业分层情况

作业层次	且行乐组	须尽欢组	散千金组
再接再厉层	胡怡馨、吴锦民	高登宇、李雅斌	胡耀澜、王一凡
奋勇向前层	朱婉榕、章　阳 项松寒、蔡闻灿	沈苏岚、徐　莹 戴宇坤、徐　晶	陈申亮、夏志成 熊天伊、张　猛

图 5-33

🧑‍🏫 我们一起来看看后台作业数据分析,数据显示选择题只有 6 位同学全对,绝大多数同学第一道选择题做错了,第二道全对。大家做了李贺《梦天》的题目,第一题分析概括诗歌画面的题目做得不如第二题情感对比题理想。所以这节课我们着重讲评选择题第一题和诗歌鉴赏第一题。

(大屏幕显示题目。)

下面哪一句与"天台四万八千丈,对此欲倒东南倾。"的表现手法相近?

(　　)

A. 黄河九曲天边落,华岳三峰马上来。

B. 长白峰高尘漠漠,浑河水落草离离。

C. 会当凌绝顶,一览众山小。

D. 大江寒见底,匡山青倚天。

🧑‍🏫 同学们选 A、B、D 三项的都有,用哲学的观点来解释错误原因的话,是没有抓住主要矛盾。A、B 项为夸张的修辞手法,D 项为拟人的修辞手法,只有 C 项用了衬托的表现手法。学知识,不光要知其然,更要知其所

以然。下面我们一起来详细了解一下衬托这一表现手法。(见图 5-34 和图 5-35)

技法点拨：衬托手法

衬托：为了突出主要事物，用类似的事物或反面的、有差别的事物作陪衬，是"烘云托月"的表现手法。

正衬：用类似的事物衬托所描绘的事物，如用"高的"衬托"更高的"，用"好的"衬托"更好的"。

例子：桃花潭水深千尺，不及汪伦送我情。
　　　　——李白《赠汪伦》

分析：以桃花潭的水深衬托出诗人与汪伦的友情更深。

图 5-34

技法点拨：衬托手法

反衬：用相反或相异的事物衬托所描绘的事物，如用"矮的"衬托"高的"，用"坏的"衬托"好的"。

(1) 以衰(兴)衬兴(衰)
(2) 以动(静)衬静(动)
(3) 以乐(哀)写哀(乐)
(4) 以虚(实)衬实(虚)

图 5-35

师 同学们一起回答一下老师，题中的句子是正衬还是反衬呢？

生 正衬。

师 好的，下面我们来看诗歌鉴赏的第一题。(见图 5-36)

预习作业讲评

阅读下面一首唐诗，回答后面的问题。

梦天
唐·李贺

老兔寒蟾泣天色，云楼半开壁斜白。
玉轮轧露湿团光，鸾佩相逢桂香陌。
黄尘清水三山下，更变千年如走马。
遥望齐州九点烟，一泓海水杯中泻。

图 5-36

141

师 首先,我们确定一下题型,同学们,这道题是什么题型?

生 诗歌鉴赏画面概括题。

师 请一位同学来回答一下,这道题可以关联我们上节课讲的什么知识点呢?

生 概括梦游情景——提取意象+提炼关键字词+概括意境+表达情感。

师 做诗歌鉴赏画面概括题,我们一般会针对不同的出题方式,用到以下三种方法,如"摘抄重组法""翻译解释法""合理想象推理法"。……(见图5-37)

技法点拨:画面概括

诗歌鉴赏题之画面概括答题方法

摘抄重组法	翻译解释法	合理想象推理法
"用自己的话对画面进行概括":将原诗歌的关键词语照抄出来按照记叙的六要素组合短语。	"请简要描述诗句中的景物":将含有画面的句子逐句翻译,翻译之后按照陈述式重新组合,增加、删减词语。	"这首诗描绘了一种怎样的画面":运用一定的专业术语,根据文本进行合理的推理和想象。

图 5-37

师 同学们来看一下这个微课,看看微课中的全省名师们是如何讲解这道题的。在你们看微课的过程中,老师会给大家再布置几道相关知识点的针对性的作业,看看老师讲完以后你们掌握得怎么样了。

(话音落,教师打印分层作业。)

师 根据大家练习册上的错题情况和知识点掌握情况,我给每位同学挑选的都是不一样的针对性巩固练习,这也是名师们录制习题微课时出的举一反三练习。大家根据作业上的名字做自己的作业,时间为3分钟,现在开始。

(学生现场做分层作业。)

师 大家可以看到,我们将作业通过高扫仪扫描上来了,如果我们都有智能笔的话也可以用智能笔来答题,这样作业能被直接采集。

第五章　基于"智慧作业"和"高质量作业设计"的教学实践

（教师通过高扫仪扫描学生现场完成的分层作业。）

师 我们一起来看看大家的作答情况和数据分析。

师 根据作业系统数据分析可以看出，大部分同学都掌握了，都做对了，尤其是有一位同学答题很规范，字写得很好，思路也清晰。……今天由于课堂时间关系，老师就不讲解这道题了，课后我会推送微课给大家！本节课上到这，同学们再见！

［授课教师简介］

王莉莎，江西省南昌市外国语学校高中语文教师，江西省"智慧作业"高质量作业设计系统践行者。

［学生感受］老师给我们的作业是"私人订制"的，通过"智慧作业"高质量作业设计系统，我们告别了题海战术，不用再机械、重复地做无效的作业。高效的作业讲评课，更是让我们集中注意力，思维得到拓展。

基于"智慧作业"进行小学语文阅读课堂建构探究

江西省宜春市翰林学校　杨子琳

(一)基本情况

《义务教育语文课程标准(2022年版)》中提出培养学生广泛的阅读兴趣，扩大阅读面，增加阅读量。教学建议中指出要加强对学生阅读方法的指导，但在实际课堂上，教师还是一篇一篇地教，一边埋怨学生的阅读能力没有得到提升，一边又觉得自己没有方法和精力去发掘相应文本的拓展训练。

"智慧作业"依托"赣教云"平台，以追求减轻学生作业负担、减轻教师工作量，而且以不改变学生作业习惯和教师批改习惯为前提，利用点阵笔、高拍仪、高速扫描仪及学生自主归集等模式动态采集学生每日作业学情，即时生成每个学生专属的错题集，免费为学生精准推送错题微课视频、举一反三试题，有助于学生对薄弱知识点的学习和掌握，避免机械、无效、重复性作业，切实减轻学生作业负担。

以小学语文教材主题单元课文为载体，在教师的引导下，学生可以使用"智慧作业"平台微课，进行相应文本的拓展训练，运用课文所学的方法进行阅读。教师也可以通过"智慧作业"平台，组织、设计学生的阅读训练全程指导点拨，真正肩负起教练的角色，落实学生阅读知识的积累和阅读能力的培养。教师还可以根据每一位学生的阅读表现差异，实施有针对性的点拨指导。

(二)主要做法

1.广泛宣传，认真解答，让家长意识到"智慧作业"平台真心好用

"智慧作业"课题立项后，我们便召开专题会议，确定第一任务：让家长了解"智慧作业"，认识到"智慧作业"可以真实有效地解决孩子家庭作业无法辅导的难题。我们联系本地三大运营商的"智慧作业"专员了解如何开通，面对家长提出的各种问题不厌其烦地进行解答。(见图5-38)

第五章 基于"智慧作业"和"高质量作业设计"的教学实践

图 5-38 "智慧作业"的相关推广工作

2. 课前预习，巧用"智慧作业"助力

课前预习在阅读教学中尤其关键，预习能让学生感知整体内容，培养学生自主学习的能力，激发学生探究的兴趣。阅读类的预习作业一般包括字、词、句的基础掌握和内容的整体感知等。我们将一个单元的预习进行整合，布置学生预习，学生完成相关作业，教师借助智能笔批改、检验学生预习情况。课堂上，教师针对易错点进行讲解与强调，避免了教师乏味的讲解和学生机械的抄写，真正做到把课堂时间还给学生。教师当好了引导者，学生预习功课扎实有效，为拓宽阅读课的广度和延伸阅读课的深度打好了基础、留足了时间。

3. 课中运用"智慧作业"进行阅读提升

在进行课文阅读环节时，我们引入"智慧作业"相关微课讲解，学生自主观看学习，小组交流讨论，教师对学生的问题进行拓展延伸，真正实现让学生的阅读有思考、有深度。（见图 5-39）

图 5-39 "智慧作业"辅助课堂延伸

145

4.课后"智慧作业"落实作业学情诊断

"智慧作业"是一个信息化、个性化的好平台。教师布置阅读题使用智能笔批改,经过学生自主归集错题后,后台会自动生成数据和每个学生的错题本;错题本支持在线打印,学生有了专属的家庭作业。

课堂上教师根据后台数据,面对正确率偏低的阅读知识点,有针对性地进行讲解(见表5-3)。教师还可以打印"智慧作业"后台生成的讲解稿,进行相关阅读文本群文的教学,学生加强了相关的阅读策略,提高了阅读能力。

表5-3 教师根据"智慧作业"了解学生作业正确率表

知识点	题目数/道	错题数/道	班级正确率/%
记叙文阅读	386	132	65.8
诗词综合阅读	340	122	64.1
散文阅读	289	94	67.5
大作文	158	52	67.1
拼音	214	49	77.1
筛选整合文中信息,概括大意(记叙文)	194	31	84.0
文学文化常识	202	26	87.1
默写	208	25	88.0
翻译	127	23	81.9

5."智慧作业"提升学生自主学习能力

在课题的推进中,我们开展各类活动,以活动促成长,让学生觉得"智慧作业"不仅能提高成绩,还能提高他们的自主学习能力。

教师布置配套练习,学生做完后可进行自主归集并查看"智慧作业"相关微课视频,不明白之处他们可以反复观看微课直至弄懂为止。待学生做好充足准备第二天就可以竞聘"小老师",为同学们讲解相应的题型。看看他们那股认真劲,这就是"智慧作业"给他们带来的智慧和自信。(见图5-40)

第五章 基于"智慧作业"和"高质量作业设计"的教学实践

图 5-40 某位"小老师"正在讲解题目

(三)典型成效

1.学生爱上"智慧作业"

在"智慧作业"的使用过程中,越来越多的学生真正体会到了"智慧作业"给自己学习带来的变化:家庭作业不再是"一刀切",机械重复的作业少了,学生有更多的时间做自己喜欢的事情了;学生可以清楚地知道自己哪里没有掌握好,对完成有针对性的作业更感兴趣了。学生乐于写下自己使用"智慧作业"的感受来与大家分享,希望更多的同学能够参与到"智慧作业"之中。"智慧作业"成了一种新的学习方式。(见图 5-41)

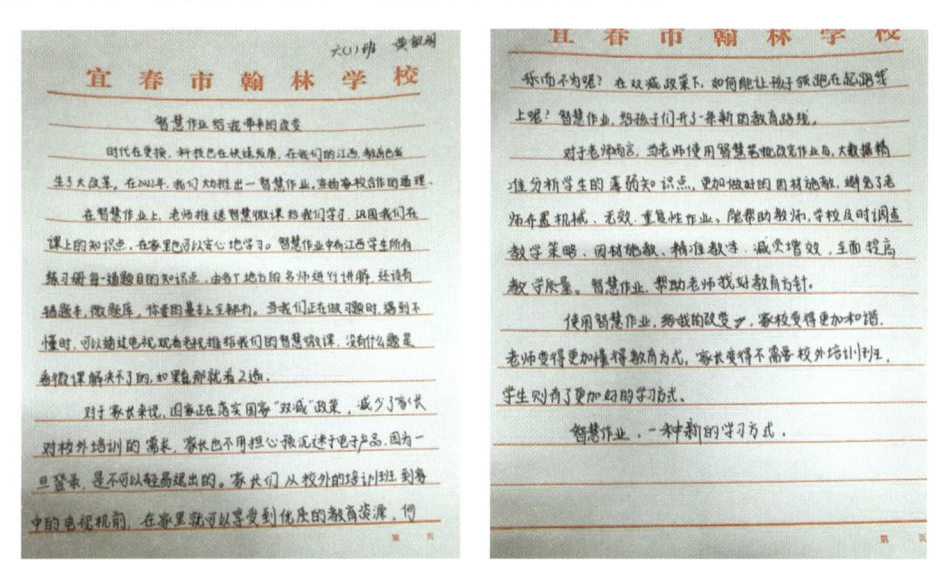

图 5-41 学生使用"智慧作业"的体会

2.家长信赖"智慧作业"

在"双减"政策下,"智慧作业"的推出,解决了家长不会辅导孩子的燃眉之急。我们定期和家长进行交流,及时得到家长的反馈信息。家长普遍认为"智慧作业"微课讲解详细、生动,能够及时解决孩子课后学习中的难题。(见图 5-42)"智慧作业"操作简单,不用依赖家长,孩子可以自己进行检查订正;"智慧作业"每道题都有不同名师的讲解视频,孩子可以进行选择,特别是"举一反三"的模块练习对巩固知识特别有效。

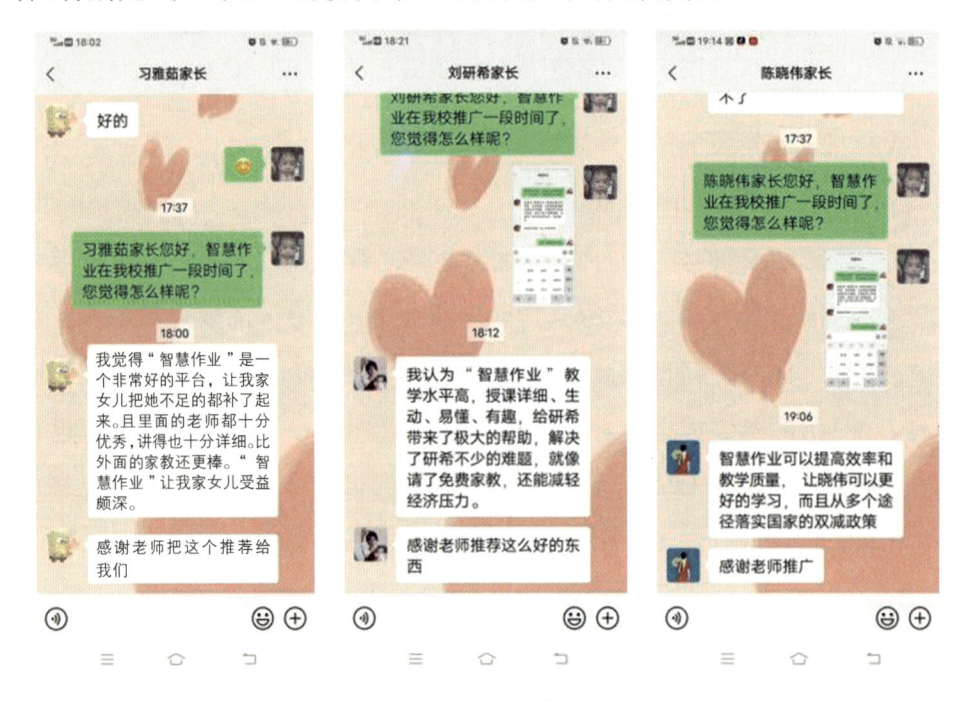

图 5-42　家长对"智慧作业"使用的反馈情况

第五章　基于"智慧作业"和"高质量作业设计"的教学实践

第3节　促使学生学习效率提升

应用"智慧"教学，课堂增质提效

江西省南昌市新才学校　王美华

江西省教育厅推出的"智慧作业"服务平台，是作业管理及作业辅导的平台。它将大数据、互联网和人工智能等信息技术应用到学生日常纸质作业中，通过实时动态采集学生作业的过程性数据，即时生成学生个性化错题本，并为学生精准推送错题微课视频、举一反三练习，克服了机械的、无效的作业，真正实现了分层、弹性和个性化作业。

（一）基本情况

目前小学教学的基本模式是学生课前预习，课中教师讲、学生听，作业讲评课上师生互动较少。对于学生错的题目，教师需要一个个登记在作业批改记录本上，非常费时费力，而且反馈不及时。教师不易跟踪和掌握学生的学习情况。对于学生来讲，碰到不会的题，可能会向教师和家长请教。如果家长也不会，那就只能通过手机搜索答案，学习效率低下。

（二）主要做法

1. "智慧作业"提升学生课前预习效率

课前运用"智慧作业"服务平台，学生每天收集作业本，教师利用智能笔批改完后，数据会自动上传到"智慧作业"服务平台中。教师可以利用

"智慧作业"大数据对学生的学习实际情况进行综合分析。比如有多少学生在此次作业中是 A 等级？班级整体掌握情况如何？主要错题是哪些？哪些学生还有哪部分知识点没有掌握好？……（见图 5-43 至图 5-45）分析好数据后，教师再结合学生的实际情况，针对性地制定教学方案，并且遵循因材施教的原则，编制详细的教学方案。

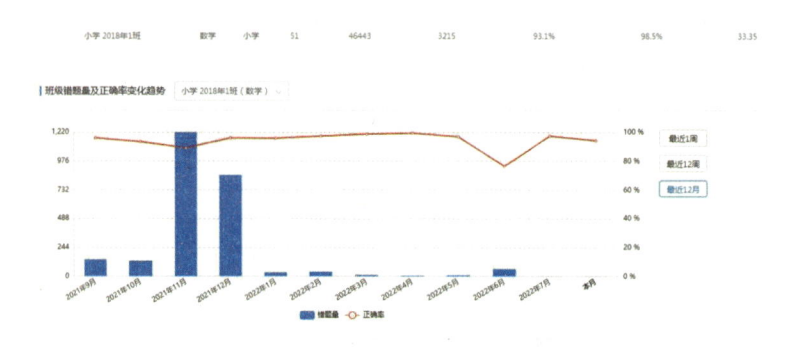

图 5-43　班级错题量及正确率变化趋势

图 5-44　知识点分布

图 5-45　学生知识点掌握情况

第五章 基于"智慧作业"和"高质量作业设计"的教学实践

在"智慧作业"服务平台中,教师可以利用分层练习,在"智慧作业"题库中自由组题、组卷,为学生量身打造"私人订制"作业,避免机械、无效、重复性的作业,切实减轻学生的作业负担。

2."智慧作业"帮助学生全场景增效

教师是学生知识的传授者和创造者,是学生身心发展的引路人,同时也是课程开发的建设者与参与者。新时代的教师要扭转以往老旧、落后的教学思想,在教学中要秉承以学生为主的先进理念,要依照新课程标准,切实运用先进的教学方式和方法,将学生的学习潜能充发发掘出来。

(1)课前运用"智慧作业"服务平台的教学模式

教师在新课教授前组织学生观看"智慧作业"微课,做好新课知识铺垫。(见图5-46)

图 5-46　课前教师组织学生观看"智慧作业"微课

(2)课中运用"智慧作业"服务平台的教学模式

教师利用"智慧作业"平台大数据,结合实际情况在课堂上进行详细的教学。(见图5-47)

图 5-47　课中教师利用"智慧作业"平台大数据进行详细教学

(3)课后利用"智慧作业"服务平台的教学模式

课后,学生在家利用"智慧作业"平台巩固新知。(见图5-48)

图 5-48 学生在家利用"智慧作业"平台巩固新知

教师在学生遇到难懂的题目时,可以通过师生互动、生生互动,即把自己录制的"智慧作业"微课和学生录制的微课进行播放讲解,也可以利用"智慧作业"中的举一反三试题拓宽学生的思路,巩固所学的知识点。总之,在"智慧作业"课堂中,教师不再是课堂上唯一的主导者,学生才是课堂真正的主人。(见图5-49)

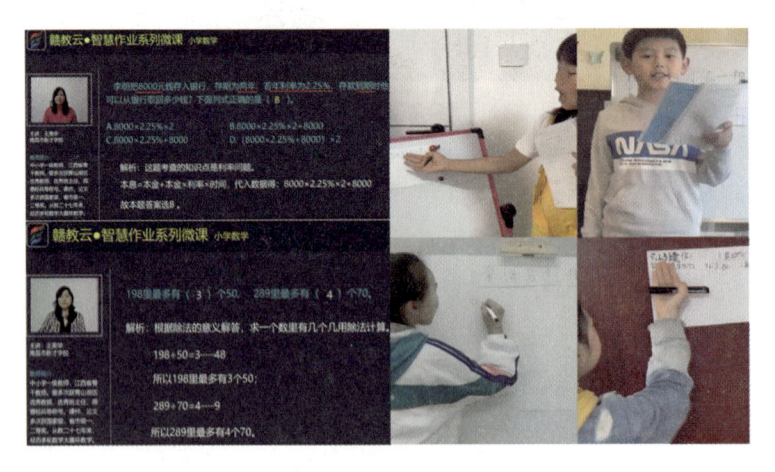

图 5-49 师生微课互动

(三)典型成效

1.从班级学生反馈成果

从2021年9月开始,我在江西省南昌市新才学校对自己所任教班级使

第五章 基于"智慧作业"和"高质量作业设计"的教学实践

用了"智慧作业"高质量作业设计系统,全面开展了"智慧作业"项目。

我所带的班级是四年级的(1)、(2)班。(1)班之前成绩较弱,在两个班的教学中,我率先让(1)班学生开始使用"智慧作业",在2021年的期末摸底考试中,(1)班学生的整体成绩明显提高了,低分率远比其他班级低,并且和其他班的差距也拉近了许多,这表明坚持使用"智慧作业"具有一定的成效。现在我已经在两个班级中都推广使用了"智慧作业"。(见表5-4)

表 5-4　实验班与对照班期末考试成绩统计表

班级	科目	平均分/分	实验教师	校名次
四(1)班	数学	86.81	王美华	1
四(2)班	数学	92.58	王美华	6

2.家长共享共创家庭作业

家长可以利用"智慧作业"公众号推送微课,让孩子不受时间、地域限制进行学习。家长利用"智慧作业"中的家长会可以看到自家孩子在学校的学习情况和作业完成情况,查看孩子的错题本,随时随地轻松地了解孩子的学习动态。家长还可以将孩子的错题收集起来,形成错题本,方便孩子后期复习。学生在完成教师布置并推送的当天的作业后,可以立即在电视上进行自主归集,及时核对答案,掌握知识。

"智慧作业"生态圈下的作业管理不仅轻松提升了作业质量,还做到了因材施教。教师把"智慧作业"平台引入日常教学,将信息技术与传统作业相结合,能够及时掌握学生学习情况,营造一种新型教学环境。"智慧作业"把师生从繁重的课业负担中解脱出来,提升了教育教学质量。

"双减"背景下,"智慧作业"赋能英语教学

江西省大余县南安中学　梁平英

"双减"政策是教育部门针对义务教育阶段提出的减负政策,具体指全面压减学生作业负担,减轻学生校外培训负担。随着科学技术的快速发展,"互联网+教育"模式如雨后春笋般出现,越来越多的教育界人士以及学者探究初中英语阅读课堂中信息技术手段的应用与发展。习近平新时代中国特色社会主义思想和党的十九大、二十大及全国教育大会均强调信息化课堂的重要性,积极倡导利用互联网构建新型教育模式,铸就工匠精神。因此利用"互联网+'智慧作业'"提升初中英语教学水平成为学校教育的重要发展趋势。

(一)基本情况

在英语教学中,英语阅读是教学中的重点,学生的阅读水平和阅读能力直接影响着学生学习英语的积极性。新课程改革提倡以学习者为中心,以教师为指导。依托阅读作业设计进行阅读课教学的模式坚持以学生为本,以学生的发展为本。这不仅是教师教学方式和学生学习方式的转变,而且是更深层次的教育教学理念的转变。初中英语阅读作业是学生为了提高英语阅读能力且在教师的引导下开展的学习活动。它是评价学生阅读效果的重要依据和有效手段,是阅读教学中非常重要的一环。因此,阅读作业的设计对于学生深刻理解文本,提高学生阅读水平至关重要。阅读作业设计源于教材而高于教材,是阅读教学的有效辅助材料。它的编写与设计必须适应新课程理念的需要,在形式、内容和问题的设计中集中体现"自主、合作、探究"的课堂教学模式。好的阅读作业设计不仅使阅读效果可视化,更对学生英语阅读能力的提高起着举足轻重的作用。

(二)主要做法

英语阅读作业设计以学生为本,结合新课程新教材,着重培养学生的

语言能力、学习能力、思维品质、文化意识等素养,让学生通过阅读作业获取文本信息,掌握篇章结构,理解深层次含义,提升学生的阅读能力。

1.英语阅读设计研究策略

(1)有关初中英语阅读作业布置的现状和布置问题的调查研究。教师从初中英语阅读作业布置的实际出发,通过调查问卷了解目前作业布置的状况,了解英语阅读作业对不同层次学生带来的影响。

(2)有关初中英语阅读作业内容丰富性及形式多样性的研究。教师通过作业设计引导学生主动开展富有个性的学习,采用口头作业、调查采访、资料收集、表演活动等多种作业形式,发挥每类作业的独特之处,提高阅读作业的实效。

(3)有关初中英语阅读作业评价主体和评价方式多元化的探究。教师通过优化的作业设计,将评价主体转化为学生或家长,充分调动各种评价主体的积极性。作业设计中鼓励学生参与,调动学生各方面的潜能,促使学生对知识有规律地梳理,培养其探究、解决问题的能力。

2.运用"智慧作业"融合英语阅读的目标

(1)教师利用"智慧作业"整合教学内容,利用好线上资源,使"智慧作业"的应用符合学生的学习规律,切实减轻学生的学习负担,不断提升学生的专业知识素养。(见图5-50)

图5-50 教师在课堂上利用"智慧作业"提质减负

(2)学生合理使用"智慧作业"的线上资源,提高学习的时效性与针对性,为做一个信息时代的终身学习者打下基础。

(3)教师通过对应用"智慧作业"的优化策略进行系统的、完整的研究,探索实现学生核心素养的新型评价方法,如"智慧作业"错题分析,从而将智慧教学深层次融入日常教学中。

运用"智慧作业"教学就是要把传统学习方式的优势和数字化或网络化学习的优势结合起来。"智慧作业"就是建立在这种新型教学模式下,围绕特定精选的学习内容,合理有效地进行线上与线下融合的新型作业模式。我们将结合实际教学需要,整合"智慧作业"中的资源,利用微课、微练习、微资源、作业问卷等实现线上作业同步辅导与巩固加强功能,为"智慧作业"在我校落地创造优良的环境。其中,我们会重点研究如何为不同教学内容匹配线上资源以此来优化作业形式,如何使"智慧作业"的内容与日常教学有效结合,如何使"智慧作业"在线上与线下发挥作用。我们通过对"智慧作业"学习时间、作业内容、作业形式的精细化设计,引导学生有序地参与到线上作业与线下作业的学习过程中,一方面加强学生合理利用"智慧作业"进行课后自主学习的能力,另一方面巩固和提高学生面对信息化教学的适应能力。(见图5-51)

图 5-51 线上与线下教学有效融合

(三)典型成效

一是建立学生大数据学情肖像。基于日常学习数据的采集,形成学生学情肖像,采用大数据手段为学生的学科知识点查漏补缺,并提供个性化分析。

二是名师微课,精准扶智。增加名师微课的录制,让优秀教师不再"专属于"某一所学校,而是让全省各地区学生共享优质教育资源。

三是智慧化批改。运用图像识别、语义分析等人工智能技术,对学生作答的内容进行深入分析,自动感知其核心知识点和相关知识点的掌握情况,了解造成错误的具体原因。

四是作业教辅多元化。收录更多的教辅资料成为"智慧作业"的一部分,让每个学生每次做作业的数据都有迹可循,给学生推送个性化的习题,让学生远离题海战术。

第4节　促进教师应用数据意识提升

基于"智慧作业"生态圈落实"双减"高质量作业设计案例

江西省南昌市第十中学　洪皓　罗文

2021—2022学年,我校积极落实《关于进一步减轻义务教育阶段学生作业负担和校外培训负担的意见》等文件精神,进一步规范学校教育教学管理,坚决扭转作业数量过多、质量不高等突出问题,全面提高教育教学质量。

(一)基本情况

2021年9月开学初,经过我校多次实地考察研讨后,发现"智慧作业"高质量作业设计平台有以下优点:①在促进教与学的优化方面,可依托平台强化课堂即时反馈评价;②以平台为载体,有望实现教学数据可留存、学情状况可分析,达到教有所指、学有所重、研有所据的"教、学、研"精准贯穿、全面协调的教学效果;③优化作业管理,平台覆盖学校使用的全部教辅＋"智慧作业"题库,在不改变教师原有的教学习惯、学生纸质答题习惯的情况下,可做到全作业形式、全教学流程的覆盖。此外,教师通过平台运用技术手段"隐形"采集学生的错题数据,然后可以轻松地根据每个学生的学情弹性布置分层作业,这在很大程度上达到了为教学提质减负的目标。在校领导的高度重视下,我校"智慧作业"项目正式立项。

（二）主要做法

在实地运用"智慧作业"高质量作业设计平台辅助教学过程中，我校收获了广大师生的一致好评：教师使用"智慧作业"能轻松做到分层作业布置，教师在课堂上精讲、在课后根据学情布置分层作业和靶向作业；学生回家可以观看错题微课……对于全流程提升"教师精准教、学生精准学"，该平台确有帮助。

（三）典型成效

我校通过日常教学教研与"智慧作业"高质量作业设计平台的实践，以种种优势收获师生好评。

1."智慧作业"高质量作业设计平台丰富了教学模式，强化了师生互动

利用教室内的一体机，打开浏览器即可使用，极大优化了教师备课流程，提升了课堂教学质量。

（1）平台优质资源辅助学生理解

我校教师借助平台的电子教材和课件、视频等优质资源，丰富了教师的课堂讲解形式，帮助学生更快更好地理解与吸收课堂内容。我们发现，特别是化学课上，这种声音和视频方式相结合的授课方式，更有利于提升课堂活跃度和增强教学连贯性。

（2）投影讲解强化学生认知

教师只需用手机拍摄，然后上传图片便能实现同步投影。教师在课堂上可以将两个学生不同的解题方法通过投影的方式进行直观的比较、讲解。这种方法能很好地加深学生对该题涉及的知识点的印象，拓展学生对该题型的解题思路。（见图 5-52）

图 5-52 利用"智慧作业"高质量作业设计平台进行互动教学，学生上台展示不一样的解题思路

2."智慧作业"的数据 AI 驱动精准教学

经过实践,我校教研组认识到,学情数据在教研中发挥着重要作用。教师可以借助"智慧作业"高质量作业设计平台对课堂测试、作业等数据的采集、分析、留存功能,获得全面、精细化的学情数据,从学生的得分情况、作答情况等多种维度,了解对应知识模块、知识点的教学效果,揪出教学过程中存在的问题和盲区,从而优化教学设计。同时平台能将作业数据同步输出到教室一体机,教师可快速了解每个学生的作答情况,从而更有针对性地进行讲解,极大地提升了课堂讲解的效率。(见图 5-53)

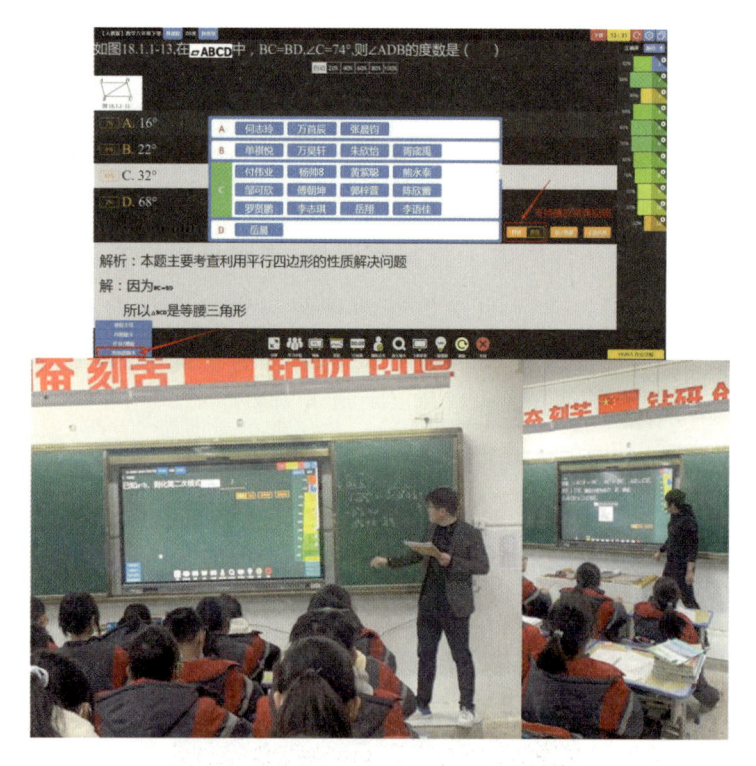

图 5-53 教师利用"智慧作业"高质量作业设计平台精准讲解错题

3."智慧作业"针对错题,快速突破

错题可加强学生的知识管理,解决学生错题本中对应的薄弱知识点,对学生的成绩提升有很大的帮助。平台将学生基础作业、分层作业、靶向作业、课堂反馈中的错题自动生成错题本,将学生在学习过程中的错题报告数据化、可视化。教师可根据学生的错题记录了解学情,并针对性地进

第五章 基于"智慧作业"和"高质量作业设计"的教学实践

行个性化的靶向练习,以帮助学生有效巩固知识点和提升成绩。(见图5-54)

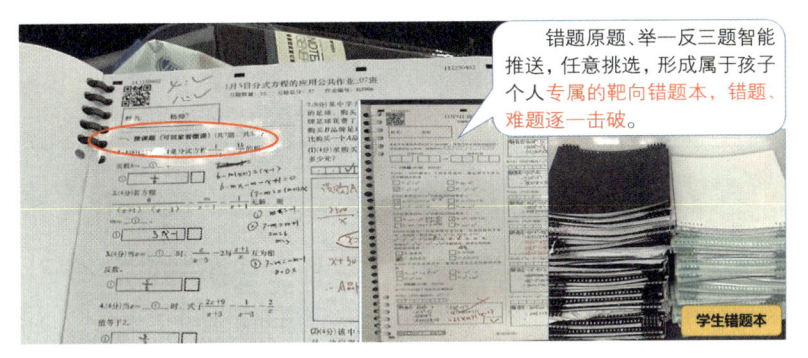

图 5-54 学生个性化错题本

4."智慧作业"微课破解学生个性化辅导难题

"智慧作业"高质量作业设计平台将学校发的练习册上的每一道习题都配备了名师微课。学生足不出户,打开电视,输入身份证号就能看到自己的错题和对应的微课讲解视频,享受全省名师的个性化辅导,微课短小、精练的特点受到学生们的普遍欢迎。同时,学生不依赖手机等网络设备学习,也受到家长的广泛欢迎,减轻了校外培训负担。(见图 5-55)

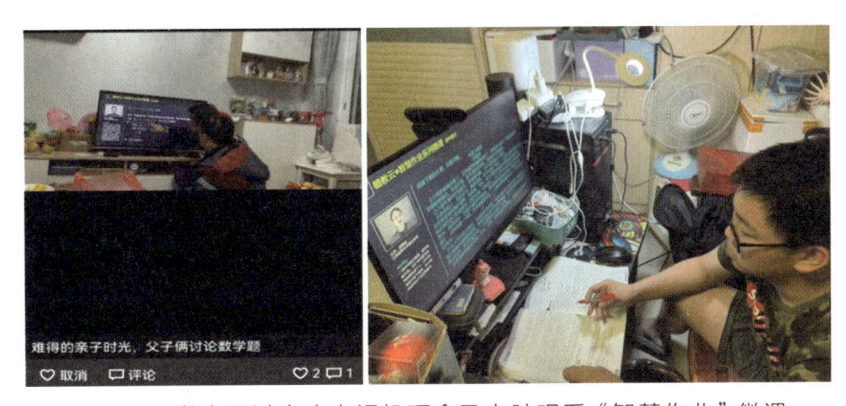

图 5-55 学生通过家庭电视机顶盒及电脑观看"智慧作业"微课

5."智慧作业"高质量作业设计平台聚焦分层作业,助力提质减负

我校借助"智慧作业"生态圈内的高质量作业设计平台,辅助"作业减负""保证睡眠时间"等政策的落实。一方面,我校教师通过平台的作业布置体系,解决了教师分层布置作业、布置个人靶向作业的难题,以此兼顾到每个层次的学生,真正做到因材施教;另一方面,基于作业减负的保质保量,让作业为睡眠"让路"的同时,保证学生学习质量的提升。

经过两个学期的常态化使用和数据追踪,我们发现学生的总体学习成绩比以往提高了,低分率降低了,平均分、优秀率均提高了。以八年级(8)班为例,该班级未使用"智慧作业"高质量作业设计平台前学生水平处于学校年级中游,但使用一个学期后,班级成绩大幅提升,8班的年级均值线在同水平班级中位列第一,平均分比同水平班级高出20多个百分点,低分率在同水平班级中远低于其他班级。(见图5-56和图5-57)

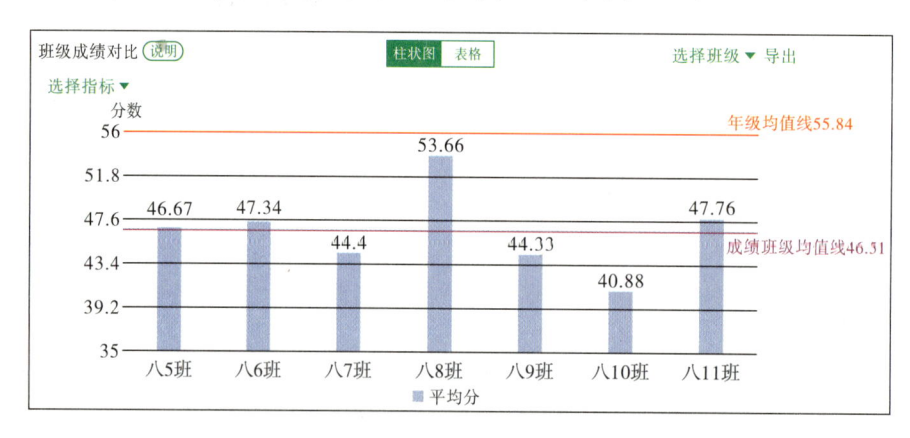

图5-56 "智慧作业"高质量作业设计常态化使用班级的平均分

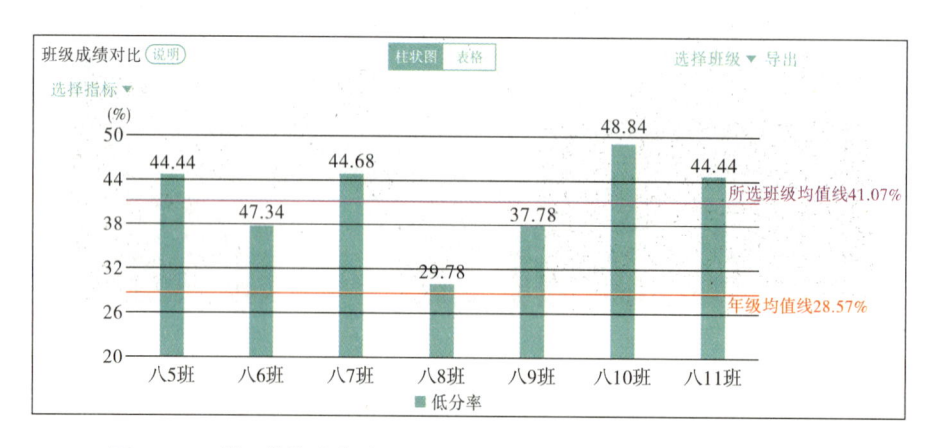

图5-57 "智慧作业"高质量作业设计常态化使用班级的低分率

通过8班等示范班级带动全校常态化应用,两个学期的坚持使用后,我校八年级的各类数据指标相较上学期有了较大提升。(见表5-5)

表5-5 "智慧作业"高质量作业设计在江西省南昌市第十中学八年级数学学科两个学期的使用前后部分班级成绩对比分析表

班级成绩对比：2021—2022年第一学期期末对比 2021—2022年第二学期期末										
学科	班级	平均分		优秀率/%		良好率/%		合格率/%		低分率/%	
		第一学期期末	第二学期期末	第一学期期末	第二学期期末	第一学期期末	第二学期期末	第一学期期末	第二学期期末	第一学期期末	第二学期期末
数学	全部班级	43.83	46.51	5.95	8.46	19.10	20.69	32.84	34.48	45.33	41.07
	5班	43.45	46.67	11.36	8.89	27.27	26.67	34.09	44.44	45.45	44.44
	6班	46.47	47.34	6.38	8.51	14.89	14.89	34.04	34.04	42.55	38.30
	7班	39.27	44.40	2.22	10.64	8.89	19.15	26.67	29.79	60.00	44.68
	8班	48.06	53.66	6.38	8.51	25.53	25.53	31.91	42..55	38.30	29.79
	9班	43.49	44.33	4.44	4.44	20.00	20.00	37.78	24.44	40.00	37.78
	10班	40.26	40.88	4.65	6.98	16.28	16.28	27.91	27.91	53.49	48.84
	11班	45.81	47.76	6.25	11.11	20.83	22.22	37.50	37.78	37.50	44.44

"智慧作业"高质量作业设计平台不仅在补差方面取得成绩，在培优方面也有较好成效。常态化应用"智慧作业"的学科，学生进入年级前50名的占比很高，表现特别优异的某同学，由学年初的年级排名200名以下，在2022年6月的期末考试中已跳跃提升至年级前40名，创造了个人最好的成绩。

6."智慧作业"提升教师信息素养，帮助教师成长

我校充分发挥"高质量作业设计平台"的技术能力，进行各类教学、教研交流、课题研究等，获评南昌市经开区教体局、江西省教育厅等多项教学荣誉，教师个人信息化素养和专业能力得到极大提升。

(四)展望"智慧作业"促"双减"落实

我校经过教研探索和实践认为，精准教学模式辅助过程评价至关重要，通过"互联网＋教育"模式赋能各个教学环节，从学校管理、教师教学和学生学习三个角度构建完整的信息化教学生态，为教学评价体系做强有力的支撑，可同时带动区域其他学校，实现南昌市校级之间优质资源共建共享，深化教研交流，提升南昌市整体教学质量。总而言之，"智慧作业"项目对于促进"双减"政策落实的作用值得持续推进和推广。

浅议"智慧作业"分层管理在学生作业减负中的作用

江西省龙南市龙翔学校 陈智斌

江西省教育厅聚焦作业"减负"的真实困境，基于部分地区和学校的实践探索，结合地方实际，开发了"智慧作业"运用平台，探寻作业分层管理、学生智慧练习和夯实知识目标的可行路径，为当下中小学校落实"双减"政策提供了一定的借鉴和思路。

（一）基本情况

1.学生作业现状及引入智慧分层作业的原因

作业是学校教育教学管理工作的重要环节，是课堂教学活动的必要补充。科学、合理与有效的作业可以帮助学生巩固知识、培养个性化学习能力，帮助教师检测教学效果、精准分析学情、改进教学方法，促进学校完善教学管理、开展科学评价、提高教育质量。做作业，是每个学生必不可少的任务。但问题是一些学校作业数量过多、质量不高、功能异化，既达不到温故知新的效果，又占用了学生正常锻炼、休息、娱乐的时间。大量中小学生不得不耗费大量的时间和精力去应付一些重复无效的作业。于是，作业减负、分层作业、精选作业就成了一线教师急需配合和掌握的教学工作之一。

随着"双减"政策的实施，减轻作业负担正从"压总量、控时间"的初期阶段，进入"调结构、提质量"的深化阶段，全面系统的作业管理成为新时期执教者与管理者的重点课题。"智慧作业"的加入让学生在减少作业总量的同时，更加有效地面对作业情况，作业分层管理的引入就显得更合理与有效。

2."智慧作业"与作业分层管理的概念

在基础教育课程改革与义务教育质量提升的背景下，作业管理将逐渐从"作业设计难度较大、作业批改负担较重、作业反馈效率较低"向"'智慧作业'基础性作业自动批改、全过程数据有效采集、实现靶向作业"的作业管理环节转变,学校可借助智能化手段打造作业的设计、布置、批改、反馈、辅导等完整闭环,避免作业内容的机械性和低效性。通过作业精准管理,切实减轻学生过重的作业负担,促进学生身心健康全面发展。

(二)主要做法

1.智慧平台精选学生作业

(1)常规作业的完成

"双减"政策下,学生在日常作业任务中一般只有一两本纸质的作业需要完成,相比以前是少了不少。但要,教师要先从这一两本纸质作业本中获得有效的数据反馈,然后再进行针对性的讲解,才更能体现作业的价值。这个时候就更加需要作业精选进行智能辅助。

作业精选可以帮助教师提升作业设计及命题能力,打造适合本班学情的学科作业体系。通过对习题题型、习题题量、知识点、作业时间、习题使用形式等方面进行分层设计,教师可以在海量的题库中精选适合不同水平学生的题目,一键布置分层作业或靶向作业。这能实现每个学生拥有自己专属的作业本,符合学生个体学情,从而调动各层次学生的作业积极性,实现作业布置分层、弹性和个性化,杜绝机械、无效的作业。

(2)个性化学习,完成作业闭环

"十个手指有长短,荷花出水有高低。"在"智慧作业"分层之下,如何更深度地实现规模个性化学习?基于日常学习的过程化数据采集,以及智慧分层作业数据,学生学情肖像逐渐清晰。在此基础上,学校强化网络教育资源应用,创新自修室,让学生在晚自修的时间通过智能学习终端学习微课、拓展练习,自主查漏补缺。

对于基础较弱的学生,可以通过智能学习终端,点开错题查看相应的知识点分析和名师微课,然后再进行拓展训练。而对于基础较好的学生,也可以在学有余力的情况下,通过学习终端链接更多学科、非学科的学习资源,满足个性化发展的需求。

2.学生精做智慧平台作业

个性化作业实现精准分层,基础薄弱的学生以稳固基础为主,基础较好的学生以突破难点为主。同时,作业管理系统可自动生成错题本,并支持二次采集学生的错题,便于教师了解学生对错题知识点的掌握情况,帮助学生稳步提升。教师基于学生的学情数据设计靶向作业,科学有效地为学生推送针对性的学习内容,利用信息化的手段帮助学生解决疑难点,避免了重复机械的作业,减轻了学生的课业负担,激发了学生主动探究的学习能力。

3.智能批改,学情报告一目了然

作业练习承担着诊断、分析学情的重要功能。学生完成分层作业,可以是班干部或是教师自己进行作业的扫描回收,通过智能批改技术,教师可以快速完成批阅并生成学生学情报告,学生的知识点掌握情况一目了然。(见图5-58)

图5-58 某位教师正在班级上展示学生学情报告

4.教师精讲学生作业

学生日常课时作业在纸质作业本上进行,作业完成后,通过智能扫描仪用1~2分钟即可采集并统计、分析作业数据,采集的数据能及时生成多维度的班级学情报告,缩短了教师统计作业的时间,提高了作业分析的精准性。基于精准的学情数据、作业批改数据,教师可以精准分析学生作业完成质量,合理规划课堂内容,重点讲解作业中的重难点,既能满足课后作业练习需求,还能增加课堂教学容量,实现以学定教,精准教学。

作业讲评课上,任课教师可以打开学生学情报告,优先讲解错误率较高的题,并现场链接相应的拓展题和名师微课视频,讲练结合,帮助学生强化理解,实现举一反三。对于学生错误率较低的题,则通过推送微课等学习材料定向辅导学生,引导学生自主学习,查漏补缺。基于学情大数据的精准讲评课,极大地提升了课堂质量。

5.学生作业智慧分析与数据管理

"智慧作业"利用人工智能、大数据、云计算等技术对日常课时作业数据进行全方位的跟踪采集、记录、分析,弥补学生作业数据空缺,有利于学校、教师基于学生作业数据进行教学活动调整和高效作业管理。作业大数据驾驶舱实时展示作业时间达标学校情况,从作业时段分布、作业用时、作业成绩与作业用时区间分布、作业时间差异等多维度统计分析,综合评估作业效果和作业质量及均衡情况,辅助管理者进行作业管理和调整。

(三)典型成效

在教师强化作业管理,科学督导作业的过程中,教师可以打开"智慧作业"作业管理系统,作业时长监测、作业质量监测一目了然。减轻学生作业负担,是"双减"政策实施过程中非常重要的一环。基于生本、校本研究,我校创新了智慧分层作业模式,定期组织学科教研,从作业量、作业时长、题目难度、知识点解决等多个维度深度分析"智慧作业"在我校的推行情况。

总之,在当前"双减"政策下,作为任课教师,一定要合理运用常规作业,也可以应用"智慧作业"实施分层作业,借助实施效果给予学生们优质、有效的作业类型和作业题目,让日常作业在"控总量、提质量"这两个方面得到双向突破,真正让学生课堂学习变得轻松,课后作业做得有信心、有效果,让一线教师的日常教学工作也得到一定的减负,实现双向增效!

第六章

基于"智慧作业"高质量作业设计平台的初中数学个性化作业实践研究

> 张沁同学为南昌大学硕士研究生,师从"智慧作业"创始人唐旭老师,利用"智慧作业"高质量作业设计平台在实习学校进行了初中数学学科的教学研究,取得较好的研究成果,并以此为基础完成了自己的硕士毕业论文。现征得张沁同学同意,本书全文发表张沁同学的硕士毕业论文,供广大教师在进行"智慧作业"的相关教学研究时参考。特此感谢张沁同学的无私奉献。

基于"智慧作业"高质量作业设计平台的初中数学个性化作业实践研究

张沁

摘要： 数学作业是数学课程中学生知识增长、智力发展、思维提升的重要环节。当前数学作业设计存在的诸多问题都使教学效果大打折扣。数学作业的设计应充分尊重学生的个体差异，设计个性化的数学作业。在"减负"的大环境下，充分利用现代科学技术手段是推动数学作业个性化的有效凭借，它通过大数据可以帮助教师开展精准教学与个性化教学，切实实现减负增效提质。

本研究的主要目的是针对当前初中数学作业的现状，以"智慧作业"平台为工具，在教学实践中，探究个性化作业的实施方案并检验其实施效果，为教师的数学作业设计提供新的思路，由此激发学生学习数学的积极性，转变学习方式，减轻学习负担。本研究创新之处在于以学生为主体，遵循个性化原则，将信息技术与数学作业相结合，基于"智慧作业"平台在实验班设计个性化作业，并与普通班进行对比。在实践中总结信息化手段融合数学个性化作业设计的优缺点，实现因材施教，促进学生在数学学科的个性化发展。

本研究主要采用文献分析法、问卷调查法和对比实验法，从实践层面展开研究。首先，对国内外关于个性化作业的研究现状进行了梳理；其次，通过问卷调查了解"智慧作业"平台的使用现状及教师与学生对个性化作业的态度，同时结合前人提出的相关原则，提出了设计原则；最后，针对问题，以"最近发展区理论""多元智能理论"及"建构主义理论"为指导，基于平台中的作业功能，结合七年级数学教学设计了个性化作业模式，为教师运用"智慧作业"进行高质量的作业设计提供了一定的参考。

本研究重点利用对比实验法,结合实验后学生对实施个性化作业的反馈及实验前后学生成绩的对比结果得出结论:第一,基于"智慧作业"生态圈内的高质量作业设计平台实施初中数学个性化作业,能够切实提升学生的作业质量;第二,基于"智慧作业"生态圈内的高质量作业设计平台实施初中数学个性化作业,能够减轻学生负担;第三,"智慧作业"生态圈内的高质量作业设计平台利用网络信息的传播性,能够在学生之间共享丰富的教学资源;第四,基于"智慧作业"生态圈内的高质量作业设计平台实施初中数学个性化作业,能够培养学生主动学习和自主学习的兴趣与能力;第五,借助"智慧作业"生态圈内的高质量作业设计平台,教师能够通过大数据精准分析学生数学学习的薄弱点,开展精准教学与个性教学,不仅能实现作业的个性化设计,还能增强师生的共享和交流。

关键词:"智慧作业";初中数学;个性化作业;高质量作业设计

第六章　基于"智慧作业"高质量作业设计平台的初中数学个性化作业实践研究

第1节　引言

本节主要介绍了研究背景、研究问题的提出、研究目的与意义、研究思路与方法。

一、研究背景

(一)"减负"政策背景下信息技术融入作业设计

自1955年以来,以"减负"为关键词的教育政策相继出台,它们集中反映了我国教育发展的时代特征,体现了国家和社会对减轻学生课业负担的重视和努力。

2021年,中共中央办公厅、国务院办公厅共同印发的《关于进一步减轻义务教育阶段学生作业负担和校外培训负担的意见》(以下简称《意见》)提出学生减负应从作业量、作业时间、作业类型等方面着手。[①] 第一,要控制作业总量,小学一、二年级学生不布置家庭书面作业,小学三至六年级学生完成书面作业时间不超过60分钟,中学生完成书面作业时间不超过90分钟。这就要求教师在布置作业时,需要精准把握作业总量,合理布置作业,让学生能够花相对较少的时间充分完成作业,实现轻松学习。第二,要提高教师设计作业的质量,根据学生的实际情况设计分层、弹性和个性化作

---

① 中华人民共和国教育部[EB/OL]. http://www.moe.gov.cn/jyb_xxgk/moe_1777/moe_1778/202107/t20210724_546576.html

业,杜绝机械、无效作业。这就要求教师在布置作业前分析学生学情,为学生量身定制作业,在不增加作业总量的情况下使每位学生都能获得发展。第三,要通过建立全国各地的教育教学资源库和优质的学校网络平台,为广大师生免费提供高品质的专题教育和各类专业的学习资源,平衡教育资源,实现教育的公平性。各中小学校要加强对网络教学的宣传和利用,指导广大师生合理利用网上的优质教学资源。

  教师是教育的主体,是学生发展的引路人,在教育减负提质中发挥着重要作用。作业设计是每位教师的本职工作,合理把控作业总量,提高作业质量,以作业帮助学生巩固知识、发展能力是每位教师的教育追求。

  在大数据时代,现代信息技术以其丰富的资源、精准的分析等优点,在教育中发挥了不可替代的重要作用。在加快教育信息基础设施建设的趋势下,教育各方应形成合力,加快信息技术与教育的融合。熟练掌握并高效运用信息技术手段是现代教师的必备技能,教师要不断提升信息技术能力,不断地更新教育理念,不断完善教育手段,不断提升教育质量。在此过程中,学校应当协调已有的资源,引进实用、便捷的数字教育基础设备,加强信息技术应用;鼓励学生运用信息手段,主动、自主地学习,提高运用信息技术的能力。当前初中数学教师在设计作业时,只求数量不求质量,"一刀切"的现象较为普遍,作业效率低。利用现代网络环境实现信息共享和信息交互是解决这一问题,推动初中数学作业个性化设计的核心方式。

  江西省对教育和信息技术的互通互融是极为看重的。2020年4月9日,江西省电教馆发布了《关于进一步做好"智慧作业"推广使用工作的通知》,要求各地应加强"智慧作业"使用管理情况,切实解决推广应用中存在的问题,加快推进"智慧作业"的覆盖面,保障"智慧作业"使用常态化。[①] 江西省"智慧作业"将信息化技术和学生平时的纸质作业融合,适时对他们的作业过程数据加以归纳与整合,生成个性化的错题集,并推出相应的名师微课,减轻学生负担,提高学习效率,帮助学生养成自主学习习惯。通过对

---

① 江西省教育技术与装备发展中心[EB/OL].http://djg.jx.edu.cn/djwj/37521.jhtml

教学过程的分析,"智慧作业"可以使教师正确地进行教学,从而达到因材施教、精准教学、减负增效的目的,全面提高教学质量,真正地解决了教师统计难、辅导学生难的问题,让师生共享便利。

(二)数学作业设计个性化的必要性

《义务教育数学课程标准(2017年版)》(以下简称《标准》)中提出数学课程应该从兴趣出发,增强孩子们学习的积极性与自主性,强化其逻辑思维能力,指引其积极主动地思考,支持学生勇于创新;教师应当教给学生学习的方法和技巧,帮助学生养成良好的学习习惯。[1] 中学生正处于心理和生理发展的关键时期,面临着沉重的学业负担和巨大的升学压力,数学教学必须符合其心理特点和认知规律,帮助学生锻炼逻辑思维能力,把养成良好的学习习惯放在首位,拒绝题海战术。在授课的过程中,教师应该充分了解该年龄阶段学生的认知能力,结合自身的教学阅历,引领学生自主思考、勇于攀登,让学生理解和掌握数学基础知识、思想、技能和方法。数学作业作为数学课堂教学活动的延伸和补充,是展示学生真实学习成果的有效手段,是教师教学意图、教学内容和教学目标的有效载体,是师生信息交流的窗口,而作业反馈是提高教学效率、规范教学活动的重要形式。传统的作业形式已不适应新课程标准的要求,笔者认为要突破原有的教学模式,以新课程改革提出的"一切为了每一位学生的发展"为最高要求,进行作业个性化设计,根据新课程标准的教育理念和学生的思维结构,灵活且恰当地设计符合学生实际、有利于学生思维能力发展的数学作业。

二、研究问题的提出

在初中课程中,数学作为一门主要学科,学习内容难、负担重,大部分学生的精力都放在了数学课程里。现有的考试选拔模式指向性很强,以分数作为选拔条件,不论是教师还是家长都将目标放在提升学生分数上,而学生为了获取好的分数必须进行熟练性训练。这意味着教师需要布置很

---

[1]中华人民共和国教育部.义务教育数学课程标准(2017年版)[M].北京:北京师范大学出版社,2018.

多不同类型的习题,学生只有通过重复训练才能提高对知识的掌握能力。但在重复性练习模式下,学生很容易陷入死记硬背、机械训练的状态当中。如何才能让学生摆脱这样的困境？在目前的课堂教学中,教师能设计个性化主题教学、个性化作业的不多,而在信息化时代,数学作业设计已经有了新的助力。高质量作业设计平台的出现,将网络资源与作业结合起来,为学生提供一种"纸质作业＋大数据智能批改＋网络资源"共同打造、自主探究的新型作业模式。教师通过大数据精准分析每位学生的学习能力,布置个性化作业,既提高了学生的学习效率,又缩短了做题时间,保证了学生的睡眠,适应中小学生"五项管理"中睡眠管理的要求,落实了政策。这样一种新型的作业模式可以给学生提供提炼和拓展知识的机会,同时也给教师提供了一个灵活且有效的工具,能够更好地督促检查学生学习。"智慧作业"的使用能够最大化地推进教师因材施教、精准教学,助力教师全面培养学生数学素养,使学生在做作业时能巩固数学知识、掌握数学技能、形成数学能力、发展数学思维,使不同层次的学生在数学学习上得到不同程度的发展。

综合上述研究发现,笔者在审慎思考与导师的引导和启发下决定以"智慧作业"平台为例,以数学学科为依托,将研究的焦点聚集在初中数学个性化作业的实践研究上,从而确定了该论题。

三、研究目的与意义

(一)研究目的

以《标准》的要求为指导,针对当前初中数学个性化作业的现状,依托高质量作业设计平台,按照实际教学需求,研究作业个性化的布置方法,同时依据实施效果,总结基于高质量作业设计平台的初中数学作业的个性化布置方法,更有效地激发学生对数学的热情,促进学生自主学习数学,削弱学生在作业方面的压力感,从而提高学习效果。同时,让学生从兴趣出发,在个性化的作业设计中提高学习素养、掌握学习方法、自主选择、开拓创新、享受成功。

第六章 基于"智慧作业"高质量作业设计平台的初中数学个性化作业实践研究

本课题的研究期望实现以下目标：

(1)通过高质量作业设计平台上多元化的练习方式，增强学生学习数学的吸引力，调整学生对待作业的态度，增强其完成作业的自主性，实现作业减负增效提质。

(2)利用高质量作业设计平台自带的统计功能，跟进反馈学生的学习效果，给予学生适当的口头表扬、书面表扬和物质奖励，充分提升学生学习的自主性，提高布置作业的效果。

(3)依据高质量作业设计平台统计的数据，了解学生学习的效果，进行个性化作业设计，帮助学生取得进步。根据学生的作业完成情况，以学定教，及时调整课程进度。学生充分利用智能微课和自主归集模块、归纳错题，巩固知识，结合自身情况更加高效地学习。

(二)研究意义

新课程改革中提出要遵循个性化原则，让每位学生都能获得最大限度的发展，更好地保证教育质量的不断优化。教师从初中数学作业设计存在的具体问题出发，将信息技术融入教育教学，对作业设计进行探究，不但能够使教师拥有全新的作业思维，而且有助于教师在作业布置环节贯彻落实《标准》中提出的各项理念。所以，本课题研究的目的在于根据学生的情况设计个性化的教学方法和作业方案，进而提升学生学习的主动性和积极思考的能力，使学生的潜能得以显现。

本研究利用高质量作业设计平台布置个性化的数学课后作业，应用于七年级数学学科的教学和作业设计，实现了现阶段数学教育的理论联系实践，通过应用信息技术研究如何优化七年级数学学科的教学模式和作业实施，引导数学教师基于自身经验合理借助"智慧作业"等信息技术手段提升教学质量，提高课后作业的效能，思考和认识到教学中的不足，摆脱题海战术，平衡作业质量和数量的关系，达到精准教学、因材施教的效果。教师给予学生多样化、多层次的个性化作业方案，让学生因为个性化且有针对性的作业设计喜欢上数学学科。同时研究证实，"智慧作业"能够利用信息化手段帮助义务教育阶段学生提高作业效率,缓解家长课后辅导焦虑,帮助学校实现科学减负。

四、研究思路与方法

(一)研究思路

第一,本研究通过查阅大量国内外文献,阐述了当前个性化作业的研究背景,进而提出通过信息化手段改善当前作业形式单一、层次单一等问题,确定了研究的内容是基于"智慧作业"生态圈内的高质量作业设计平台的初中数学个性化作业实践研究。第二,在界定"作业""作业设计"和"个性化作业"相关概念的同时,论证了在减负背景下,数学作业个性化设计的必要性。第三,采用问卷调查的方法调研了某中学七年级学生"智慧作业"平台的使用情况以及教师布置数学个性化作业的实施情况,总结作业个性化布置实施过程中的不足和有待改进之处。在介绍"智慧作业"平台的功能及优势后,提出基于"智慧作业"平台的个性化作业设计应遵循的原则,接着从课前、课中、课后三个环节提出利用"智慧作业"平台设计个性化作业的基本流程。第四,根据上述的基本模式,在该校进行实践应用,纵横对比实验班与对照班学生在作业量和作业时间方面的态度;纵横对比实验班与对照班学生在实验前后的学习成绩、学习态度及学习评价,并进行分析,以考证"智慧作业"平台对于初中数学个性化作业设计的有效性。第五,在以上研究的基础上探讨本次研究的缺点与不足,并提出改进建议,以形成研究结论。研究思路如图 6-1 所示。

第六章 基于"智慧作业"高质量作业设计平台的初中数学个性化作业实践研究

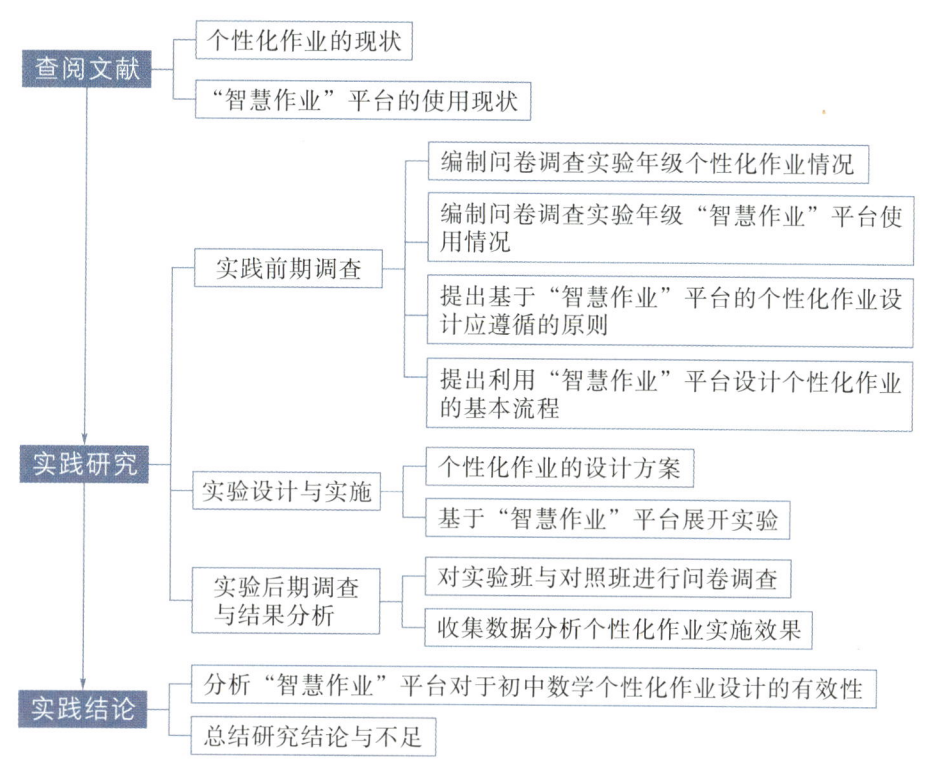

图 6-1 研究思路框架

(二)研究方法

本研究主要采用文献分析法、问卷调查法、对比实验法。

1.文献分析法

收集和查阅有关研究文献,整理总结有助于本研究开展的资料。借助万方、知网、图书馆文献数据库等学术平台检索有关"个性化作业"与"初中数学作业设计"的研究论文,总结和数学学科教学与作业设计相关的理论知识,了解当前"双减"政策实施下初中数学学科作业个性化设计的研究进展。

2.问卷调查法

本研究中将对笔者所在实习学校的七年级学生及教师发放问卷,进行学生及教师对高质量作业设计平台的了解及使用情况调查,学生对使用"智慧作业"完成课后作业的态度情况调查以及教师对使用高质量作业设计平台布置个性化作业的态度情况调查,学生家长对孩子利用"智慧作业"

完成课后作业的态度情况调查,目的在于调研当前该校"智慧作业"的使用情况、初中数学作业的现状,找出存在的作业问题。

3.对比实验法

本研究选取抚州市某校七年级两个平行班做对比实验,将其中一个班的学生作为实验对象,开展为期一学期的实验研究,比较分析实验前后该班学生与对照班学生对作业量和作业完成时间的看法,比较分析实验班与对照班在实验结束后的作业正确率,比较分析两个班学生实验前后的成绩情况以及学习态度,以此来验证利用高质量作业设计平台进行作业个性化设计的有效性。

第六章　基于"智慧作业"高质量作业设计平台的初中数学个性化作业实践研究

第2节　文献综述

一、相关概念界定

(一)"智慧作业"高质量作业设计平台

江西省利用信息技术云计算功能,基于省内教育资源公共服务平台的资源开发了"智慧作业"平台。"智慧作业"平台本着减轻教师教学负担、提升教学质量的目的,用先进的大数据分析、人工智能引擎、云题库、结构化知识图谱、光学扫描识别等信息技术优化传统的纸质作业;通过软件收集学生作业的完成情况,定制个性化的复习课程和错题集;借助"人人通学习机"将其推广到家庭,打造以学生为本的学习效果评级系统,提高教师教学设计的科学性,为减轻学生课业负担、提高学习效率提供一系列的实施方案。①

课堂教学质量是教育的生命线,作业是课堂教学的重要补充和延续,作业是检验课堂教学质量的重要手段,是因材施教的重要基础。教育信息化助力教学是教育改革的趋势。在"双减"背景下,江西省为解决学生作业辅导问题,大力推进"智慧作业"应用,利用教辅练习册的微课和电视机顶盒,有效破解家庭辅导难题,目前已实现常态化和规模化应用。在减负的

---

① 江西省教育资源公共服务平台[DB/OL]. http://zuoye.jxeduyun.com

同时完成提质的要求,解决学生的作业负担难题方面,"智慧作业"高质量作业设计平台发挥了重大作用。它在已有的成果基础上探索高质量作业设计实践,通过给学生布置协商性分层作业来满足教师因材施教的需求,从而达到减轻学生作业负担的目的,全面落实"双减"政策。

"智慧作业"高质量作业设计平台布置分层作业相比于以前的作业形式来说,在降低学生课业压力、提升作业质量方面具有明显的优势。该平台以大数据分析为中心,依托互联网、移动终端,实现作业的布置、完成、提交、批改、订正等环节,并通过数据分析对作业进行有效管理。它所具备的功能有:根据学生能力生成个性化作业;自动生成专属错题本,彻底摆脱书山题海;科学分析学生作答信息,精准反映教学效果;智能推送错题微课,破解学生无人辅导难题;借助家长可控的"人人通学习机",有效解决学生看电视成瘾问题;通过网络电视推送微课,规避学生迷恋手机的现象,切实保护他们的视力。

在笔者看来,推广"智慧作业"高质量作业设计平台可以有效减轻学生课外辅导方面的压力,舒缓教师的教学压力,将教师与学生从繁重的课业负担里解救出去,大大改进教学,推动学生的整体发展。

(二)作业设计

1.作业

古代"作业"的概念广泛用于指代人们开展的各种劳作。到了近代,"作业"的概念逐渐改变,其主要代表需要进行的军事训练、学习、生产等任务。在现代,"作业"的概念更加具体,教育领域中的"作业",通常是教师为了达到教学目标而给学生布置的课后活动。在《辞海》中,"作业"的定义是:"为实现某个目标,完成当前任务而必须进行的活动。"[1]而《教育大辞典》把"作业"划分成了课外作业与课堂作业两类,课外作业是指学生依据教师的布置利用课余时间完成的有关学习的任务。布置与检查课外作业

---

[1] 夏征农.辞海[M].上海辞海出版社,1999:2460.

是一种广泛应用的教学方式,是课堂教学向课外的延展。[1]《中国教育百科全书》也把"作业"划分成了课外作业与课内作业两类,认为"作业"是学生按照教师和学校要求完成的学习任务。后来按照"作业"完成时间的不同又把"作业"划分成课后作业与课前作业两类,教学研究人员按照"作业"的形式把"作业"划分为实践作业、书面作业、口头作业等类型。[2]

整体而言,教育行业对"作业"的定义是指学生在一定的时间内完成特定目标的一系列学习行为。所谓初中数学课后作业,即是指基于学生的学习情况以及课堂教学内容,教师为学生布置的用于巩固学生课堂所学内容的数学练习任务,它对于初中生的数学学习来说是非常重要的一个步骤,也是对初中生数学课堂的延伸与拓展。

2.作业设计

目前业界对"作业设计"还没有统一的标准化定义。例如《现代设计词典》将"作业设计"定义为:"为了完成学习或者生产任务而制定的具体化的学习或者生产标准,进而保障能够真正掌握学习或者生产的相关内容,加以延伸和拓展。"[3]由此可见,"作业设计"是一个有目标的系统过程。在教学中,教师应该根据初中生的实际情况和需求,确定课后的作业内容和目标,并对课后的作业进行系统规划,从而达成教学目的和任务。

(三)个性化作业

1.个性化

"个性"一词是由拉丁语中的"Persona"演变而来的,其在拉丁语中的含义主要是指表演者穿戴各不相同的面具,后来逐渐演变成用于形容具有特别性格的演员等。在我国,"个性"这个词通常指的是一个人独特的、稳定的、本质的心理倾向和心理特征的总和。简而言之,"个性"是指一个人整体的精神面貌。在"个性"这一名词之后加个"化"字,则将其进行了动词

---

[1] 顾明远.教育大辞典(增订合编本)[M].上海:上海教育出版社,1998:904−905.
[2] 张念宏.中国教育百科全书[M].青岛:海洋出版社,1991.
[3] 张宪荣.现代设计词典[M].北京:北京理工大学出版社,1998.

化。一般情况下,"化"字常用来改变词语的状态或者性质。本研究中所提到的"个性化",即是指能够使人拥有独特的、稳定的、本质的心理倾向和心理特征的一种活动状态或者行为习惯。

通常情况下,我们认为个性化是学生主体由于遗传素质和生长环境的不同而表现出来的性格差异化,通常会表现在学习习惯及学习状态上,不同的个体根据自身的性格特征及学习习惯形成自身特有的学习形式和状态。同时,在整个学习过程中,个体会不断加强这种学习形式和状态的发展,进而形成最适合自身发展的学习形式和状态。

2.个性化作业

个性化作业是指教师在教学过程中运用相关理论知识设计的作业,针对不同水平的学生,根据学生的个性化发展、兴趣以及掌握知识的能力,对其布置相应的作业。这样可以照顾到班级中的每位学生,使得学生个性得到发展,从而逐渐提升教师的教学水平。在相关研究中,某学者曾提到,利用现代化网络环境实现信息共享和信息交互是体现初中数学作业个性化设置的最根本手段。[1]

本研究中的初中数学个性化作业是指改变传统课后作业模式,以"智慧作业"信息化平台为工具,根据学生自身情况推送不同层次、不同类型的作业,让每位学生在自身已有的知识水平上得到进一步提高。

3.初中数学个性化作业

某学者曾提到,为初中生设计个性化数学作业是顺应初中教学难度要求的科学作业理论,教师要积极探索个性化作业的设计方式,让数学作业在延伸教学内容、提高教学效果上的积极作用落地生根。[2]

因此,初中数学作业必须要贯彻以学生为主体、全面发展学生的教学理念,在设计个性化作业时要注重灵活性和科学性,针对不同学生的水平,

---

[1]梁世旺.网络环境下初中数学个性化作业的实践与应用[J].课程教育研究,2018(31):136-137.
[2]周小宁.初中数学个性化作业设计模式探究[J].试题与研究,2020(31).

查缺补漏。个性化作业的设计需要在有效评价的前提下进行,在作业评价时要详略得当,注重思路探索和形成过程,同时也要给学生表达和展示自我的机会。

二、国内外研究现状

(一)关于作业设计的研究现状

1. 国外研究现状

纵观西方的教学历程,鲜有人能够完整地探讨作业设计的理念,有关于家庭作业设计的更是少之又少。对于西方国家而言,所谓"作业",即是指学生的家庭作业。国外针对传统的家庭作业进行了系列的研究分析,主要涉及以下几方面:对待作业的态度、作业功能、作业目标、作业量、作业难度和作业内容及类型。

(1)有关对待课后作业的态度和家庭作业功能的研究

首先,哈里斯·库珀(Harris Cooper)针对不同个体对于家庭作业的看法和观点进行了调查分析,他发现,在一定程度上,学生家长、教师以及学生自身对于教师布置家庭作业这种行为均持支持的态度。主要原因在于,教师布置的家庭作业能够促进学生在学习成绩以及学习能力上的提高;同时能够增强学生学习的主动性和自律能力,帮助他们提高学习知识和技能的水平,有助于为学生升学打下基础。[1] 此外,哈里斯·库珀基于家庭作业正反两方面功能,对其进行了研究分析,如表6-1所示。

---

[1] Harris Cooper. The Battle Over Homework: Common Ground for Administrators, Teachers, and Parents (3rd ed)[M]. Thousand Oaks, CA: Corwin Press, 2001.

表 6-1　家庭作业的功能表

积极功能	消极功能
1.提高短期成绩和能力 　更好地记忆陈述性知识 　增强理解能力 　更好地进行批判性思考 　丰富课程 2.鼓励闲暇时间多学习 　改善对学校的态度 　培养更好的学习习惯和技能 3.非学术性的影响 　更有效地自我引导 　更有效地自我约束 　更好地管理时间 　更爱钻研 　更能独立地解决问题 4.家长更加重视和参与学生教育	1.厌烦的情绪 　对学习内容失去兴趣 　身心俱疲 2.长期的学术性影响 3.家长的干涉 　完成家庭作业和要好好表现的压力 　教学方法的不一致 4.作弊 　抄袭其他同学的家庭作业 　家教提供过多的帮助 5.拉大了优等生和学困生的差距

综上所述，我们可以发现，对学生的健康成长来说，家庭作业虽然可以发挥积极向上的引导作用，但也可能阻碍学生的发展。课后作业有助于学生更牢固地掌握课堂知识，让其学习有所拓展，但也可能使学生产生厌学心理。此外，家长陪同学生完成家庭作业能够使家长更加重视学生教育，促进家校合作，但学生也容易过分依赖家长的帮助。因此，研究者和教师应充分发挥家庭作业的积极作用，合理设计家庭作业，尽量减少学生对家庭作业的抵触心理。

其次，基斯（Keys）与费尔南斯德（Fernandes）等人就学生对课后作业的看法展开了调研，数据显示，50%以上的学生认同教师布置的课后作业，同时，他们希望教师能够制定个性化的、定量的课后作业计划。[1] 然而，美

---

[1] Keys，W.，C.Fernandes.What Do Students Think About School? Research into the Factors Associated with Positive and Negative Attitudes Towards School and Education [M].Slough：NFER，1993.

第六章 基于"智慧作业"高质量作业设计平台的初中数学个性化作业实践研究

国的一些研究者反对家庭作业。他们觉得,学生的课业压力绝大多数来源于烦琐的家庭作业,它不但无法提高学习质量,对学生个体的健康成长以及正常生活还会产生消极的影响。国外学者针对家庭作业的消极影响进行了一系列调查研究,大量数据表明课后作业对学生特别是儿童的健康有害,有的教师没有受过良好的培训,根本不会布置作业。还有许多研究成果表明,家庭作业并非都能起到积极的作用,只有当教师懂得其积极作用后,设置的家庭作业才能真正促进学生的学习和成长。[1]

从国外课后作业的发展历程来看,虽然有许多研究者反对课后作业,但是我们也可以发现在这些反对之声中并没有出现要求废除课后作业的声音,更多的研究者认为应当思考如何改进课后作业。

(2)有关课后作业目标的研究

国外学者均认为在课后作业的设计过程中,作业目标扮演了非常重要的角色。国外学者对作业目标的研究主要受到两个研究体系的影响。第一个是教育学家杜威等人主张的课程理论体系,他们认为作业是教师教学行为的一个部分,是教师完成教学目标的一种方式,其主要目的在于践行教学职能。第二个是教育学家凯洛夫等人主张的教学理论体系,他们认为作业可以加深学生对课堂知识的掌握程度,促进学生的拓展性发展,同时,作业能够起到协助教师完成教学目标的作用。

凯洛夫在相关研究中表明,教师布置的课后作业能够促进学生对课堂所学内容的掌握和巩固,促进学生的拓展性发展,提升学生独立思考的能力。[2] 哈里斯·库珀通过作业与成绩之间的相关性实验,表明作业表现跟中学阶段的成绩有着正相关性,不过跟小学阶段的成绩并没有太大的关联。[3] 施密茨(Schmitz)等人围绕作业目标展开了探讨,认为其应包括提升学生的个人监督能力等,学生在完成课后作业的过程中应根据自己的时间自主安排学习进度。[4] 托马斯·李·古德(Thomas L.Good)等人的观点则

---

[1] 胡苇.国外中小学家庭作业问题的研究及启示[J].外国中小学教育,2007(12):52—55.
[2] 凯洛夫.教育学(上)[M].沈颖,等,译.北京:人民教育出版社,1951.
[3] Harris Cooper.Synthesis of Research on Homework[J].Educational Leadership,1989,47(3):85—91.
[4] Schmitz B.,Perels F..Self-monitoring of Self-regulation During Math Homework Behavior Using Standardized Diaries[J].Metacognition & Learning,2011,6(3):255—273.

是教师布置课后作业真正的目的在于完成教学目标。[1] 爱泼斯坦（Epstein）等人表示教师布置课后作业的目的在于通过学生作业完成状况了解其学习水平，进而进行针对性教学。[2]

由此可见，国外学者更倾向于强调作业的实践功能，在一定程度上弱化了作业的巩固和强化功能。总体而言，作业的目标主要体现在巩固课堂学习内容上，促进学生提升独立思考的能力以及自我监控水平；同时，有研究者提出，应当基于学生个体的身心发展规律和个性需求，结合具体的教育内容，设计课程目标。

(3) 有关课后作业量和难度的研究

在国内关于家庭作业的研究中，对作业数量的研究大多是理论方面的研究，基于实践调查的研究报道相对较少。通常情况下，教师在布置课后作业量时首先会考虑到学生的课后时间。针对全球范围内不同国家对课后作业量的要求和标准，有学者进行了整理，如表 6-2 所示。

表 6-2 世界各国对作业时间的规定和要求

英国	俄罗斯	加拿大	美国
1.12 岁以下学生不布置家庭作业 2.12～14 岁学生不超过 1 小时 3.14 岁以上学生不超过 1.5 小时 4.每周布置作业不超过 4 天	1.一年级学生不布置家庭作业 2.二年级学生 30 分钟以内 3.三、四年级学生 1 小时以内 4.五、六年级学生 1.5 小时以内 5.七、八年级学生 2 小时以内 6.九至十一年级学生 2.5 小时以内	1.9 岁以下学生不布置家庭作业 2.10～11 岁学生 30～45 分钟 3.12～13 岁学生 1～1.5 小时	1.小学低年级学生不布置家庭作业（有布置作业的一般也不超过半小时） 2.小学高年级学生一般不超过 1 小时

---

[1] 古德，布罗菲.透视课堂[M].陶忠琼，王凤，等，译.北京：中国轻工业出版社，2002.
[2] Epstein J.L..School, Family, and Community Partnerships: Preparing Educators and Improving Schools[M].Westview Press, 2001.

哈里斯·库珀进行了一次关于美国学生作业量和作业时间的大型社会调研,结果如表 6-3 所示。

表 6-3　美国学生不同年级的作业量与作业时间表

年级	每周作业时间	每周作业量
一至三年级	45 分钟	1～2 份作业
四至六年级	60～180 分钟	2～4 份作业
七至九年级	225～375 分钟	3～5 份作业
十至十二年级	375～600 分钟	4～5 份作业

此外,王月芬等人针对上海市不同年级阶段的学生课后作业量进行了调查研究,发现初中及以上的学生需要花费约 775 分钟的时间完成每周的课后作业,小学阶段的学生需要花费约 580 分钟的时间完成每周的课后作业。[1] 同国外学生每周需要花费的完成作业的时间相比,我国各阶段的学生的课后作业量更大。

关于课后作业的难度,有专家认为,教师一定要清楚地指出作业的范畴以及任务的类别,并为学生提供各种经典习题。教师在设计作业时,应由易到难,必须避免机械、重复性作业内容。日本的研究人员对筱井旭中学进行了一项研究,发现在没有考虑到学生的知识层次差别的情况下,"一刀切"地安排作业,即便是采用了各种处罚手段,还是会出现部分学生完不成课后作业的情况。若教师在布置课后作业时,能够基于学生掌握知识能力的不同,设计不同水平的课后作业,那么学生完不成课后作业的概率将会明显下降。[2]

(4) 有关课后作业内容和类型的研究

笔者通过查阅国外相关研究资料发现,教师在布置课后作业时,不仅会设计以课本知识为基础的书面作业,还会注重设计课后的活动作业,让学生的课后作业变得多样化。例如,在进行数学教学的过程中,美国倡导教师布置与生活相关联的作业,使学生将课堂中学习的数学知识运用到具

---

[1] 王月芬.作业设计能力——未被重视的质量提升途径[J].人民教育,2018(Z2):58-62.
[2] 李学书.国内外家庭作业比较研究[J].教育学术月刊,2009(10):66.

体的生活中去,深化学生对数学知识的认识和掌握。在数学课后作业的设计类型上,国外更偏向于拓展性以及创造性的数学课后作业设计。李(Lee)等人认为数学课后作业的内容设计可以划分为扩展、巩固、准备以及创造四个方面。① 拓展型作业是指引导学生回忆已学的知识点并找到解题方式的作业;巩固型作业则是指学生在学习了新的知识点后,针对新知识点布置的课后作业,其目的在于促进学生巩固对新知识点的认识;准备型作业是指在学生还未学习到新的知识之前,教师布置课后作业以促使其提前浏览将要学习的内容;创造型作业是指学生拥有了相应的知识后,把其融入生活实践中,由此推动和提升他们在知识方面的应用能力。

2.国内研究现状

国内有许多研究者也开展了研究和论证。笔者通过以下三个数学作业设计对国内的相关文献进行了梳理:

(1)有关作业设计原则的研究

笔者基于课后作业的特点,对相关文献进行调研发现,研究者对数学课后作业的设计原则研究大多是从学生的学习角度出发的。例如,曹秀华提出,在对数学课后作业进行个性化设计的过程中应当遵循实际、科学以及开放的设计原则。② 王宝剑和熊莹莹表示,在对数学课后作业进行个性化设计的过程中应当遵循基础性、与时俱进以及科学性的设计原则。③

(2)有关作业设计内容的研究

数学作业的设计应取材于生活,把数学和生活结合在一起,引导学生运用数学知识处理问题,体会数学的乐趣。季迎丰提出作业设计的过程要从专制走向民主,素材要从文本走向生活,容量要从同一走向差异。④ 郭慧认为数学作业要注重内容的多元化,这样可以增加学生体验的维度。⑤

---

① Lee C.Y.,Chen M.J..Effects of Polya Questioning Instruction for Geometry Reasoning in Junior High School[J].EURASIA Journal of Mathematics,Science & Technology Education,2015(12):1547-1561.
② 曹秀华.基于多元智力理论的分层作业设计[J].教育探索,2006(11):40-41.
③ 王宝剑,熊莹莹.国外作业研究及其对我国作业设计的启示[J].教学与管理,2010(07):78-80.
④ 季迎丰.从借课风波看新课程背景下优化作业设计的对策[J].思想理论教育,2012(02):92-93.
⑤ 郭慧.小学数学家庭作业多元化设计研究[D].山东:山东师范大学,2015:30-32.

徐世芳认为,在进行数学课后作业设计的过程中,应当积极与实际生活相联系,此外,可将数学课后作业设计成应用型以及调查型作业,从而使得学生在生活中应用数学知识,在学习数学知识的过程中联想到实际生活中需要解决的问题。[1]

(3)有关作业设计策略的研究

相关针对数学课后作业设计策略的研究表明,我国大部分研究者注重课后作业的形式,引导学生体会到学习的乐趣,提升其数学逻辑思维能力,增强处理问题的水平,通过多角度的学习来领悟数学的奥妙。

彭国庆指出,个性化的数学作业设计要从以下几点努力:一是设计多元化作业;二是需要从课后作业的"质"和"量"两方面进行完善;三是教师可以邀请学生一起设计课后作业。[2] 肖正德认为教师在设计数学课后作业的过程中应当基于以下几部分的内容进行完善:首先,基于学生掌握知识能力的不同,设计不同水平的数学课后作业;其次,设计开放性以及趣味性相结合的数学课后作业,激发学生学习数学的兴趣;最后,根据相关知识点设计代表性题型。[3] 朱美英则认为,教师在教学过程中要将学生视为学习的主体,设计学生感兴趣的探索类以及实践类数学课后作业。[4]

(二)关于个性化作业的研究现状

1.国外个性化作业研究现状

有教育家指出,小学时期,教育的主要工作是提升扫盲的力度,保障青少年有充足的课外活动,减少学生将大部分时间用于玩手机的现象。而在中学时期,特别是在高中时期,要确保学生课后学习的时间。专家在考量作业数量与目标外,也将重点放在作业的本质与种类上,他们认为现下需要摒弃旧的作业观念,设计出个性化的课后作业。西班牙多所大学在经过

---

[1] 徐世芳.小学数学课外作业设计研究[D].浙江:杭州师范大学,2015:52-53.
[2] 彭国庆.小学第二学段数学个性化作业设计的策略[J].现代中小学教育,2004(08):55-58.
[3] 肖正德.减负背景下有效作业的设计策略探究[J].课程·教材·教法,2014,34(04):50-54.
[4] 朱美英.新课标下小学数学课外作业设计的优化[J].教育与管理,2007(05):63-64.

论证后提出:对于掌握知识能力不同的学生,设计相同水平的课后作业将会抑制他们的学习积极性,会产生更多的消极影响。[①] 他们认为作业的设计应该因人而异,当学生觉得上课枯燥时,他们需要通过有创意的娱乐活动来加强对所学知识的记忆。

从学生的角度来看,学习效率优化、学习与休闲时间的合理分配,都是提升学习效果的根本所在,但不应该将作业当作压力或是任务,而应该尽可能多地掌握知识。同时,学生获得良好的学习效果与家长和校方的指导协助是分不开的。要想做到"家校共育",教师和家长需要及时互通孩子在校(在家)的状态,在担当好自己角色的基础上,彼此也应做到互相理解。教师应知晓所有学生的个人情况,结合每个人的学习情况制订不同的学习方案,让作业形式也变得多样化,保证学生的学习过程是快乐的;家长在监督学生学习时也要与教师保持联系,及时与教师沟通学生在家的学习状态,与学校共同制订专属教育方案,为学生营造积极向上的成长环境。

2.国内个性化作业研究现状

(1)国内个性化作业成果数量

根据中国知网检索结果发现,我国近10年以"个性化作业设计"为题发表的文章有366篇,其中近5年发表了185篇;近10年以"数学个性化作业设计"为题发表的文章有130篇,其中近5年发表了69篇。从以上数据可以看出,中国知网上这类文章的发表数量逐年提高,探索正走向多元化,并且逐渐深化、细化。从这些文献可以看出,作业的个性化设计已经备受关注,也逐渐成为教师和学者重点研究的问题之一。

(2)国内个性化作业研究内容

国内个性化作业研究在内容和形式上都体现出研究者们充分尊重学生的个体差异、兴趣特长,善于结合各自学科情况的特点。许秀丽阐述了

[①] 西班牙:家庭作业不得有损孩子参与社会和家庭生活的权利[J].人民教育,2019(20):41.

第六章　基于"智慧作业"高质量作业设计平台的初中数学个性化作业实践研究

教师要在教学的各个环节都鼓励学生主动探究,设计探究查询式作业,培养学生自主研究的精神;设计操作表演式作业,培养学生的实践创新能力;设计综合性作业,提高学生分析问题、解决问题的能力。[1] 张彩英提出,作业设计要因人而异,作为单独的个体,任何学生的成长环境、习惯、爱好都千差万别,同时其所掌握的知识以及学习能力都有着较大的差别。传统模式下教师布置的课外作业内容是完全相同的,不管学生的知识水平、智力和接受学习的能力是否存在不同,此类状况在很大程度上会造成部分学生"吃不饱"。对于这种学生,可以增加额外的实践内容,使其帮助他人以获得更多的成就感。例如,在设计个性化语文课后作业时,将别的学科的内容和家庭教育以及社会实践融合在一起,以此来推动学生学习的乐趣。[2] 显而易见,对基础相对薄弱的学生来讲,他们可能无法完成教师布置的作业,因此教师在布置课后作业时要将重点放在其对不懂的词语、句子的掌握上;对基础知识水平较强的学生,可以安排一些综合性的作业,以此来提升其知识水平。此外,教师也可以根据学生的意愿来布置作业。假设教师每次都是凭借主观判断去布置作业,往往会出现一定的偏差,长此以往,学生学习的积极性也会被削弱。

(3)国内个性化作业评价研究

国内个性化作业在评价研究方面成果也较为丰富,近10年有580项研究成果以"个性化作业评价"作为研究主题。一些专家开始对该类内容进行探索和分析,并获得了显而易见的成就。但是根据现阶段的研究报告能够了解到,大多数学者探索的重点在于评价的手段和途径。

梁振国认为,在针对"个性化作业"进行有效评价之前,教师首先要转变自身的评价方式,要深刻意识到"个性化作业"的精髓所在。[3] 增强"个性化作业"有效评价的针对性,教师在评价的环节时,不要一味说结果,应当

---

[1] 许秀丽.设计个性化练习[J].小学教学研究,2001(9):14—15.
[2] 张彩英.浅谈小学语文个性化的作业设计[J].学周刊,2012(7):203.
[3] 梁振国.小学数学"个性化作业"中有效评价的实践研究[J].学周刊,2021(25):49—50.

同时对学生作业里所有的过程和细节都进行评价,对学生在写作业时的付出给出积极的评价,可以在适当的时候给出一些小奖励,以此提升学生在学习知识上的兴趣。新课程改革理念注重以人为本,因此教师在教学的时候要对学生的意愿有所肯定和支持,采取多种形式的评价方法,使学生和家长都能够积极参与,从而达到更好的教学效果。教师要学会引导学生意识到问题所在,然后帮助学生对解决方法做出有效的完善和优化,从而促进其综合水平的提高。

王敬云提出,在信息化时代背景下,在线学习在各大网络平台如雨后春笋一般,已经成为当下最热门的学习方式。教师通过网络集体评价、布置互动任务等方式,很好地展示了学生的学习成果,并做到了知识的探讨与共享。[①] 教师可以尝试在传统作业模式的基础上,让更多的作业形式融入学生的课后学习中,这样可以使作业质量人人提升,并且大幅度提高学生学习的积极性。比如可以布置归纳总结作业、闯关形式作业、线上互动作业和家庭合作作业,积极开展验收情况评价、挑战成绩评价、网上评价与家长个性评价。通过多样的作业布置和评价形式,作业的质量可以得到切实的提升,让课后作业的价值最大程度地发挥出来。

(三)高质量作业设计平台实现作业个性化设计的相关研究现状

"智慧作业"平台推广普及的时间并不长,笔者通过查阅文献并没有找到与之相关的外国文献,国内文献数量也并不丰富。笔者归纳文献,大致概括出如下信息:"智慧作业"平台是江西省教育厅于2019年统一搭建的中小学教育资源公共服务平台。它通过信息化手段与大数据统计学生的错题类型和比例,进而得出学生的知识漏洞,针对这些漏洞给学生整理相关的学习资料,是帮助学生减负增效的智能化公益型学习辅导平台,是基于电脑、电视等终端研发的一款应用软件,供全省中小学生免费使用。

大部分研究者认为在中学数学教学中运用"智慧作业",不仅能激发学

---

① 王敬云.小学数学个性化作业布置及评价策略分析[J].学周刊,2020(12):20-21.

第六章 基于"智慧作业"高质量作业设计平台的初中数学个性化作业实践研究

生的学习兴趣,还能做到随时随地进行练习,方便自由,改变了教师在课堂上讲解例题的传统方式,使学生对知识的掌握更加牢固。利用"智慧平台"既保证了学生的作业时间,又保证了学生对知识的掌握,让学生养成多问多写的习惯,还可以让学生在线上随时与其他同学和教师交流想法,发散思维,更好地理解重难点知识,达到实现辨识错题、举一反三、巩固提升学习效果的目的。

陈卫良提出将"智慧作业"平台引入日常教学,让信息技术与传统作业相结合,便于教师及时掌握学生学习情况,调整教学方向和内容。"智慧作业"平台切实解决了学生的课外辅导需求,减轻了教师的教学压力,把师生从繁重的课业负担中解脱出来,因材施教,精准辅导,有效提升了教育教学质量,促进了学生全面发展。[①]

"智慧作业"平台的使用,可以大大提高各教学环节的效率,较大程度地实现学生作业的个性化设计。它保留了传统的作业模式,但又打破了传统作业模式的诸多局限性,其优越性不仅仅体现在作业的管理上,更是凸显在大数据精准分析下的反馈与推送。学生无须参加校外培训,在家中通过线上课堂教学,就能将重难点进行归纳整理,让学习成果得到巩固,使作业能够真正起到反哺课堂、巩固知识、发展能力的作用。同时"智慧作业"能较好地减轻家长辅导孩子作业的负担,有利于家校互联互通,提高学生成绩。

综上所述,国外在作业设计方面,已经肯定了作业本身的价值,作业的数量和时间都在向合理化发展,作业的内容和类型也趋于多样化,但同时也存在一些不足。从整体作业个性化设计的角度来看,缺乏针对各学科特点的具体建议。对个性化作业的研究基本上聚焦于理论层面,忽视了实际教学中存在的问题,实践指导性不强。国内在个性化作业研究方面逐渐朝着普及全部学科的方向发展,研究的学科领域也在不断扩大,尤其是语文

---

① 陈卫良.学生减负从"智慧作业"开始[J].教育家,2019(36):27.

学科和数学学科,这两科的作业个性化研究已经初有成效。在信息时代,"互联网＋课堂"这种教学模式已经成为研究热点,未来将会有越来越多的教育者研究如何使用信息技术手段布置个性化作业。

个性化作业本身就是在新课程改革下孕育出的新型作业形式,是国家教育减负增效所倡导的一种作业形式,未来个性化作业这一研究领域的热度和关注度将会持续上升,初中时期是学生成长的重要阶段,也是学生学习习惯培养的黄金时期,将信息技术与个性化作业有机结合,实现减负增效和有限课堂的延伸,具有十分重要的意义。因此,本文选择基于"智慧作业"平台的初中数学如何实现个性化作业作为研究课题。

第3节 理论基础

一、"最近发展区理论"

苏联教育家维果茨基提出了"最近发展区理论",这一理论又叫作"潜在发展区理论"。"在儿童智力发展方面,他认为存在两个水平,一个是已有水平,即儿童当前所达到的智力发展状况;另一种水平是在现有的基础上,儿童通过自身努力进入一个全新的发展状态,'最近发展区'指的就是两者之间的差异地带。"[①]这一理论关注的不是学生在某个时期的发展水平,而是学生所具有的发展潜力。在新课程改革的背景下,个性化教学能够满足学生的发展需求。根据"最近发展区理论",教师可以按每个学生的发展水平设计教学,激发学生的学习兴趣,使学生通过自主学习和合作理解知识。

"最近发展区理论"对初中数学个性化作业设计与评价的启示有两方面:一方面,当前初中数学作业的难度设置不合理,作业设计不应该拘泥于学生现有水平,作业设计的目的应是让学生进入相邻的发展区,所以教师要调控作业难度,使学生的潜力得到有效发掘,激发学生的积极性,进入下一个发展阶段。另一方面,教师要充分了解学生的现有水平,根据其现有水平进行作业设计,使每位学生的作业都在自己的"最近发展区"。这与个

---

① 莫雷.教育心理学[M].北京:教育科学出版社,2007:62.

性化教育、因材施教理论是相通的,不仅可以减轻学生在现有水平之外的不必要的学业负担,还可以将学生的作业完成效率提高到一个新的档次。

二、霍华德·加德纳的"多元智能理论"

"多元智能理论"由美国教育学家霍华德·加德纳于1979年提出,在该理论看来,"智能"的定义是指发明产品或者处理问题的本领,且有关的产品与问题在一定的环境与文化范畴内是有意义的。就它的基础构造而言,"智能"具有多样性,即每个个体都具有七项"智能",分别是"自我认知智能、人际交往智能、身体运动智能、空间智能、音乐智能、数理逻辑智能、语言智能",而1995年加德纳在原有七项"智能"的基础上又添加了"认识自然智能"。[①] 在这八项"智能"中,"数理逻辑智能"的定义是对逻辑关系的理解推理和思维能力,侧重于用逻辑关系去处理实际问题,需要具备理解抽象模式和对数字敏感的能力,同时也要有对问题的理解推理能力。加德纳指出,每个人都至少具有一个领域的发展潜力,学生如果受到了针对性的训练与教育,他们与之相关的智能水平都会得到提高。

"多元智能理论"对初中数学个性化作业设计与评价的启示有两个方面:首先,教师要充分考虑到学生的智力特点,合理地评估学生的差异,针对学生的具体状况进行作业设计,并针对学生的智力特点进行分层式的教学,使学生能扬长避短,激发潜在的智能,个性得以充分发展。其次,教师更应该注重学生个性的发展,有机地将"全面发展"和"个性发展"结合起来,可以设置一些小组合作式作业,增加作业的趣味性、探索性,适应学生的个性和智力发展特点,使每个学生都得到完全的发展。

三、皮亚杰的"建构主义理论"

作为"建构主义认识论"的第一人,皮杰亚经过大量的实验对儿童认知总结得出,反应和刺激对于学习的关系符合 S—R 公式,也就是说,反应和刺激关联作用的双向过程就是学习。他提出,每个人都具有独特的认知机

---

① [美]霍华德·加德纳.多元智能理论[M].沈致隆,译.北京:新华出版社,1999.

能,他首次将学习机制用"平衡"来解释:拥有"顺应"和"同化"两种调节方式的动态过程即为"平衡"。"顺应"的定义为:对某一环境个人通过调节自身结构的方式来适应的过程。"同化"的定义是:学生对经验的了解是由其内在的结构调整来实现的。也就是说,个人接受的外界刺激所提供的信息会被整合到原来的程序中,从而获取新的体验。"顺应"和"同化"具有相同点和不同点,相同点是两者都是在环境的作用下产生的,不同点在于"同化"是个体对环境的理解和认知,它起引导作用,"顺应"是起促进作用,"平衡"则是两者之间的均衡。"建构主义理论"认为学生需要拥有部分经验知识的基础再进入学习场景,同时教师也应该对学生的知识水平有一定的了解,指导学生在此基础上进行整合、反思,达到客体和主体的双重建构。建构主义教学观也凸显了学生有着自己独特的内心精神世界和发展能力,从而使学生所建构的知识具有差异性。

"建构主义理论"对初中数学个性化作业设计与评价的启示有三个方面:首先,教师在作业设计时要注意学生的独特性,根据学生的特点设计不同类型、不同等级的任务。其次,教师在教学中,要作为构建学生知识体系的向导和助手,学生是教学活动的参与者和知识被建构者。教师要通过构建情境、进行对话等多种教学方法,引导学生参与和融入教学活动,构建自己的知识体系。教师布置作业时应考虑学生对数学知识结构的建构,让学生结合他们的已有知识,建立属于自己的数学体系。最后,个人通过参加社会文化活动的方式,熟悉有关工具,内化有关技能和知识的过程即为学习。在这个过程中,教师可以通过设计一个合作互动的作业,让学生在具体的情境和社会实践中获得知识。

第4节 "智慧作业"高质量作业设计在初中数学作业的个性化设计

一、初中数学个性化作业现状的问卷调查设计

为了解当前抚州市某校初中七年级个性化作业的具体实施情况和现状,笔者在开展研究之前通过问卷调查的方式对所在学校的教师和学生分别展开了调查。分析该校教师和学生对"智慧作业"平台的了解、使用情况、对个性化作业的态度和看法以及评价等情况。

(一)调查对象

2021年9月,笔者对抚州市某校七年级的全体学生共448人进行问卷调查。发放问卷448份,收回问卷435份,有效问卷430份。对该校七年级数学课题组所有教师共12人进行问卷调查,发放问卷12份,收回问卷12份,全部有效。

(二)调查方法与过程

本次调查采取问卷调查法,分为学生问卷和教师问卷两类,调查问卷见附表A和附表B。学生调查问卷有20道单选题(如表6-4所示),教师调查问卷有18道单选题(如表6-5所示)。

表6-4 有关初中数学个性化作业现状的调查问卷(学生版)

问卷内容	问卷题号
1.对"智慧作业"的使用情况、态度	第1~6题

续表

问卷内容	问卷题号
2.对待数学作业的总体态度	第7～8题
3.家庭作业量和数学作业量	第9～10题
4.数学作业难度、完成方式	第11～14题
5.数学作业类型、布置方式	第15～16题
6.对数学作业设计的评价	第17～20题

表6-5 有关初中数学个性化作业现状的调查问卷(教师版)

问卷内容	问卷题号
1.对"智慧作业"的使用情况、态度	第1～6题
2.布置数学作业的目的	第7题
3.数学作业量	第8～11题
4.数学作业类型、布置方式	第12～13题
5.设计个性化数学作业的态度	第14～18题

二、初中数学个性化作业现状的问卷调查结果分析

(一)学生问卷结果分析

1.学生对"智慧作业"的使用情况、态度

表6-6 学生对"智慧作业"的使用情况、态度统计表

问题	选项	频数/人	百分比/%
1.你了解"智慧作业"平台吗？	很了解	116	26.977
	一般了解	202	46.977
	听说过	77	17.907
	不了解	35	8.139
2.你所在班级有多少同学使用"智慧作业"平台？	全班都使用	108	25.116
	一半人使用	165	38.372
	少数人使用	64	14.884
	不使用	93	21.628
3.你认为"智慧作业"平台提升你的数学能力如何？	非常大	95	22.093
	较大	113	26.279
	没什么帮助	92	21.395
	说不清	130	30.233

续表

问题	选项	频数/人	百分比/%
4.你在"智慧作业"平台上获得了多少数学学习资源？	非常少	90	20.930
	偏少	132	30.698
	适中	114	26.512
	非常多	94	21.860
5.你最喜欢"智慧作业"平台的哪一个功能？	作业自主归集	100	23.256
	错题本	98	22.791
	分层作业	92	21.395
	微课视频	60	13.953
	都不喜欢	80	18.605
6.家长对你使用"智慧作业"平台完成数学作业的态度如何？	非常支持	140	32.558
	较支持	121	28.140
	不支持	56	13.023
	不清楚	113	26.279

从表6-6统计结果可以看出，该中学七年级学生对"智慧作业"平台的了解程度还是挺高的。其中了解"智慧作业"平台的学生占到了73.954%（包括很了解和一般了解），"智慧作业"平台的使用程度在学生中也较为普遍，有63.488%的班级普及了"智慧作业"平台（包括全班都使用和一半人使用）。在最喜欢的"智慧作业"功能中选择"作业自主归集、错题本、分层作业"的学生比例相近，有21.395%的学生喜欢"分层作业"的功能，说明传统作业"一刀切"没有考虑到学生的个性，而分层作业能够根据学生学情精准布置作业，更受学生喜爱。家长对学生使用"智慧作业"平台完成数学作业的态度统计中，非常支持的有32.558%，较支持的有28.140%，仅有13.023%的家长不支持学生使用"智慧作业"平台完成数学作业。总的来说，家长都很支持孩子使用"智慧作业"平台来完成作业。

但是，当谈到"智慧作业"能否提升其数学能力时，学生的选择是两极分化的。有26.279%和22.093%的学生认为"智慧作业"对自己的数学能力提升较大和非常大，而30.233%和21.395%的学生认为说不清是否有帮助和认为没什么帮助。同样，能够在"智慧作业"平台上获得非常多数学学习资源的学生仅有 21.860%，有 30.698% 的学生认为自己在该平台上获得的数学学习资源偏少，甚至有 20.930% 的学生认为自己在该平台上获得的数学学习资源非常少，由此可见学生对"智慧作业"平台的满意度并不高。造成这种现象很大一部分原因是学生对"智慧作业"平台的运用流于形式，并没有对该平台进行高效、全面、深层次使用，数学教师并没有很好地将"智慧作业"与教育教学相融合。

2. 学生对待数学作业的总体态度

表 6-7　学生对待数学作业的总体态度统计表

问题	选项	频数/人	百分比/%
7.你喜欢数学吗？	很喜欢	96	22.326
	比较喜欢	165	38.372
	没感觉	127	29.535
	讨厌	42	9.767
8.你做数学作业的原因是？	学习需要	202	46.977
	教师要求	132	30.698
	感兴趣	85	19.767
	其他	11	2.558

表 6-7 的数据表明，比较喜欢数学的学生最多，占比 38.372%，很喜欢数学的学生占比 22.326%，其余的学生表示讨厌数学或者对数学没有感觉。至于对做数学作业的原因，46.977% 的学生认为做作业是学习需要，30.698% 的学生认为是教师要求的，有 19.767% 的学生做作业是因为对数学感兴趣，这和前一组数据表明学生对数学的态度恰好是匹配的。

3. 关于家庭作业量和数学作业量

表 6-8　关于家庭作业量和数学作业量的统计表

问题	选项	频数/人	百分比/%
9.你每天需要多长时间完成所有家庭作业？	超过 3 小时	103	23.953
	不超过 3 小时	202	46.977
	不超过 2 小时	105	24.419
	不超过 1 小时	20	4.651

续表

问题	选项	频数/人	百分比/%
10.你每天需要多长时间完成数学作业？	半小时以内	41	9.535
	不超过 1 小时	193	44.884
	不超过 1.5 小时	174	40.465
	超过 1.5 小时	22	5.116

从表 6-8 的统计可知，该校七年级学生的作业压力较大，需要花超过 3 小时来完成作业的学生高达 23.953%，仅有 4.651% 的学生能在 1 小时内完成作业。同时，在用于完成作业的时间中，完成数学作业的时间占比竟然高达 1/3 到 1/2，需要花 1~1.5 小时去完成数学作业的学生高达 85.349%。

4.关于数学作业难度、完成方式

表 6-9　关于数学作业难度、完成方式的统计表

问题	选项	频数/人	百分比/%
11.你觉得数学作业的难度如何？	非常难	116	26.977
	恰好合适	168	39.070
	非常容易	92	21.395
	没感觉	54	12.558
12.你是否能够按时完成数学作业？	每天都能	243	56.511
	基本能	139	32.326
	有时能	38	8.837
	不能	10	2.326
13.你完成数学作业时是怎样的状态？	非常认真	133	30.930
	较认真	187	43.488
	说不清	75	17.442
	基本是应付	35	8.140
14.你做数学作业时遇到不会的题怎么办？	等教师讲	186	43.256
	自己研究	123	28.605
	和同学讨论	71	16.511
	空着不管	50	11.628

表6-9中统计了学生对数学作业难度的认知情况,总体来说该校七年级教师布置的数学作业难易程度是较为适中的,但还是有26.977%的学生认为数学作业非常难。数学作业完成情况也不错,有88.837%的学生基本可以完成作业,且大多数学生可以按时上交作业,在完成作业时的状态也较认真,只有8.140%的学生会应付作业;但在遇到不会做的题时,有54.884%的学生选择等教师讲和空着不管。这与学生的作业量和完成作业时的态度有很大关系。

5.关于数学作业类型、布置方式

表6-10 关于数学作业类型、布置方式的统计表

问题	选项	频数/人	百分比/%
15.你的数学老师是通过哪种方式布置作业的?	以书面作业为主	202	46.977
	偶尔掺杂其他作业	137	31.860
	作业类型多种多样	68	15.814
	其他	23	5.349
16.你的数学老师通常以哪种方式布置作业?	统一布置	257	59.767
	分层布置	112	26.047
	自己选做	37	8.605
	其他	24	5.581

从表6-10中可以看出,该校七年级数学教师布置的数学作业大部分还是以书面作业为主,占比46.977%,偶尔有其他形式,而作业类型多种多样的比例只占15.814%。数学作业基本上是统一布置,分层布置作业的教师很少,让学生选做的就更少了。

6.学生对数学作业设计的评价

表6-11 学生对数学作业设计的评价统计表

问题	选项	频数/人	百分比/%
17.你觉得数学成绩的好坏和作业的多少有关系吗?	没有	186	43.256
	有一定关系	155	36.047
	有关系	58	13.488
	恰好相反	31	7.209

续表

问题	选项	频数/人	百分比/%
18.你对目前数学作业的设计满意吗？	说不清	133	30.930
	不满意	120	27.907
	较满意	123	28.605
	非常满意	54	12.558
19.你喜欢老师怎么评价你的数学作业？	指出错因	111	25.814
	指点方法	103	23.953
	写评语	71	16.512
	各方面都兼顾	145	33.721
20.你期待数学作业的设计有所改进吗？	非常期待	169	39.302
	较期待	153	35.582
	说不清	79	18.372
	不期待	29	6.744

表6-11统计了学生对数学作业设计的评价的情况,发现大多学生认为数学作业的量和数学成绩之间有一定关系,但并不是数学作业越多成绩就越好,相反,有7.209%的学生认为作业量越多,成绩反而越差。当问到喜欢教师怎么评价数学作业时,大部分学生都认为应该各方面都兼顾,不仅要写评语还要指出错因、指点方法。学生们目前对数学作业的设计并不是特别满意,只有28.605%的学生表示较满意,12.558%的学生非常满意,还有30.930%的学生说不清自己到底满不满意。大多学生并没有真正理解数学作业设计的含义,甚至没有体验过什么是数学作业设计。虽然该校七年级的数学还没有完全进入个性化作业设计的阶段,但还是有74.884%的学生表示期待数学作业设计能够改进,更加贴合学生个性。

综上所述,该校七年级大部分学生对数学作业的布置并不满意,且都认为数学作业量偏大,需要花费大部分的课后时间在完成数学作业上,这无形中增加了学业负担。该校学生对"智慧作业"的了解并不多,且使用率较低。需要思考的是,应该如何有效地利用"智慧作业"来达到既能减轻学生负担,又能提高学生学习效率,更好地发展学生个性的目的。

(二)教师问卷结果分析

1.教师对"智慧作业"的使用情况、态度

表 6-12　教师对"智慧作业"的使用情况、态度统计表

问题	选项	频数/人	百分比/%
1.您了解"智慧作业"吗?	很了解	2	16.667
	一般了解	6	50.000
	听说过	4	33.333
2.您所执教班级使用"智慧作业"的情况如何?	少数人使用	7	58.333
	一半人使用	3	25.000
	全班基本都使用	2	16.667
3.使用"智慧作业"后,您觉得用于重复解答问题的时间如何?	增加了	1	8.333
	减少了一些	6	50.000
	差不多	3	25.000
	减少了很多	2	16.667
4.使用"智慧作业"后,你认为学生对错题的理解程度如何?	明显提升	5	41.667
	差不多	6	50.000
	下降了	1	8.333
5.使用"智慧作业"后,您觉得学生的成绩进步情况如何?	进步明显	2	16.667
	进步较明显	5	41.667
	没有明显进步	5	41.667
6.使用"智慧作业"后,您觉得对自身设计作业的水平提升作用如何?	有较大帮助	2	16.667
	有一些帮助	6	50.000
	没有明显帮助	4	33.333

通过表 6-12 统计结果可以看到,该校七年级数学课题组的教师对"智慧作业"都有所了解,但很了解的只有 16.667%。58.333%的班级只有少数学生使用"智慧作业"。在使用"智慧作业"平台后,教师认为用于重复解答学生问题的时间减少了很多的只有 16.667%,而大部分教师都认为只减少了一些或者是和之前差不多,甚至有 8.333%的教师认为用于重复解答学生问题的时间反而增加了。使用"智慧作业"平台后,教师认为学生对错题理解程度有明显提升的占 41.667%。同时,在使用"智慧作业"平台后大部分学生成绩还是有所进步的。使用"智慧作业"平台对教师自身设计作业

的水平有帮助的占66.667%（包括有较大帮助和有一些帮助）。由此可见，"智慧作业"融入平时的数学教学及作业设计是有益且有必要的，只是教师应该深度研究如何用好高质量作业设计平台。

2.教师布置数学作业的目的

表6-13　教师布置数学作业目的的统计表

问题	选项	频数/人	百分比/%
7.您布置数学作业的目的是什么？	教学形式	2	16.667
	巩固知识	5	41.667
	发展学生个性	1	8.333
	都有	4	33.333

由表6-13可以发现该校七年级教研组教师布置数学作业的主要目的是为了学生更好地巩固知识，占比41.667%，同时也有8.333%的教师认为是为了发展学生个性，不过也有16.667%的教师认为布置数学作业只是一种教学形式，是教育教学过程中必不可少的环节。

3.教师布置数学作业量

表6-14　教师布置数学作业量的统计表

问题	选项	频数/人	百分比/%
8.您每天布置的数学作业预计完成时间是多少？	1小时以上	2	16.667
	1小时以内	7	58.333
	0.5小时以内	2	16.667
	视情况而定	1	8.333
9.您认为您的数学作业布置量如何？	比较多	2	16.667
	适中	7	58.333
	较少	3	25.000
10.您每天大概花多少时间在设计数学作业上？	少于10分钟	2	16.667
	10～20分钟	4	33.333
	20分钟以上	5	41.667
	更多	1	8.333

续表

问题	选项	频数/人	百分比/%
11.您每天批改数学作业需要多长时间?	1 小时以内	5	41.667
	1~2 小时	4	33.333
	2~3 小时	2	16.667
	3 小时以上	1	8.333

如表 6-14 所示,75.000%的教师平均每天安排的数学作业量在 1 小时内(包括 0.5 小时以内),有 58.333%的教师认为自己布置的数学作业量适中,他们花在设计数学作业上的时间大多在 20 分钟以上,占 41.667%。有 58.333%的数学教师每天批改作业的时间在 1 小时以上,其中 8.333%的教师需要 3 小时以上,可见教师每天花费在批改数学作业的时间较多,这在一定程度上给教师带来了负担。

4.关于数学作业类型、布置方式

表 6-15　关于数学作业类型、布置方式的统计表

问题	选项	频数/人	百分比/%
12.您平时布置的数学作业类型是什么?	以书面作业为主	7	58.333
	偶尔掺杂其他形式	3	25.000
	形式多样	2	16.667
13.您所布置的数学作业的主要来源是什么?	与教材配套的练习册	7	58.333
	课外辅导资料	2	16.667
	根据学生情况自编的资料	3	25.000

根据表 6-15 统计可知,布置书面形式作业的教师占大多数,达 58.333%,会布置形式多样的作业的教师仅有 16.667%。这一结果和目前的考试制度是分不开的。有 75.000%的教师布置数学作业的来源是与教材配套的练习册和课外辅导资料,只有 25.000%的教师会针对学生的具体情况布置不同的作业。

5.教师设计个性化数学作业的态度

表 6-16　教师设计个性化数学作业的态度统计表

问题	选项	频数/人	百分比/%
14.您是否布置个性化数学作业？	经常布置	3	25.000
	偶尔布置	3	25.000
	较少布置	4	33.333
	几乎不布置	2	16.667
15.您设计数学作业主要从哪几个角度来考虑？	知识本身	5	41.667
	学生对知识的掌握程度	3	25.000
	学生运用知识的能力	4	33.333
16.您是否针对不同层次的学生设计数学分层作业？	偶尔	5	41.667
	有时	5	41.667
	经常	2	16.667
17.您认为设计个性化数学作业有必要吗？	很有要	6	50.000
	有些必要	5	41.667
	无所谓	1	8.333
18.您通常采用哪种方式来评价学生的数学作业？	分数	7	58.333
	评优、良、中、差等	3	25.000
	仅判断对错	2	16.667

从表 6-16 的数据可以看出，几乎不布置个性化数学作业的教师有 16.667%，有时会布置个性化数学作业的教师占 25.000%，较少会布置个性化数学作业的教师占 33.333%。教师设计数学作业时大部分是从知识本身的角度来考虑，也有 33.333% 和 25.000% 的教师是从学生运用知识的能力和对知识的掌握程度来考量。有 41.667% 的教师偶尔会针对不同水平的学生设计数学作业，仅有 16.667% 的教师会经常设计有针对性的数学作业。关于设计个性化数学作业是否有必要，91.667% 的教师都认为是有必要的，只有 8.333% 的教师认为无所谓。虽然教师们普遍认为设计个性化数学作业有必要，但是在评价学生的数学作业时，分别有 58.333% 和 16.667% 的教师只是以分数或判断对错来评价学生的作业。

从以上分析数据中不难发现,教师在为学生安排个性化数学作业时,存在一定难度。教师们反映一些学习成绩不好的学生,交上来的数学作业都是空白的或者是乱写的,但是,由于时间和方式的制约,教师难以改变这种状况。数学教师在布置作业的过程中,并没有顾及每个学生的个性,都是基于知识点来布置作业,但是这样的作业设计却忽视了学生的性格和能力,特别是对于一些不擅长数学的学生来说,更是会让他们失去对数学的兴趣和学好数学的信心。

三、初中数学个性化作业现状的调查结论

(一)数学作业设计现状不合理

教师们虽然认为每天布置的数学作业量并不多且作业难度适中,但是有很大部分学生认为作业量大并且觉得作业很难,学生感觉乏味,甚至产生厌烦的情绪。有些学生要花大量的时间在数学作业上,有时因无法及时完成而出现为应付作业甚至抄袭作业等现象,这在很大程度上给学生增加了负担。

(二)个性化数学作业设计的类型单一

教师布置的作业类型基本是以书面作业为主,以达到巩固学生在课堂上所学知识的目的;布置作业的来源很有限,大部分教师都是使用与教材配套的练习册或是课外辅导资料,只有极个别教师会根据不同个性的学生情况设置不同难度的作业;教师采取"一刀切"的方式布置作业,导致数学能力较好的学生难以突破自己,数学能力处于中游的学生得不到提高,而数学能力差的学生在没有学透知识点的情况下还在不断重复写作业,导致学习效果差,对学好数学失去信心。

(三)教师对学生数学作业的评价机制单调

教师对学生的数学作业评价通常是判断对错,或者通过成绩来评价,而个性化的作业评价机制必须认识到学生不同的个性,需要教师循序渐进地帮助学生发展。由于教师不同的职业特点、工作环境以及社会文化背景,他们很难准确地预测每位学生的知识点水平,再加上现有的考试机制,

教师无法做到完全关注学生的个性差异和不同的学习方式,如此不利于学生良好学习习惯的养成以及全方面发展。

(四)数学作业与信息化技术糅合程度不高

该校教师对"智慧作业"平台使用率不高,没有完全将"智慧作业"平台引入日常教学和作业管理中,不能及时掌握学生的学习情况,以此调整教学方向和内容。教师在作业设计中不能很好地利用"智慧作业"平台,使数学作业形式单一、作业量大、内容重复,学生对数学失去兴趣,产生厌烦心理。

四、利用"智慧作业"平台设计初中数学个性化作业

"智慧作业"高质量作业设计平台立足于江西省教育厅推广的新型作业模式,是依据国家最新课程标准,以不改变现有的师生习惯和教学环境为前提,基于评议教辅作业,提供高质量多元化的作业设计功能,如多元化的作业收集形式,智能化、个性化分层,智能、个性化推荐,精准教研,区域作业管理等。同时融合现有的教学环境,将处在教育各个环节的教师、学生、家长等用户和智能设备,如触控一体机、扫描仪、打印机、智能笔以及移动设备等,通过云端密切连接起来,形成覆盖整个教学全学科、全流程的课前、课中、课后全场景教学场景,构建智慧同步教辅、智慧课堂教学工具、个性化服务于一体,是独具特色的"人工+智能"高质量教育服务体系。

(一)高质量作业设计平台功能介绍及平台优势

1.高质量作业设计平台教师端

高质量作业设计平台教师端是专为教师打造,该平台不仅有网页版,还推出了手机微信小程序帮助教师通过网页或手机随时随地掌握学生作业完成情况(如图6-2和图6-3所示)。"智慧作业"平台教师端具有独具特色的作业设计功能,帮助教师智能布置高质量的分层作业,支持智能笔、高扫、电视机顶盒等形式批阅作业,提供作业讲解稿、作业数据回流课堂工具、微课视频推送等教学功能,为教师布置高质量的分层作业、课堂教学、辅导作业、个性化作业提供了技术保障。

第六章 基于"智慧作业"高质量作业设计平台的初中数学个性化作业实践研究

图 6-2 "智慧作业"教师端网页版

图 6-3 "智慧作业"教师端小程序

高质量作业设计平台能够帮助教师及时掌握学生学习状况,把握教学重难点,因材施教调整教学方法,根据学生个性设计个性化作业。依托"智慧作业"高质量作业设计平台,通过大数据技术,教师可以对学生的错题数据深度挖掘,提高作业设计效果。教师可以对答案进行科学地解析,准确地反映出课堂的教学成效。教师可以随时针对学生的学习状况进行指导和修改并及时调整教学方向及内容。教师还可以利用"智慧作业"平台实现智慧纸笔课堂,提升课堂互动,激发学习兴趣。课堂、课后作业数据全采集全分析,实现了学习过程完整闭环,为"双减"助力。

2."智慧作业"学生端

"智慧作业"平台的学生端功能齐全,具有作业报告分析、错题归纳本、作业自主归集、分层作业、举一反三题库、微课视频等功能。它帮助学生更好地归纳知识点,根据自身能力选择最佳的学习方式。(如图 6-4 所示)

图 6-4　"智慧作业"学生端

教师使用"智慧作业"高质量作业设计平台设计个性化作业,在不改变学生做纸质作业习惯的前提下,不给学生增加负担。学生主动使用"智慧作业"有助于养成良好的自学习惯。系统通过收集学生作业数据,精准生成错题集、推送举一反三试题,让学生实现针对性训练,远离题海苦练。

学生每日完成作业后可以及时在学生端完成作业自主归集并且查看错题,通过错题微课消化当天所学知识,这在很大程度上帮助教师解决重复讲题的问题,减轻了教师教学负担;另一方面学生在家即可实现疑难问题反复观看直至弄懂,可以提升学习效果。

3."智慧作业"家长端

"智慧作业"平台家长端的功能有推送名师微课、举一反三题库、查看错题本、查看学生学习报告、了解学生学习轨迹等。这些功能在电视及微信小程序上都能轻松获得。"智慧作业"平台收录了江西省中小学配发的练习册习题，每一道题在家长端上都能找到。家长根据孩子完成作业的情况，可以自由控制视频学习机推送名师微课、举一反三试题等资源的时间。相比其他信息化设备终端，家长并没有什么开销，"智慧作业"视频学习机是通过现有的四大电视运营商，将家中的机顶盒升级为学习机。家长可以很好地控制学习机，当孩子需要使用学习机查看免费的微课资源和错题集时，家长只需登录"智慧作业"账号进入主页即可。当家长需要观看正常电视节目的时候，也只需输入密码或通过微信扫码即可收看电视，消除家长对孩子沉迷电视的后顾之忧。家长在任何地方、任何时间都能够轻松查阅孩子每一天的作业情况，可以打印出任意时间段的错题集，方便孩子复习、巩固薄弱知识点。

（二）基于"智慧作业"生态圈内的高质量作业设计平台的初中数学个性化作业设计原则

在互联网技术高速发展的时代背景下，人工智能、大数据等高新技术在教育领域大放光彩，数学作业设计作为课堂内容中的一个核心环节应更有效地与信息化手段紧密结合，这也是转变学生传统学习方式的关键核心。针对上述调查问卷所反映出的问题，教师要充分研究如何利用信息技术对数学内容教育起到积极作用，设计个性化数学作业应着眼于不同难度。针对性满足不同水平的学生需求，利用信息技术给学生提供合适的教育资源，让信息技术成为学生学习数学的重要帮手，达到学与教形式的现代化改革，让学生积极地学习，积极参与到富有创造性的数学学科的实践中。根据我国《义务教育数学课程标准（2022年版）》的总体目标，结合我国基础教育阶段的特点，笔者在梳理和总结其他研究者关于个性化作业设计原则的相关文献后，充分考虑"智慧作业"平台的实际应用情况，并根据"智慧作业"的特点，提出基于"智慧作业"高质量作业设计平台的个性化作业的设计原则：

1.自主性原则

现如今初中班级已相对小班化，每个班的平均人数都在50人左右，但学生之间的差异仍较大，随着学习的难度增加，差异表现更加突显。学生是学习的主体,更是学习的主人。在教学过程中,教师要以学生为主体,使学生的主体性和独立性得到有效体现。因此,教师在设计作业时应改变传统作业模式,尊重学生意愿,针对学生自身情况,选择最适合学生的个性化作业。认为学生已掌握的作业可以让其少做,甚至不做;觉得学生难以学会、不易掌握的作业可以让其多做一些,同一种类的题目可以从中选做,从而给不同个性特点的学生提供必要的发展空间,增强学生的自信心,使其个性得到发展。教师在"智慧作业"平台上可以依照班级里学生的水平将其分成几个小组,提前设计好不同层次的练习题定时发送至各个小组供学生选择,例如:题目A难度系数最小,适合全体学生掌握重点知识以及学困生们进行巩固练习;题目B难度系数适中,适合思维能力和知识水平一般的学生;题目C难度系数最大,适合思维能力和理解能力较强的学生。这样通过分层次的个性化推送能够避免统一作业内容带来的枯燥乏味、一成不变,让不同层次的学生各尽所能地完成作业,享受成功的乐趣,提升学习的积极性。

2. 多样性原则

长期以来,在学生和家长的印象中要想学好数学一定要多做题,而现有的数学考试选拔模式是以分数作为选拔条件,是一种比较单一的选拔模式。学生为了得到好的分数必须进行熟练性训练,依靠做题来堆积知识点,依靠不断重复训练和记忆来提高分数,但其实这对大部分学生来说并没有意义。纵观目前市场上的数学练习册,有很多题目都是重复的,且题型单一。对学生而言,不断的重复性训练只能让他们逐渐失去学习数学的乐趣。因此,教师在设计作业时,应当遵循多样性原则,设计多种多样类型的题目,例如针对知识点的基本型作业、实践操作型作业、线上交流型作业、资源丰富型作业等;或者是通过自选作业、自编作业、互编作业等多样性作业扩大学生知识面,使他们更深入地学习,增强其学习的积极性和数学学习素养。

3.减负性原则

长期以来,过度的学习压力已对初中生的身心带来很大负担,随着学校教学任务的日益增多,教师的工作量也持续增加。该怎样合理、有效地布置作业,既能提升义务教育质量同时又能减轻教师与学生的负担是现如今教育界乃至于全社会关注的焦点问题。教与学是双向的,减负要从教师和学生两个着力点同时出发。"智慧作业"平台能遵循减负性原则,科学分析学生作答信息,精准反映教学效果。教师根据自动归集作业情况,及时调整教学方向和内容。系统智能推送错题微课功能帮助学生课后查看错题微课,打破教师课堂反复讲解错题的困境,减轻教师的负担。系统自动生成的专属错题本,不仅有错题作答记录,还有相应的举一反三试题,让学生针对性地进行练习,通过提高效率的方式达到缩短作业时间、减轻作业负担,同时又能提升成绩的目的。

4.趣味性原则

兴趣是最好的老师,大多数的学生都会选择题型新颖、内容生动的数学作业,但是现在很多数学作业的内容单一且重复,这样枯燥、乏味的作业在一定程度上会降低学生的学习热情。只有让学生感受到数学的生动性和魅力,才能提高他们的学习热情。

教师在利用"智慧作业"设计个性化数学作业时应遵循趣味性原则,设计一些能够引发学生好奇心的题型,例如在系统中将生硬的几何图形以动画的形式播放,展现出立体的空间图像,吸引学生兴趣的同时加深对知识点的印象;还可以设计具有挑战性的作业或闯关类的作业,将学生分组进行比拼,激发学生求知欲望和探索精神,培养他们的创新思维,让学生能够在提高作业效率的同时,把学习环境变得愉快,发挥自身特长。

(三)利用高质量作业设计平台设计个性化作业的基本流程

教师利用高质量作业设计平台从课前预习、课中教学整合与课后复习巩固三个环节进行个性化作业设计,基本流程如图6-5所示。

图 6-5　个性化作业设计流程图

1.利用高质量作业设计平台让学生进行课前预习

课前预习阶段，教师可以通过"智慧作业"进行教学导入，让学生对知识点形成初步概念，如图 6-6 所示。

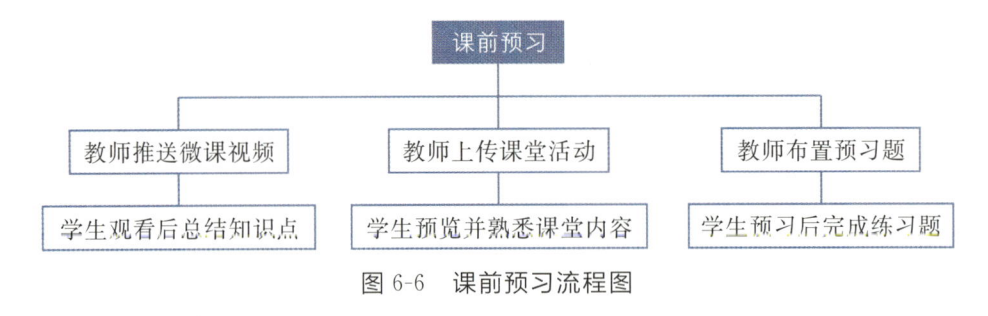

图 6-6　课前预习流程图

首先，教师在平台上为学生布置相应的预习作业，形式可以多样，如通过推送相应知识点的微课，基于初中低年级学生注意力不够集中、容易分心这一特点，教师将推送的微课视频设置成多个知识点片段，确保学生在每一个知识点学习期间都能完全掌握。教师让学生观看之后，在平台上以最精练的语言写下他们总结出的主要知识点。

其次，教师在课前将课堂教学工作与高质量作业设计平台进行对接，将课堂教学中所有活动全部上传到高质量作业设计平台上，让学生预览一遍，提出一些相关知识点的小问题并且提醒学生认真思考。

最后，教师可以在高质量作业设计平台上设置一份预习练习题，在学生预习完所有知识点后进行一个小测验。教师可以通过测验的结果了解学生预习后对知识点的掌握情况。课前预习帮助学生提前了解学习流程，减轻在课堂上的负担，也帮助教师在课堂中根据学生的测验结果针对性地进行个性化教学。

第六章 基于"智慧作业"高质量作业设计平台的初中数学个性化作业实践研究

2. 将"智慧作业"融进教学过程,提高学生学习效率

"智慧作业"平台能够帮助教师完成课中教学整合,如图 6-7 所示。

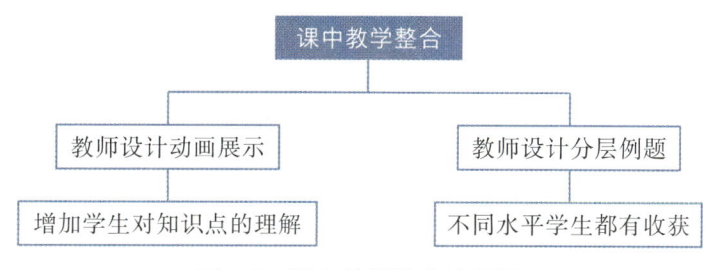

图 6-7 课中教学整合流程图

首先,教师根据学生的课前预习情况及时调整课堂教学,利用"智慧作业"的信息化功能,直观地向学生呈现知识点。学生通过自主实践和操作,深刻体会数学知识的魅力,扩展学生创新思维,培养学生实践能力。

其次,教师借助"智慧作业"设计动画展示,将抽象的数字图形转化为动态图形,增加学生对知识点的有效认知并加深印象。

最后,教师在教学过程中可根据知识点的难易程度设置不同层次的例题,让不同水平的学生都有所收获。通过高质量作业设计平台的信息化手段,吸引学生注意力和好奇心,让学生深刻体会数学知识的魅力,充满期待地学习数学,在很大程度上减轻了学生害怕数学的心理。

3. 利用高质量作业设计平台布置分层作业,实现个性化发展

高质量作业设计平台教师端可以实现线上收发作业、智能批改、收集学生错题等功能,教师可以利用这些功能设计个性化作业,做到课后及时复习巩固,如图 6-8 所示。

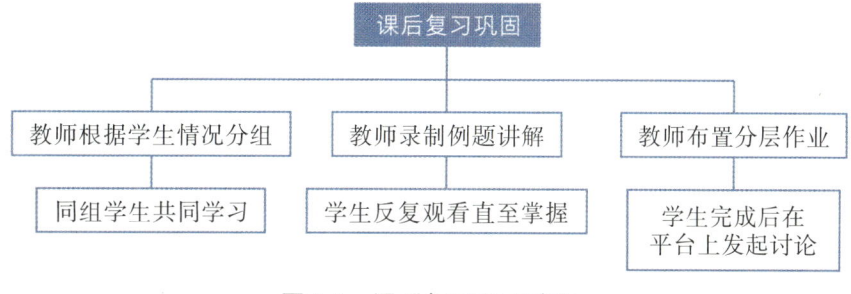

图 6-8 课后复习巩固流程

首先,教师通过高质量作业设计平台收集学生在每一个知识点的做题情况、错题量以及知识熟悉程度,根据这些信息将学生分成小组,每个小组的学生做相对应的作业。

其次,教师利用高质量作业设计平台录制例题讲解,学生利用"智慧作业"中的讲解回放功能,多次观看解题过程,在课余时间熟悉解题方法、复习知识点。

最后,教师在讲解例题后发布相关知识点的作业,让学生举一反三,巧妙运用知识点来解题。学生遇到不懂的题目时,教师可以在高质量作业设计平台上发起讨论,让学生发散思维讨论出各种解法,教师在线上为学生们答疑解惑。这样的讨论方式,能让学生感觉练习作业是非常有趣的,也不再将答案拘束于枯燥的参考答案内。在讨论的过程中,教师可以监督学生掌握知识的程度,及时纠正思路走偏的学生,提升学生解题水平。这样既可以加强师生的沟通,又可以实时地得到学生的回馈,使学生及时巩固所学知识点。

五、基于高质量作业设计平台实施初中数学个性化作业的实践研究

本节利用实验假设、实验方案设计、实验案例、实验结果和效果分析四阶段的实验方法,对利用高质量作业设计平台布置初中数学个性化作业的实验研究进行详细阐述。

(一)实验假设

研究实验假设为:利用高质量作业设计平台实施初中数学个性化作业是否有效?研究实验假设的对象为七年级数学课堂作业中的课后题。具体的研究假设共分为三点,分别为:

(1)基于高质量作业设计平台实施初中数学个性化作业能否促进学生个性化学习,提高学习效率,提升作业质量,减少作业负担?

(2)基于高质量作业设计平台实施初中数学个性化作业可否激发学生

的学习主动性和自觉性？学生能否能够独立自主完成作业、养成自我学习的好习惯？

(3)基于高质量作业设计平台实施初中数学个性化作业可否培养学生解决问题的能力,培养学生学习数学的自信心和兴趣,从整体上提升学生的学习效能感和自我满足感？

(二)实验方案设计

1.实验时间

本实验从2021年9月开始,包括前期准备、问卷调查、实验实施、实验结果分析等,持续到2022年1月,为期5个月。

2.实验对象

本实验研究对象分别是抚州市某学校七年级(1)班和七年级(2)班的学生,这两个班级整体成绩相似,班级氛围相似,人数相等且男女生平衡,"智慧作业"使用率不高,两班均为同一位数学教师带班,学习进度相似,适合作为实验对象。基于以上情况,将七年级(1)班作为实验班,利用"智慧作业"平台实施数学个性化作业,将七年级(2)班作为对照班,不使用"智慧作业"平台且不实施个性化作业,依然保持普通教学。

(三)实验过程

1.前期调研阶段

2021年9月初笔者对七年级(1)班全体学生进行了调查,了解到该班学生对"智慧作业"平台虽然都有所了解,但并没有真正在学习中完全应用。笔者首先与该班数学教师徐老师沟通交流取得共识后,在课堂上就"智慧作业"的各种功能进行了阐述,并提出要运用"智慧作业"高质量作业设计平台在班级里实施个性化作业设计,引起了该班学生极大的关注。同时在硬件设施方面,笔者也了解到该班学生家中的电视都配有机顶盒,可以使用"智慧作业"。基于以上情况,笔者与该班数学教师交流后,以该数学教师的信息注册了初中2021年七年级(1)班"智慧作业"班级,并且收集全班同学的基本信息录入班级库。通过笔者与徐老师共同努力,与家长积极沟通后,在一周内实现了学生"智慧作业"100%使用率。

2.搭建"智慧作业"班级

初中数学个性化作业的设计类型丰富、评价方式多元,通过"智慧作业"平台搭建信息化班级,能够给学生提供更多资源和活动。"智慧作业"平台教师端的界面中有作业自主归集、我的班级、讲解稿、微课视频、统计分析五大功能板块。同样在"智慧作业"小程序教师端的界面中也有微课、班级、记录、智能笔等功能。(见图6-9)

图6-9 "智慧作业"小程序教师端功能

"智慧作业"小程序教师端的班级功能中包含了班级学生当日做题量、错题量、作业人数的统计。教师只需进入小程序就能快速直观地看到当日作业状况。"智慧作业"小程序教师端的记录功能中包含了作业板块的功能和讲解稿板块。作业自主归集板块是此次实验研究运用最多的一项,教师可以利用它发布作业任务,学生登录后进入该条作业任务进行拍照上传,采集截止时间结束后,系统会有该次作业的具体数据分析,教师只需点击该条记录即可直观地看到每位学生的作业情况,这在很大程度上节省了教师批改作业的时间。讲解稿板块主要是根据当日作业数据自动生成一份讲解稿,教师可以通过讲解稿分析出学生的学习状态和问题所在。

"智慧作业"小程序教师端的微课功能在本次实验研究中主要用于学生课前预习,在微课功能中包含了小学、初中各学科的微课视频,教师只需要在微课功能中找到与将要教授的知识点相关的微课视频,设置上传时间即可。

3.实验实施阶段

在实验方案完成后,笔者与徐老师分工合作进行实验教学,笔者主要负责针对每一节课的知识点进行个性化作业设计,徐老师负责在高质量作业设计平台教师端发布作业。每周对学生作业进行一次总结,分别从作业完成情况、微课观看情况、错题数量等方面进行分析。

4.实验总结阶段

笔者在实验实施后对实验进行反思总结:先横向对比实验班与对照班的作业量和作业时间情况,接着纵向对比实验班学生对"智慧作业"平台的态度、在高质量作业设计平台上的学习情况、该班学生在实验前后对作业态度的变化及对作业质量的反馈、实验班和对照班的作业正确率以及实验前后两班数学成绩等,对实验的效果进行评价,讨论实验中存在的问题和解决的方法。

(四)实验案例

本文基于七年级数学课后作业展开为期一学期的作业实验,笔者在整个实验期间和徐老师密切沟通交流,设计并实施了课前预习小作业、课后个性化作业。以下的作业案例就将从以下两个方面进行具体介绍。

1.课前预习小作业

案例:《探索与表达规律》

本课介绍:《探索与表达规律》是北师大版数学七年级上册第三章"整式及其加减"中的第五小节。在学习该章节前,学生们已经学习了整式的加减,能够应用于该章节。本章内容在七年级上册数学知识中较为抽象,学生要有一定的做题经验并掌握基本的探索方法。本章节的教学重点是探究实际问题中蕴含的关系和规律,教学难点是用字母和运算符号表示一般规律。笔者基于本课的重难点要求,设计个性化课前预习小作业。(如表6-17所示)让学生对知识点先有初步的了解,锻炼学生自主学习能力,在课前充分准备,在课中更能快速理解,突破疑难点。

表 6-17 《探索与表达规律》课前预习小作业

作业内容	1.通过"智慧作业"教师端推送北师大版数学七年级上册第三章第五小节《课内外直通车》的微课视频"规律性：数字的变化类"。学生需在"智慧作业"视频学习机上观看微课，完成例题。 2.学生在预习微课后，进入自主归集板块，查看并完成教师布置的相关练习题。 （1）下表中的数字是按一定规律填写的，表中 a 的值应该是_____。 | 1 | 2 | 3 | 5 | 8 | 13 | a | … | |---|---|---|---|---|---|---|---| | 2 | 3 | 5 | 8 | 13 | 21 | 34 | … | （2）如图，填在各正方形中的四个数之间有相同的规律，根据这种规律，m 的值为_____。 （3）下图中，用黑色、白色两种颜色的菱形纸片，按黑色纸片逐个增加1的规律拼成系列图案，则第8个图案中有_____张白色菱形纸片。
设计意图	数字的变化规律在七年级数学中属于较难理解的问题，设计课前预习作业，通过微课边看边学的导入方式，让学生提前知道要学什么，让学生自己解决问题、找到规律，在接下来的学习中对探索数字规律有一个初步的认识，提高学生学习兴趣，把学生置身于一种探究的欲望之中，体验到数学就在我们的生活中这一感受。

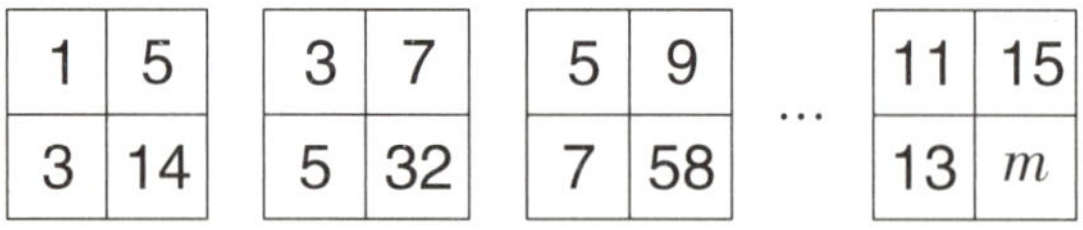

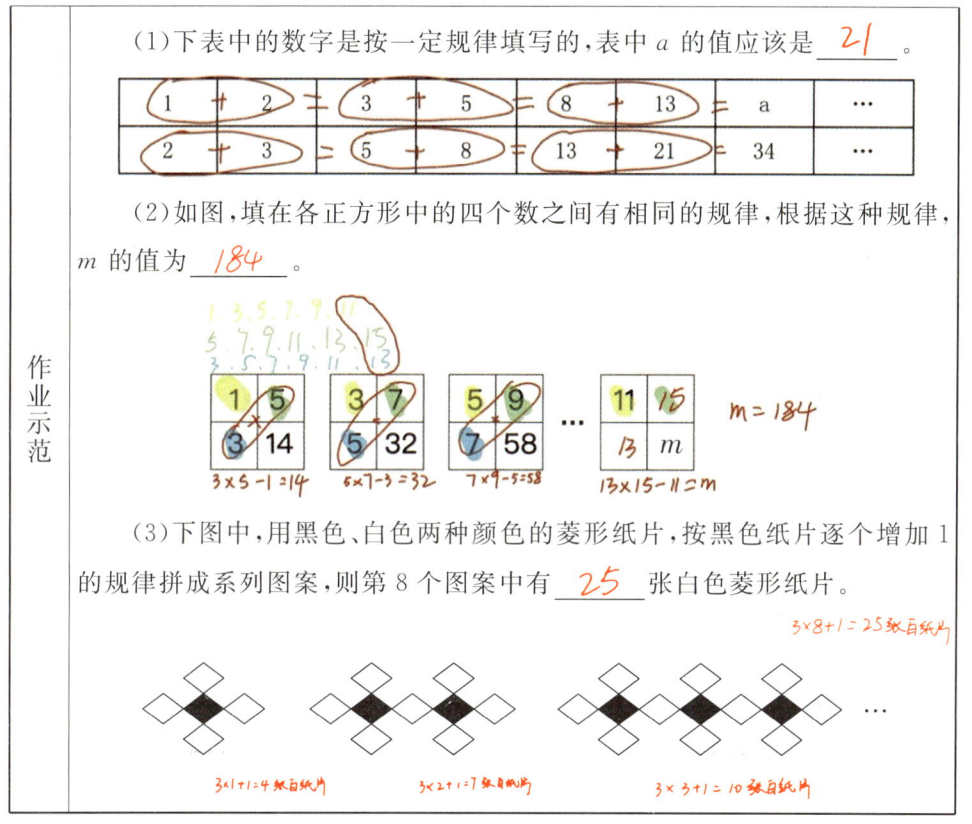

续表

<table>
<tr><td rowspan="2">作业示范</td><td>

(1)下表中的数字是按一定规律填写的,表中 a 的值应该是 __21__。

1	2	3	5	8	13	a	…
2	3	5	8	13	21	34	…

(2)如图,填在各正方形中的四个数之间有相同的规律,根据这种规律,m 的值为 __184__。

1,3,5,7,9
5,7,9,11,13,15
3,5,7,9,11,13

1	5		3	7		5	9		11	15
3	14		5	32		7	58		13	m

3×5−1=14   5×7−3=32   7×9−5=58   13×15−11=m

m=184

(3)下图中,用黑色、白色两种颜色的菱形纸片,按黑色纸片逐个增加 1 的规律拼成系列图案,则第 8 个图案中有 __25__ 张白色菱形纸片。

3×8+1=25张白纸片

3×1+1=4张白纸片   3×2+1=7张白纸片   3×3+1=10张白纸片

</td></tr>
</table>

课前预习小作业实施过程:教师在上《探索与表达规律》课前,布置预习任务:在"智慧作业"视频学习机上观看推送的微课,理解该章节主要知识点;完成教师推送的三道题。教师在微信小程序打开"智慧作业"教师端,将任务发布给学生。学生完成并核对答案后上传至平台。

课前预习小作业要求:学生在观看微课时,如果一遍没有看明白可以重复观看;听微课名师讲解例题时能够跟着教师步骤一步步做,并学会做笔记,随时记录困惑点;不强制要求所有学生必须完成教师推送的三道题,根据其自身能力完成。

课前预习小作业反思:这一次的个性化作业是课前预习作业,主要是针对数学能力较差的学生。预习能让这些学困生对将要学习的知识点有初步的了解,提前消化一些重难点,自学能力得到锻炼,在上课时也会因为有所了解和准备而更加自信,提高专注度,不再害怕学数学。同时为教师在设计课后个性化作业打下基础,教师通过"智慧作业"教师端了解学生预习情况,及时调整课堂教学的侧重点,在课后布置作业时,可以结合学生预习情况和课堂反馈情况,有针对性地布置作业。(见图 6-10 和图 6-11)教师利用"智慧作业"平台设计课前预习作业,提升学习效果,为学生在课前打下基础,课后减轻负担。

图 6-10　教师查看学生作业的截图

图 6-11　学生的作业错题截图

2.课后个性化作业

案例:《应用一元一次方程》

本课介绍:《应用一元一次方程》是北师大版数学七年级上册第五章《一元一次方程》中的第三小节。在前两节课中学生们已经了解方程、方程的解、解方程等概念,学会检验一个数是不是某个一元方程的解。在这节课中教师教授了一元一次方程应用题,而应用题在一元一次方程中属于难点内容,需要学生积累丰富的解方程的经验及具备较高的解题能力,才能正确地处理应用题。笔者基于该章节的教学重难点,设计了分层作业式的个性化作业(如表 6-18 所示),将应用题的难度进行区分,以保证不同学情的学生都能精准掌握该章节知识点。

表 6-18 《应用一元一次方程》课后个性化作业

作业内容		
	【基础版作业】 　　1.有两根长度相同的铁丝,一根围成长 16 cm、宽 10 cm 的长方形,另一根围成一个正方形,则这个正方形的边长是_____ cm。 　　2.商店将一批单价为 150 元的服装统一打八折出售,商店每件商品仍然可以获利 20 元。假设每件衣服的成本为 x 元,根据题目可得出有关 x 的方程式为_____。 　　3.某商场计划购进甲、乙两种型号节能灯泡共 1 400 只,甲型号灯泡每支 25 元,乙型号灯泡每支 45 元。当甲、乙两种型号灯泡分别购进_____只和_____只时,购买这两种型号的灯泡的货款恰好相等。	【基础版作业】答案 　　1.13 cm 　　2.150×80%－x=20 　　3.900;500
	【进阶版作业】 　　1.A 车间有工人 230 人,B 车间有工人 130 人。如果要使 B 车间的工人人数是 A 车间的 1/3,应从 B 车间调多少名工人去 A 车间? 　　2.铸造一种圆锥形工件,底面直径为 60 mm,高为 150 mm,需要直径为多少毫米的圆柱形钢来炼造(圆柱形钢高为 200 mm)?(提示:圆锥的体积公式为 $V=1/3πr^2$) 　　3.某人先在甲地以 15 元的价格购进某商品 10 件,后来又在乙地按照 12.5 元的单价进购商品 40 件,倘若要想获得 20% 的利润,那么每件售价应为多少元?	【进阶版作业】答案 　　1.答:应从 B 车间调 40 名工人去 A 车间。 　　2.答:需要直径为 30 mm 的圆柱形钢来炼造。 　　3.答:每件售价应为 15.6 元。
	【强化版作业】 　　1.阿红的农场打算靠墙(墙长 14 m)挖出一个长方形池塘用来养鱼,其中一边长为墙部,另外三边总长达 35 m,阿红的姐姐准备让池塘的长比宽长 2 m,阿红的哥哥打算让长比宽长 5 m,他们俩谁的设计可行?按照这种设计,池塘的占地面积是多少平方米? 　　2.小明在商场逛街,发现该商场以每件 80 元的价格购进了某品牌大衣 500 件,并以每件 120 的价格出售了 400 件,现在商场因换季准备将剩下的大衣全部降价,请计算出每件大衣需要降价多少元才能保证每件大衣获利 45%?	【强化版作业】答案 　　1.答:姐姐的设计更合理;池塘的占地面积是 143 m²。 　　2.答:每件大衣需要降价 20 元才能保证每件大衣获利 45%。

续表

作业内容	3.某中学学生步行到郊外旅行,一班学生组队以每小时 4 km 的速度前行,二班学生组队以每小时 6 km 的速度前行。一班早一小时出发,而且两队均派遣一名联络员做联络工作,其中联络员的骑行速度为每小时 10 km。 (1)需要多长时间两队才能够在一起出发? (2)在二班队伍追上一班队伍的时间内,联络员的总行程是多少?	答:(1)需要 2 小时两队才能够在一起出发。 (2)在二班队伍追上一班队伍的时间内,联络员的总行程是 24 km。
	【提高版作业】 1.某学校组织学生春游,有学生发现租 40 个座位的大巴,同学们正好可以坐满;但是租 50 个座位的大巴则可以比 40 座少一辆,并且还剩下了 40 个座位。 (1)该学校共有多少名学生去春游? (2)若同时租用这两种大巴,请问两种大巴需要各租多少辆才能使每辆大巴刚好坐满?	【提高版作业】答案 答:(1)该学校共有 360 名学生去春游。 (2)需要租 40 座和 50 座的大巴各 4 辆。
设计意图	【基础版作业】主要针对的是基础知识不扎实、数学能力较弱的学生。学生能熟悉解一元一次方程的一般步骤,掌握解法,在该类一元一次方程作业中掌握根据已知条件构建方程的能力,其中把握等量关系是关键。 【进阶版作业】主要是针对数学能力中等、有一定数学基础知识和解决实际问题技巧的学生。在该类一元一次方程作业中,学生能熟练运用等式,找到实际问题之中的已知数和未知数,分析它们之间的关系。 【强化版作业】主要是针对数学能力较强、数学基础知识扎实的学生,在巩固知识的基础上提高难度和技巧。在该类作业中,学生能感受到一元一次方程表达的含义与关系,学会利用一元一次方程提升解决问题、分析问题的基本数学素养。 【提高版作业】主要是针对思维活跃、对数学有一定热爱并且愿意钻研的学生,这类题开放性或综合性较强,目的是发散学生思维,鼓励学生冲击难题。	

课后个性化作业实施过程:教师根据学生能力将全班同学划分为 A、B、C 三组来布置分层作业,其中包括【基础版作业】【进阶版作业】【强化版作业】,分别对应 A、B、C 三组学生;另外再布置一份【提高版作业】。教师在班级中讲解完规则后在微信小程序打开"智慧作业"教师端,将任务发布

给学生。学生完成并核对答案后上传至平台。

课后个性化作业要求：学生根据教师安排的分组名单完成作业。A组的学生完成【基础版作业】，再根据自身水平自主选择是否挑战【进阶版作业】；B组的学生完成【进阶版作业】，再根据自身水平自主选择是否挑战【强化版作业】；C组的学生完成【强化版作业】后根据自身水平自主选择是否愿意挑战【提高版作业】。学生也可以在完成本层次作业后自由选做其他层次作业。要注意的是，并不是每一次布置分层作业，教师划分的A、B、C组学生都是固定的，教师必须根据当天学生预习情况和课堂反馈情况进行分组。

课后个性化作业反思：这一次的课后个性化作业针对班级中不同数学能力的学生采取了分层次设计。在课前学生们已经预习过作业，课后教师使用"智慧作业"整理学生学情与课堂效果后，借助于"智慧作业"同步学习的形式，给不同学生推送不同的作业内容，以不同难度的作业内容促进学生的学习转变，用肯定的语言进行作业评价，以提升他们的学习获得感。自我约束能力较好的学生完成相应的作业并进行自主归集学习后，教师根据"智慧作业"的自动批改形成的数据，能更好地了解他们的学习情况，并对他们及时进行肯定和鼓励，再针对不同学生出现的学习困惑进行针对性的指导。

而对于学习有困难或是自我约束能力较差的学生，教师则需要适时进行学习干预，对学困生实施个别辅导，让学生克服畏难情绪，消除他们的自卑心理及失落感。最后教师可以通过"智慧作业"教师端，远程对"智慧作业"学生端的学习行为进行监测，这样可以让教师在应用"智慧作业"学习平台时，掌握学生的真实学习效率，根据学生的平均学习进程及时调整教学进度，进行教学改进，找到教与学的最佳融合点。教师与学生同步学习，让学生在学习过程中紧跟教师的节奏，更加扎实地掌握知识点，最大程度地激发学生学习兴趣，促进学生的学习快速进步。利用"智慧作业"平台设计分层作业，教师能够合理把控作业的量，提升作业的质，做到作业个性化，减轻学生学业负担。

（五）实验结果分析

笔者在七年级（1）班数学教师徐老师的帮助配合下，实施了一学期的基于高质量作业设计平台的数学个性化作业实验。笔者为了检验实验的效果,首先,分析了实验班与对照班的作业量和作业时间状况;其次,分析了该班学生在实验前后对高质量作业设计平台的态度、对数学作业的兴趣与态度;再次,分析了两班学生在作业正确率上的情况;最后,分析了两班学生入学成绩与期末成绩数据。

1. 实验班与对照班的作业量和作业时间对比分析

在实验结束后,笔者将实验班与对照班从一学期作业量、作业时间两方面再次进行调查,得出以下结果,见表6-19。

表6-19　学期末实验班与对照班的作业量和作业时间统计表

调查内容	选项	实验班数据/人	对照班数据/人
1.你认为相较于之前,这一学期的数学作业量如何?	A.增加了很多	1	7
	B.增加了一些	1	10
	C.差不多	12	25
	D.减少了一些	31	3
2.你完成当天的数学作业需要多长时间?	A.0.5小时以内	24	11
	B.1小时以内	16	9
	C.1.5小时以内	2	21
	D.1.5小时以上	3	4
3.你认为这一学期数学能力是否有提升?	A.有很大提升	21	6
	B.有一些提升	17	10
	C.没有提升	6	21
	D.下降了	1	8
合计		45	45

从上表可以看出,实验班的学生在经过一学期的个性化作业训练后,无论是从作业量还是从作业完成时间来看都在很大程度上有所减少,并且有八成以上的学生都认为他们数学能力有所提升。反观对照班,经过一学期的普通作业训练后有近四成的学生认为自己的作业量增加了,一半的学生花费在做数学作业上的时间依旧超过1小时,并且大部分学生认为自己的数学能力并没有得到提升。

笔者通过后期与对照班的学生交流,发现他们作业量增加的原因是,七年级数学难度越来越大,很多学生逐渐跟不上,于是家长与教师都有意通过加大题目训练量来提升其成绩,导致学生花在作业上的时间不减反增。但重复、无意义的做题也导致很多学生开始讨厌数学,认为数学过于枯燥、烦琐又难以理解,压力很大;甚至有个别数学成绩特别不好的学生萌生了想要放弃做数学作业的念头。

由此可见,对照班的教师布置作业时"一刀切",没有考虑到学生的个性进行针对性训练。这样的作业设计既没有减少学生作业量,更没有缩短学生作业时间,导致学生负担大,与减负增效理念背道而驰。

2.实验班在实验前后对数学作业个性化设计的态度分析

笔者整理出在前期调查阶段该班关于初中数学个性化作业现状的问卷数据,从中挑出几道关于学生对数学个性化作业态度的问题,在实验结束后再次进行了一次问卷调查并进行分析,结果如表6-20。

表6-20 实验前后七年级(1)班学生对数学个性化作业态度数据统计表

调查内容	选项	实验前数据/%	实验后数据/%
1.你对目前的数学作业感兴趣吗？	A.非常感兴趣	15.56	55.56
	B.比较感兴趣	40.00	26.67
	C.没感觉	33.33	15.56
	D.不感兴趣	11.11	2.22
2.你认为"智慧作业"平台对提升你的数学能力有多大帮助？	A.非常大	4.44	46.67
	B.较大	8.89	37.78
	C.说不清	42.22	8.89
	D.没什么帮助	44.44	6.66
3.你觉得你完成数学作业时是怎样的状态？	A.非常认真	17.78	44.44
	B.较认真	37.78	51.11
	C.说不清	33.33	4.45
	D.基本是应付	11.11	0.00
4.你对目前数学作业的设计满意吗？	A.非常满意	15.56	46.67
	B.较满意	13.33	40.00
	C.说不清	44.44	11.11
	D.不满意	26.67	2.22

从表6-20中可以很直观地发现,基于"智慧作业"平台设计数学个性化

作业效果是很明显的,问卷中第1、2题的数据对比说明经过一学期实验教学后该班很大一部分学生对数学产生了兴趣,并且绝大部分学生都认为"智慧作业"平台对提升数学能力有较大帮助。第3题的数据反映出大部分学生完成作业的状态都很认真。第4题的数据更是直接证明了在该班实施个性化作业是比较成功的,学生们都很满意目前的作业形式。

笔者进一步了解到,实验班的大部分学生认为,利用"智慧作业"平台完成作业的形式很特别、新奇,在每次教师布置完作业后他们都非常积极地完成作业,并且每次都非常期待在平台上进行自主归集。学生们认为,作业量比以往少了很多,但每一道题都非常有针对性。有些学生之前做作业需要做9道题,花费1小时,正确率只有60%,但是现在每天只需要做4道题甚至更少(原因是他们在课前预习时很好地掌握了知识点,完成了课前作业),花费的时间是之前的一半,并且可以保证正确率在80%以上。学生们还表示,"智慧作业"中的微课讲解与错题集能够更好地帮助他们查漏补缺,并且家长们也不再一味地要求学生做更多的作业。

结合表6-20的对比情况,笔者认为基于"智慧作业"平台设计个性化数学作业在很大程度上减轻了学生的作业负担,使学生更有针对性地进行学习,提高学习效率,促进个性发展。

3.两班数学作业正确率情况分析

基于以上问卷情况,笔者在实验结束后统计了两班的数学作业正确率情况。实验班的数据是在"智慧作业"教师端通过后台系统直接收集的,而对照班因为没有使用"智慧作业",所以对照班的数据是笔者与徐老师人工收集的,数据结果没有后台统计得全面。(见图6-12和表6-21)

图6-12 实验班数学作业正确率情况

表 6-21　对照班数学作业正确率情况

总题量	错题量/道	正确题量/道	平均正确率/%
35 110	7 935	27 175	77.4

从以上数据能够很明显地看出,实验班整个学期的数学作业量相较于对照班明显变少,错题量也比对照班少了近 7 000 题。实验班的数学作业平均正确率在 94.6%,而对照班的平均正确率在 77.4%。通过对比分析两班数学作业正确率的情况以及以上问卷数据可以得出,基于"智慧作业"平台实施数学个性化作业,在一定程度上能够减少学生作业量,同时能够降低学生的错题量,提升作业正确率。相较于对照班,实验班的学生不仅减少了作业负担,还切实提高了学习效率与数学能力,在下文分析两班的成绩对比中也很好地体现了这一点。

作业的收集方式也很好地体现了利用信息化手段能够帮助教师更快捷、高效地收集与了解学生作业情况,很大程度上节约了教师课后时间,减轻了课后负担。

4.两班入学成绩与期末成绩对比分析

实验结束后,两班完成了本学期期末考试,笔者分别收集了两班学生在入学考试中的数学成绩和学期末考试数学成绩并汇总成表 6-22 和表 6-23。

表 6-22　实验班入学成绩和期末成绩统计表

七(1)班成绩表							
学号	入学成绩/分	期末成绩/分	学号	入学成绩/分	期末成绩/分	学号	入学成绩/分	期末成绩/分
1	89	97	9	86	98.5	17	62.5	85
2	95	95	10	95.5	97	18	108	105
3	94.5	99.5	11	90.5	95	19	74	86
4	68	75	12	77	89.5	20	102	102
5	99	95	13	88	102	21	78	86.5
6	95	104	14	89.5	104	22	80	89.5
7	84.5	100	15	67	79.5	23	110	114
8	63.5	69.5	16	72	86	24	87.5	92

续表

七(1)班成绩表								
学号	入学成绩/分	期末成绩/分	学号	入学成绩/分	期末成绩/分	学号	入学成绩/分	期末成绩/分
25	106	111	32	83	91.5	39	89	88
26	93	99.5	33	87	98	40	104	109
27	78.5	90	34	62	69	41	109	109
28	96	95	35	92	92	42	67	81
29	91	108.5	36	94.5	102	43	102	102
30	91	104	37	89	94.5	44	107.5	105
31	97	94	38	112	117	45	78	86

表 6-23　对照班入学成绩和期末成绩统计表

七(2)班成绩表								
学号	入学成绩/分	期末成绩/分	学号	入学成绩/分	期末成绩/分	学号	入学成绩/分	期末成绩/分
1	112.5	114	16	94.5	86	31	97.5	95
2	77	74.5	17	102	89.5	32	61	69
3	94	92	18	89	89	33	102	105
4	81	77.5	19	93	85	34	84.5	82
5	90	85	20	91	87	35	78.5	81
6	73.5	75	21	80	80	36	81	84
7	81.5	82	22	76.5	80	37	103.5	106
8	92	95	23	66	69	38	62.5	69
9	91.5	90	24	98	107.5	39	92.5	94
10	83	89	25	69	67.5	40	95	101.5
11	100.5	105.5	26	105	109	41	84.5	85
12	91.5	92.5	27	68.5	61	42	79	80
13	109	113.5	28	93.5	90	43	67.5	60
14	84	80.5	29	80	81	44	96	108.5
15	74	78	30	71.5	76	45	86	90

笔者分别对两班前后成绩数据进行分析,结果如图 6-13 所示,实验班学生入学时数学成绩平均分在 88.544 分,经过一学期实验后期末成绩平均

分在 95.389 分,较实验前提高了 6.845 分。标准差的数据较实验前有明显降低,这说明该班学生经过一学期实验后分数差距在减少。

配对样本统计

		平均值	个案数	标准 偏差	标准 误差平均值
配对 1	入学成绩	88.544	45	13.4784	2.0092
	期末成绩	95.389	45	10.8145	1.6121

图 6-13　实验班实验前后成绩的基本描述统计

由图 6-14 可以看出,本次样本采样共 45 人,相关性为 0.893,显著水平为 0.000。图 6-15 的结果显示,基于实验班入学成绩配对期末成绩,显著性 p 值 <0.05,水平上呈现显著性,拒绝原假设,即实验班在实验前后的数学成绩之间存在显著性差异。

配对样本相关性

		个案数	相关性	显著性
配对 1	入学成绩 & 期末成绩	45	0.893	0.000

图 6-14　实验班实验前后成绩相关系数及检验

配对样本检验

		配对差值 平均值	标准 偏差	标准 误差平均值	差值 95% 置信区间 下限	上限	t	自由度	Sig. (双尾)
配对 1	入学成绩 − 期末成绩	−6.8444	6.1891	0.9226	−8.7039	−4.9850	−7.419	44	0.000

图 6-15　实验班实验前后成绩配对样本 t 检验结果

从图 6-16 的描述统计结果可以看出,对照班学生在入学时数学成绩平均分在 86.256 分,期末成绩平均分 86.922。与入学成绩相比并没有明显进步,而标准差较入学分数有所上升,说明经过一学期学习,该班成绩差距逐渐显现。

配对样本统计

		平均值	个案数	标准 偏差	标准 误差平均值
配对 1	入学成绩	86.256	45	12.6301	1.8828
	期末成绩	86.922	45	13.4768	2.0090

图 6-16　对照班实验前后成绩的基本描述统计

由图 6-17 可以看出,本次样本采样共 45 人,相关性为 0.927,显著水平为 0.000。图 6-18 结果显示,基于对照班入学成绩配对期末成绩,显著性 p 值为 0.381>0.05,水平上不呈现显著性,不能拒绝原假设,因此对照班学生在实验前后不存在显著性差异。

配对样本相关性

	个案数	相关性	显著性
配对 1　入学成绩 & 期末成绩	45	0.927	0.000

图 6-17　对照班实验前后成绩相关系数及检验

配对样本检验

	配对差值 平均值	标准 偏差	标准 误差 平均值	差值 95% 置信区间 下限	差值 95% 置信区间 上限	t	自由度	Sig.(双尾)
配对 1　入学成绩 - 期末成绩	-0.6667	5.0576	0.7539	-2.1861	0.8528	-0.884	44	0.381

图 6-18　对照班实验前后成绩配对样本 t 检验结果

笔者对两班期末成绩数据对比进行独立样本 t 检验,分析结果如表 6-24 所示,两班的期末数学成绩采用 S−W 检验,显著性 p 值为 0.422,水平上不呈现显著性,不能拒绝原假设,因此该数据满足正态分布。

表 6-24　两班期末成绩正态性检验结果

变量名	样本量	中位数	平均值	标准差	偏度	峰度	S−W 检验	K−S 检验
期末数学成绩	90	90.75	91.156	12.874	-0.202	-0.453	0.986(0.422)	0.056(0.927)

从表 6-25 得出,两班在期末数学成绩上的均值分别为:95.389/86.922;F 检验结果 p 值为 0.001<0.05,因此统计结果显著,说明实验班与对照班在期末数学成绩上存在显著差异,其差异幅度 Cohen's d 值为:0.693,差异幅度中等。

表 6-25　两班期末成绩独立样本 t 检验分析结果

变量名	变量值	样本量	平均值	标准差	t 值	p 值(双尾)	平均值差值	Cohen's d 值
期末数学成绩	七(1)班	45	95.389	10.814	3.287	0.001	8.467	0.693
	七(2)班	45	86.922	13.477				
	总计	90	91.156	12.874				

笔者将实验班与对照班的实验前后成绩进行分析得出,实验班完成一学期的个性化作业后,在学习成绩上有明显增长,班级学生成绩差距缩小。而没有实施个性化作业的对照班,虽然有学生成绩提高,但班级学生成绩差距明显增大。通过两班的期末成绩对比得知,两班成绩有明显差异,实验班的平均成绩比对照班高了 8.467 分。总结以上数据,笔者认为基于"智慧作业"高质量作业设计平台实施数学个性化作业是有效可行的,值得被推广。

六、结果与展望

(一)研究总结与成果

1.研究总结与反思

笔者借助"智慧作业"高质量作业设计平台,以个性化教学理论为指导,进行了一学期数学个性化作业的研究。在研究过程中通过问卷调查法,了解"智慧作业"平台在学生与教师中的使用情况,分析学生与教师在数学个性化作业设计、使用和评价等方面存在的问题。笔者通过查阅大量国内外个性化作业相关文献后结合教学实验归纳出基于"智慧作业"实施数学个性化作业的原则,从课前预习和课后个性化作业两个环节设计初中数学个性化作业的具体做法,实验结束后再次调查了学生对数学个性化作业的态度,利用 SPSS 软件分析实验前后实验班的数学成绩对比情况,得出了以下结论。

(1)基于"智慧作业"高质量作业设计平台实施初中数学个性化作业切实提升学生作业质量

"智慧作业"模式下的数学个性化作业设计将学生的课前、课后融合在一起,学生课前通过微课预习掌握知识点,课后通过错题集推送举一反三试题巩固知识、针对性复习,这在很大程度上减少了重复作业,提高了学习效率,提升了数学成绩。通过实验班与对照班的作业正确率比较能够清楚地看到,借助"智慧作业"高质量作业设计平台学生完成数学作业的错题量减少了,正确率相较于对照班提高了很多。通过实验班期末考试成绩与入学成绩相比较可以发现,该班数学成绩普遍提高,特别是成绩中等和中等偏下的学生,整体班级的数学水平差距也在逐渐较少。

(2)基于"智慧作业"高质量作业设计平台实施初中数学个性化作业减轻学生负担

作业是学生学习成效的反馈,大量的作业会对学生学习发展造成阻碍。教师利用"智慧作业"平台精准分析每位学生的学情,在"质"上下功夫,根据学生能力设计分层作业,既减少了学困生因作业难度过大无法及时完成作业的负担,又让中等生不必因为做大量千篇一律的作业无法掌握更多新知识而感到苦恼。在"智慧作业"中布置个性化作业,让学生根据自身能力选择作业,并且自主归集作业,学习中的疑点、难点通过微课讲解得到解决,真正理解知识点,既减轻了学生负担又提高了学生自主学习的能力。

(3)基于"智慧作业"高质量作业设计平台实施初中数学个性化作业丰富学生学习资源

传统的数学作业资源基本上都是纸质作业和教学辅导资料,学生能够选择的学习资源并不多,对知识点的训练只能通过在校期间进行或是参加课外辅导班。而"智慧作业"平台拥有丰富的作业资源,利用网络信息的传播性在学生之间共享教学资源。学生在完成作业自主归集后自动上传数据进行分析,系统根据学生学情精准推送微课、举一反三试题。在实验结束后的问卷分析中可以看到,学生利用"智慧作业"学习机进行学习后普遍都认为该平台对提升数学能力有所帮助。

(4)基于"智慧作业"高质量作业设计平台实施初中数学个性化作业激发学生学习兴趣

教师利用高质量作业设计平台布置实操性作业,改变传统作业的模式,结合多样化演示,将枯燥、乏味的数字图形转化为生动形象的动画,直观地给学生呈现知识点。学生利用"智慧作业"平台进行自主实践和操作,完成知识探究的过程,真正喜欢做作业,从"教师要我做作业"转变为"我要做作业",提高了主动学习和自主学习的兴趣与效率。该平台不仅丰富了学生作业的形式,更让学生体会到数学知识的魅力,激发学生对数学的兴趣。

(5)基于"智慧作业"高质量作业设计平台实施初中数学个性化作业助力教师精准教学

教学实践证明,陈旧的全班统一式的作业布置方式,不适应学生个性化发展的要求。在作业的设计上,教师利用"智慧作业"高质量作业设计平台分析学生学习薄弱点,开展精准教学与个性教学,提高作业的个性化设计,提高作业的针对性,减小作业的盲目性,切实提升作业的巩固功效,同时也增强师生的共享和交流。基于高质量作业设计平台实施数学个性化作业既可以提高学生解决问题的能力,又可以使他们形成良好的学习习惯,从而进一步拓宽了他们的思考范围,提高了他们的学习热情和创造力。

但是,如何才能让"智慧作业"在初中数学作业发展中不断发挥它的优势,在学生作业中达到更好的效果?笔者认为教师还应在以下两点中多改善。

第一,教师应提高自身信息素养,改变教育理念,提升"智慧作业"的应用水平

在大数据时代,利用信息化手段教学是每一位教师应该关注并运用到实际教学中去的,教师要从自身教学能力提升的需求出发,转变教学理念,提高自身信息化水平。

当前,大部分教师对"智慧作业"的操作并不熟练,无法在教学中运用好"智慧作业"。这需要学校课题组教师共同合作,先自学再教学,在学校开展"智慧作业"平台培训,提高教师使用率,提升应用水平,再通过教师提升班级学生的使用率。数学个性化作业的设计和实施需要花费教师大量的时间和精力。只有教师之间分工,资源共享,共同参与设计个性化作业才能真正将"智慧作业"运用到作业中去,保障学生学习效率。

第二,教师应正确引导家长了解高质量作业设计平台在学生作业方面的优势

在笔者实验的班级里,部分学生家长在实验初期并不配合,认为让孩子在电视上做作业是不现实的,还好该班数学教师在班级群里耐心地为家长们介绍运用"智慧作业"实施个性化作业的优势。家长们在了解后也十

分配合,实验才得以进行。教师必须充分让家长了解"智慧作业"平台的优势,熟悉"智慧作业"的操作流程,并在教师不使用"智慧作业"的情况下也能利用"智慧作业"的功能自主地为孩子布置针对性作业。只有得到家长的理解与支持,家校联动,才能促进个性化作业向纵深推广。

(二)研究成果

本研究通过调查国内外有关个性化数学的相关文献,并将前人提出的有关个性化作业设计的原则进行整合与提炼,提出了基于高质量作业设计平台设计数学个性化作业的原则。根据这些原则将高质量作业设计平台与七年级数学教学相结合,设计了可用于实际教学的个性化作业模块,并实施该方案,学生学习效率得到明显提高,也提升了作业质量与数学成绩,减少了在数学作业上的负担。从实验结果也可以得出,基于高质量作业设计平台实施初中数学个性化作业能够提高学生完成数学作业的动机,学生能够独立完成作业,养成自主学习的好习惯。另外,实验数据也很好地反映出基于高质量作业设计平台实施初中数学个性化作业有利于激发学生的学习自信心和兴趣,培养学生解决问题的能力。

本研究详细介绍了高质量作业设计平台的使用及操作流程,阐述了基于高质量作业设计平台的个性化数学作业具体操作过程,并展示了基于高质量作业设计平台实施个性化数学作业的实验数据,印证了该平台的可靠性,为将来其他教师运用"智慧作业"进行教学与个性化作业设计提供一定的参考。

(三)研究不足及研究展望

1.研究不足

尽管本研究的结论可以提供一些教学参考,但回顾本研究的设计和实施过程仍存在一些不足。

(1)本研究是围绕初中数学学科展开的,且研究的是初中低年级数学,研究结果对于其他学科和其他年级而言缺乏参考价值。笔者后续将继续基于"智慧作业"平台在其他学科实施个性化作业研究。

(2)本次实验研究时间只有一学期,效果虽明显但持续性还有待研究。

而且实验对象只有一个班的学生,实验结果并不具有普遍性。如何通过个性化作业设计转变学生的学习态度、兴趣,提高学习能力、效率还需要教师长期的教学实践和研究。

(3)本研究旨在对比实施高质量作业设计平台实验前后学生对数学的表现以及作业发展情况,研究结果显示高质量作业设计平台的实施在某种程度上可以培养学生的数学学习能力,体现出数学教学较好的成果,但是在数学评价方面,平台的相关建设仍然存在不足,评价方法不全面也不科学。

2.未来展望

"智慧作业"的实践运用,为信息化教育提供了先进的理念和丰富的资源。由于个人研究水平有限,因此本次研究没有完全体现出高质量作业设计平台对个性化作业设计的优势,笔者将继续以高质量作业设计平台为切入点,持续探索个性化作业设计的新思路,不断提高自身的专业素养,积极推动中小学生作业方式变革,促进学校教育信息化水平的不断提升,为教育事业贡献更大的力量。

致 谢

　　本论文是在笔者的恩师唐旭老师的殷切关怀和耐心指导下进行并完成的，衷心感谢我的恩师对我的谆谆教诲和悉心关怀。从课题的选择、项目的实施直至论文的最终完成，唐老师都始终给予我专业、耐心的指导和支持。恩师开阔的视野、严谨的治学研究态度、精益求精的工作作风，深深地感染和激励着我，在此谨向唐老师致以衷心的感谢和崇高的敬意。

　　同时感谢江西新华云教育科技有限公司，提供高质量作业设计平台以及在研究过程中的帮助，让我能借助信息化工具便捷并高效地完成高质量作业设计研究。感谢抚州市实验学校的鼎力支持，希望高质量作业设计平台能被更多的教师熟知并运用，以帮助更多的教师和学生，助力"双减"。

第七章

未来展望：构建基于"智慧作业"的教育新样态

> 人工智能作为新时代的变革性信息技术，不仅改变了经济社会对人才的需要，而且改变教与学的方式，深入影响到教育理念、文化和生态。在后疫情时代和"双减"政策背景下，个性化学习已成为各级各类教育的新常态。江西省"智慧作业"平台是具有"服务"和"引导"特色的数字教育平台，将成为教育数字化转型的利器和标杆，是教育数字化战略行动的重要体现。基于"智慧作业"平台构建教育新样态，是实现教育现代化的重要战略举措。
>
> "没有教育信息化就没有教育现代化"的论断表达出教育信息化是实现教育现代化的核心推动力，"智慧作业"作为一种典型的教育信息化新应用，依靠数据核心衍生发展的生态圈正不断推进技术与教学模式的新发展。（见图 7-1）

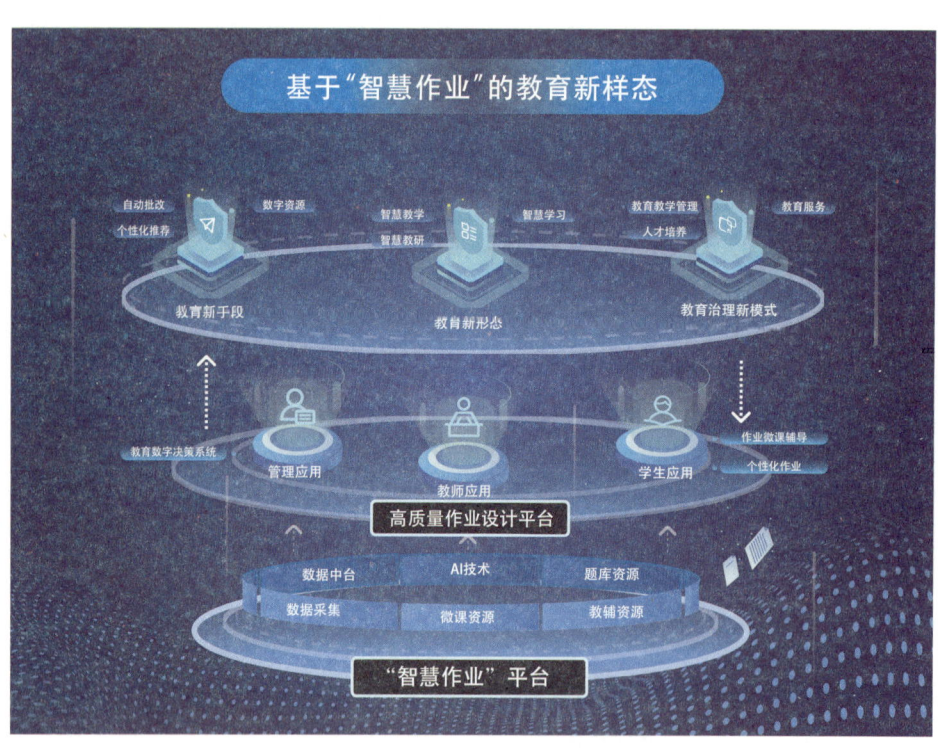

图 7-1 "智慧作业"教育新样态

第七章 / 未来展望：构建基于"智慧作业"的教育新样态

第1节 "智慧作业"背景下的教育主支撑

"智慧作业"的核心是快速演化和发展的先进技术，决定了"智慧作业"在智慧教育、教育数字化转型的深度应用中发挥着加速器的作用。现阶段我们在利用"智慧作业"实现优质资源共享，为偏远山区学校、家庭送去"名师辅导"上取得了显著成效，同时初步实现了大规模差异化教学、个性化学习。"智慧作业"在促进教育公平和个性化教学方面发挥了重要的探索先导作用。

未来教育走向人机协同、人机融合的智慧教育生态的趋势已成为共识。从"智慧作业"的发展来看，伴随衍生发展的信息技术手段在逐步完善形成中。

一、基于知识图谱的个性化学习资源，推荐手段有序逐步得到完善

"智慧作业"利用人工智能、大数据技术构建全学科知识图谱体系，形成学生的深度知识能力画像。"智慧作业"通过对收集来的教学数据深度挖掘及学习分析，对学生的知识掌握情况、能力水平差异、行为特征、性格特点等进行有效诊断和分析、反馈，进而实现根据学生当前的学习水平预测其未来发展空间，为学生在有限的时间内规划出最优的学习方案，推送匹配个性化学习资源。

二、基于"智慧作业"生态圈的功能优化，助推教育数字内容全面建设

目前我国各行各业数字化转型发展已成大势所趋，在此大背景下智慧教育领域的各利益相关群体可以从各自不同角度积极作为、汇聚合力，共同推进教育内容数字化转型进程。"智慧作业"生态圈的建设覆盖课前、课中、课后全流程，从课本到教辅，从题目微课资源、题库内容资源等多方面逐步完善教育教学相关全方位内容的数字化建设。

三、基于"智慧作业"全领域的数据汇聚，促进学科自动批改技术发展

大量研究数据表明，合理有效的作业布置对学生的成绩有很大的促进作用。布置作业和批改作业不仅是教育和教学的重要环节，也是师生之间互相交流的直接桥梁。目前从教师角度来看，作业批改耗时长、重复性高，是师资力量的一种浪费，而"智慧作业"基于图像、文字扫描识别技术，将作业批改与智能化相关联，让作业的机器化批改得以实现，在帮助教师减负的同时，促进作业环节教学质量效率和效益均得到提高。目前"智慧作业"还在做更深入的研究与探索，从小学数学学科开始，逐步实现全学科、全题型的自动批改。

第2节 基于数据驱动的教育形态主场景

随着信息技术融合与教育程度的提升，信息技术将从影响教育发展的外生变量演变为变革教育系统结构的内生变量。通过"智慧作业"对教学全流程环节数据的采集，从教学形态、学习模式、教研方式等方面促进教育形态的重新构建。

一、"智慧作业"推动智慧教学新形式的构建

传统教学通常以教师按照既定的教学重难点进行讲解，以面向全体学生为关键，无法兼顾优秀生和后进生，造成优秀生"吃不饱"而后进生"吃不了"的现象。依托"智慧作业"对教学数据进行精准分析，打造课前精准定位学情，课中精准确定教学策略，课后辅导个性化的智慧教学新形态，以数据助力精准教学，颠覆传统的经验主义课堂。

二、"智慧作业"推动智慧学习新模式的构建

教育变革的核心问题是如何从适应工业化时代大规模、标准化教育转向根据个人需求和学习偏好的个性化教育。"智慧作业"采集学生作业，通过大数据引擎与结构化知识图谱，智能化形成个性学习路径与学习内容，形成以学生个性化学习为核心，以教师适时干预为辅助的新型学习模式。

三、"智慧作业"推动智慧教研新方式的构建

个性化学习已成为教育发展的普遍趋势。新课程课堂教学要真正体现以学生为主体，以学生发展为本，体现以学生的"学"来评价教师"教"的"以学论教"的评价思想，强调以学生在课堂教学中呈现的状态为参照来评价课堂教学质量。因此，2021年中共中央办公厅、国务院办公厅发布的"双减"文件强调，"发挥作业诊断、巩固、学情分析等功能，将作业设计纳入教研体系，系统设计符合年龄特点和学习规律、体现素质教育导向的基础性作业"。改变"繁、难、偏、旧"的教学内容，让学生更多地掌握与生活、科技相联系的"活"的知识。鼓励学校布置分层、弹性和个性化作业，坚决克服机械、无效作业，杜绝重复性、惩罚性作业。以"智慧作业"为基础的教研形式，教师在充分熟悉班级学情的情况下，利用海量的题库资源，形成班级个性化、分层式练习，变"要学生学"为"学生要学"，激发学生的兴趣，让学生主动参与、乐于探究、勤于动手。"智慧作业"实时的动态数据，助力区域教研精准化。

第七章 未来展望：构建基于"智慧作业"的教育新样态

第3节 数据驱动的教育治理主画面

随着学校信息数据的海量化、多元化、异构化，如何体现数据资源的价值成了学校面临的重要问题，而大数据平台所提供的数字治理服务才是数据资产形成和转化的必要条件。学校拥有的数据价值潜力巨大，只有通过数字治理体系把这些数据标准化、关系化，综合描绘全局，才能有效发掘数据的价值潜力，帮助学校实现教育质量评价的目标。

一、完善教育服务

教育服务供给模式创新是深化教学改革的关键。通过升级教育服务供给主体、创新教育服务供给单元、转变教育服务供给结构、打造教育服务供给新生态，才能满足人民群众个性化、高质量的教育需求，实现以学习者为中心的教学新模式。因此，优化服务供给既是"智慧作业"的基本原则之一，也是主要内容之一。

推进"智慧作业"需要进一步提升数字教育资源的服务能力，优化教育资源配置。首先，"智慧作业"创新教育资源配置机制，充分发挥市场机制的作用，在政策上支持需求方提出的符合条件的数字教育资源，如查学籍、查读书，并以纳入日常教学体系等方式对其加以应用，使学籍资源应用充分透明化。其次，保障供应链健康发展，以满足多样化需求为出发点，支持信息化教育装备制造、教材一键查、分数一键查、数字教材及资源开发、平台运营服务等环节,充分利用学习资源对学生进行全方位的评价与支持。随着"智慧作业"的发展及其对教育的赋能,教育服务的新型主体不断显现并发挥了重要的教育支撑作用。

二、创新教育治理

"智慧作业"数字化教育通过创建并运行教育管理信息系统,实现对学生、教师与家长,以及课程、学习与教学等的自动化管理,涵盖招生、排课、作业监测、校务监督、家校协作等场景。在此过程中采集的教育数据,不仅可以反映当前教育教学现状,还可以预测其未来发展,为教育决策提供依据。由此可见,打造教育数据大脑甚至超脑,构建以其为驱动的教育公共服务平台,开展基于大数据的教育管理与供给,是实现个性化教与学及科学决策的重要数字底座。

"智慧作业"支持以教育模型构建为核心业务的适应性学习、科学决策、精准管理、区域教育治理,可以为微观个体发展、中观学校管理与宏观区域教育治理提供专业化的解决方案。值得关注的是,为确保基于数据的人工智能工具有用,其结论可信且兼顾包容性与公平,"智慧作业"后台数据模型也会确保原始数据的准确无误与计算方法的合理适当。通过建立数据采集、更新、共享、交换技术标准和运行机制,构建动态汇聚、实时共享、深度应用的"智慧作业"生态圈,打造"智慧教育一张图""教育服务一网通"等场景,推动实现教育业务办理数字化转型,推进教育治理体系和治理能力现代化。

三、多元教学评价

"智慧作业"教学平台使学习环境由单一的物理环境延伸至立体的虚拟环境,使学习方式从相对固定的班级集体学习向个性化学习转变,不仅支持自主、探究与协作学习,同时为学生提供分层作业与个性化作业等。鼓励学生探索学习环境,并将其与已有知识建立连接,形成自身知识体系;面向教育领域的非结构文本学科知识图谱通过可视化表征知识之间的

第七章　未来展望：构建基于"智慧作业"的教育新样态

关联度，帮助学生构建知识体系；"智慧作业"决策系统通过汇聚学生作业、学科、年龄、认知水平等过程数据，构建学生知识与能力发展模型，实现对学生学习较为客观、公正与即时的智能诊断，并为学生推送与其能力相匹配的资源与临界学生预测措施；研究学生综合素养测评模型，构建长周期、多场域、多维度学生跨学段成长的"智慧作业"生态平台。

展望未来，信息技术对"智慧作业"生态圈的影响将进一步深化，数据驱动的多形态教育方式正在形成，基于"智慧作业"构建的教育新生态将更加全面、开放与共享。

附录 A

有关初中数学个性化作业现状的调查问卷(学生版)

亲爱的同学:

你好!

这是一份关于初中数学作业布置及批改的调查问卷,该调查问卷旨在了解你在初中数学学习生涯中有关数学作业的一些基本情况,从而掌握教师的作业布置情况,以便研究者更好地开展作业实验。该问卷内容主要包含以下几方面:你对智慧平台上作业的了解情况;你是否喜欢智慧平台作业;你对当前智慧平台的作业形式是否喜欢;你是否有作业压力;等等。本次问卷不记名,你可以按照自己的意愿填写。

衷心感谢你的支持与配合!

1. 你了解"智慧作业"平台吗?
   A. 很了解　　　B. 一般了解　　　C. 听说过　　　D. 不了解

2. 你所在班级有多少同学使用"智慧作业"平台?
   A. 全班都使用　　B. 一半人使用　　C. 少数人使用　　D. 不使用

3. 你认为"智慧作业"平台提升你的数学能力如何?
   A. 非常大　　　B. 较大　　　C. 没什么帮助　　　D. 说不清

4. 你在"智慧作业"平台上获得了多少数学学习资源?
   A. 非常少　　　B. 偏少　　　C. 适中　　　D. 非常多

5. 你最喜欢"智慧作业"平台的哪一个功能?
   A. 作业自主归集　　　B. 错题本　　　C. 分层作业
   D. 微课视频　　　E. 都不喜欢

6. 家长对你使用"智慧作业"平台完成数学作业的态度如何?
   A. 非常支持　　　B. 较支持　　　C. 不支持　　　D. 不清楚

7. 你喜欢数学吗?
   A. 很喜欢　　　B. 比较喜欢　　　C. 没感觉　　　D. 讨厌

8. 你做数学作业的原因是?
   A. 学习需要　　　B. 教师要求　　　C. 感兴趣　　　D. 其他

9.你每天需要多长时间完成所有家庭作业?

  A.超过 3 小时   B.不超过 3 小时

  C.不超过 2 小时   D.不超过 1 小时

10.你每天需要多长时间完成数学作业?

  A.半小时以内   B.不超过 1 小时

  C.不超过 1.5 小时   D.超过 1.5 小时

11.你觉得数学作业的难度如何?

  A.非常难   B.恰好合适   C.非常容易   D.没感觉

12.你是否能够按时完成数学作业?

  A.每天都能   B.基本能   C.有时能   D.不能

13.你完成数学作业时是怎样的状态?

  A.非常认真   B.较认真   C.说不清   D.基本是应付

14.你做数学作业时遇到不会做的题怎么办?

  A.等教师讲   B.自己研究   C.和同学讨论   D.空着不管

15.你的数学老师是通过哪种方式布置作业的?

  A.以书面作业为主   B.偶尔掺杂其他作业

  C.作业类型多种多样   D.其他

16.你的数学老师通常以哪种方式布置作业?

  A.统一布置   B.分层布置   C.自己选做   D.其他

17.你觉得数学成绩的好坏和作业的多少有关系吗?

  A.没有   B.有一定关系   C.有关系   D.恰好相反

18.你对目前数学作业的设计满意吗?

  A.说不清   B.不满意   C.较满意   D.非常满意

19.你喜欢老师怎么评价你的数学作业?

  A.指出错因   B.指点方法   C.写评语   D.各方面都兼顾

20.你期待数学作业的设计有所改进吗?

  A.非常期待   B.较期待   C.说不清   D.不期待

附录 B

有关初中数学个性化作业现状的调查问卷（教师版）

尊敬的教师：

您好！

这是一份关于初中数学作业布置及批改的调查问卷，本调查是为了更好地了解您日常布置作业的情况，以便研究者更好地开展作业实验。该问卷不记名，您可以按照自己的意愿填写。

衷心感谢您的支持与配合！

1. 您了解"智慧作业"吗？

    A.很了解　　　　B.一般了解　　　　C.听说过

2. 您所执教班级使用"智慧作业"的情况如何？

    A.少数人使用　　B.一半人使用　　　C.全班基本都使用

3. 使用"智慧作业"后，您觉得用于重复解答问题的时间如何？

    A.增加了　　　B.减少了一些　　C.差不多　　　D.减少了很多

4. 使用"智慧作业"后，您认为学生对错题的理解程度如何？

    A.明显提升　　　B.差不多　　　　C.下降了

5. 使用"智慧作业"后，您觉得学生的成绩进步情况如何？

    A.进步明显　　　B.进步较明显　　C.没有明显进步

6. 使用"智慧作业"后，您觉得对自身设计作业的水平提升作用如何？

    A.有较大帮助　　B.有一些帮助　　C.没有明显帮助

7. 您布置数学作业的目的是什么？

    A.教学形式　　　　　　　　　B.巩固知识

    C.发展学生个性　　　　　　　D.都有

8. 您每天布置的数学作业预计完成时间是多少？

    A.1小时以上　　　　　　　　B.1小时以内

    C.0.5小时以内　　　　　　　D.视情况而定

9.您认为您的数学作业布置量如何?

  A.比较多   B.适中   C.较少

10.您每天大概花多少时间在设计数学作业上?

  A.少于 10 分钟   B.10～20 分钟

  C.20 分钟以上   D.更多

11.您每天批改数学作业需要多长时间?

  A.1 小时以内   B.1～2 小时

  C.2～3 小时   D.3 小时以上

12.您平时布置的数学作业类型是什么?

  A.以书面作业为主   B.有时掺杂其他形式

  C.形式多样

13.您所布置的数学作业的主要来源是什么?

  A.与教材配套的练习册   B.课外辅导资料

  C.根据学生情况自编的资料

14.您是否布置个性化数学作业?

  A.经常布置   B.偶尔布置   C.较少布置   D.几乎不布置

15.您设计数学作业主要从哪几个角度来考虑?

  A.知识本身   B.学生对知识的掌握程度

  C.学生运用知识的能力

16.您是否针对不同层次的学生设计数学分层作业?

  A.偶尔   B.有时   C.经常

17.你认为设计个性化数学作业有必要吗?

  A.很有必要   B.有些必要   C.无所谓

18.您通常采用哪种方式来评价学生的数学作业?

  A.分数   B.评优、良、中、差等

  C.仅判断对错

问卷到此结束,感谢您的支持!

参考文献

[1]顾明远.教育大辞典[M].上海:上海教育出版社,1990:212.

[2]中国大百科全书编委会.中国大百科全书[M].北京:中国大百科全书出版社,1985:210.

[3]中央教育科学研究所比较教育研究室.简明国际教育百科全书·教学(下)[M].北京:教育科学出版社,1990:441.

[4]李章科,徐莉华.基于江西省"智慧作业"平台下的精准教学实践研究[J].小学教学研究,2021(36):32－33.

[5]万昆,郑旭东,任友群.规模化在线学习准备好了吗?——后疫情时期的在线学习与智能技术应用思考[J].远程教育杂志,2020,38(03):105－112.

[6]宋宣,陈俊鹏.核心素养导向下的"智慧作业"[J].人民教育,2020(Z2):109－110.

[7]吕子燕.新时代我国家庭教育存在的问题与对策探析[J].黑龙江教师发展学院学报,2022,41(07):82－84.

[8]安宁.新时代家校共育实施途径探析[J].基础教育参考,2022(06):67－70.

[9]江平,李春玲.教育治理体系现代化视角下家校合作创新实践[J].上海教育科研,2020(02):58－62.

[10]张瑾.共建共治共享,实现学校管理向学校治理的转型[J].教学管理与教育研究,2019(22):108－109.

[11]陈珍.高质量作业体系的内在意蕴与行动构建[J].四川教育,2022(Z2):18－21.

[12]王晓芳.创新驱动,作业变革走向高质量[J].教育家,2022(07):62.

[13]薛模祥."以生为本"作业设计模型的构建[J].江西教育,2022(20):10－11.

[14]姚继军.作业管理的调适策略[J].江苏教育,2022(42):37－40.

[15]中华人民共和国教育部[EB/OL].http://www.moe.gov.cn/jyb_xxgk/moe_1777/moe_1778/202107/t20210724_546576.html

[16]江西省教育技术与装备发展中心[EB/OL].http://djg.jx.edu.cn/djwj/37521.jhtml

[17]中华人民共和国教育部.义务教育数学课程标准(2017年版)[M].北京:北京师范大学出版社,2018.

[18]江西省教育资源公共服务平台[DB/OL].http://zuoye.jxeduyun.com

[19]夏征农.辞海[M].上海辞海出版社,1999:2460.

[20]顾明远.教育大辞典(增订合编本)[M].上海:上海教育出版社,1998:904-905.

[21]张念宏.中国教育百科全书[M].青岛:海洋出版社,1991.

[22]张宪荣.现代设计词典[M].北京:北京理工大学出版社,1998.

[23]梁世旺.网络环境下初中数学个性化作业的实践与应用[J].课程教育研究,2018(31):136-137.

[24]周小宁.初中数学个性化作业设计模式探究[J].试题与研究,2020(31).

[25]Harris Cooper.The Battle Over Homework:Common Ground for Administrators,Teachers,and Parents (3rd ed)[M].Thousand Oaks,CA:Corwin Press,2001.

[26]Keys,W.,C. Fernandes.What Do Students Think About School? Research into the Factors Associated with Positive and Negative Attitudes Towards School and Education [M].Slough:NFER,1993.

[27]胡苇.国外中小学家庭作业问题的研究及启示[J].外国中小学教育,2007(12):52-55.

[28]凯洛夫.教育学(上)[M].沈颖,等,译.北京:人民教育出版社,1951.

[29]Harris Cooper.Synthesis of Research on Homework[J].Educational Leadership,1989,47(3):85-91.

[30]Schmitz B.,Perels F..Self-monitoring of Self-regulation During Math Homework Behavior Using Standardized Diaries[J].Metacognition & Learning,2011,6(3):255-273.

[31]古德,布罗菲.透视课堂[M].陶忠琼,王凤,等,译.北京:中国轻工业出版社,2002.

[32] Epstein J. L..School,Family,and Community Partnerships:Preparing Educators and Improving Schools[M].Westview Press,2001.

[33]王月芬.作业设计能力——未被重视的质量提升途径[J].人民教育,2018(Z2):58-62.

[34]李学书.国内外家庭作业比较研究[J].教育学术月刊,2009(10):66.

[35]Lee C.Y.,Chen M.J..Effects of Polya Questioning Instruction for Geometry Reasoning in Junior High School[J].EURASIA Journal of Mathematics,Science & Technology Education,2015(12):1547-1561.

[36]曹秀华.基于多元智力理论的分层作业设计[J].教育探索,2006(11):40-41.

[37]王宝剑,熊莹莹.国外作业研究及其对我国作业设计的启示[J].教学与管理,2010(07):78-80.

[38]季迎丰.从借课风波看新课程背景下优化作业设计的对策[J].思想理论教育,2012(02):92-93.

[39]郭慧.小学数学家庭作业多元化设计研究[D].山东:山东师范大学,2015:30-32.

[40]徐世芳.小学数学课外作业设计研究[D].浙江:杭州师范大学,2015:52-53.

[41]彭国庆.小学第二学段数学个性化作业设计的策略[J].现代中小学教育,2004(08):55-58.

[42]肖正德.减负背景下有效作业的设计策略探究[J].课程·教材·教法,2014,34(04):50-54.

[43]朱美英.新课标下小学数学课外作业设计的优化[J].教育与管理,2007(05):63-64.

[44]西班牙:家庭作业不得有损孩子参与社会和家庭生活的权利[J].人民教育,2019(20):41.

[45]许秀丽.设计个性化练习[J].小学教学研究,2001(9):14-15.

[46]张彩英.浅谈小学语文个性化的作业设计[J].学周刊,2012(7):203.

[47]梁振国.小学数学"个性化作业"中有效评价的实践研究[J].学周刊,2021(25):49-50.

[48]王敬云.小学数学个性化作业布置及评价策略分析[J].学周刊,2020(12):20-21.

[49]陈卫良.学生减负从"智慧作业"开始[J].教育家,2019(36):27.

[50]莫雷.教育心理学[M].北京:教育科学出版社,2007:62.

[51][美]霍华德·加德纳.多元智能理论[M].沈致隆,译.北京:新华出版社,1999.

[52]欧阳芬.多元智能与建构主义理论在课堂教学中的应用[M].北京:中国轻工业出版社,2004.

[53]高五湖.减负增效,从小学数学做起[J].祖国(教育版).2014(5):269.

[54]王彦芳.减轻学生过重负担的理性思考与实践研究[J].课程·教材·教法,2011(8):24-27.

[55]杨启亮.课业负担过重与学业质量评价失衡[J].课程·教材·教法,2013(1):12-17.

[56]宋宣,陈俊鹏.核心素养导向下的"智慧作业"[J].人民教育,2020(13):109-110.

[57]朱少波,杨帆,梁斌.论江西广电网络"智慧作业"学习平台建设[J].声屏世界,2019(S1):5-8.

[58]龙凤霞.高中数学教学中智慧作业的运用思考[J].课堂内外(教师版)中等教育,2020(11):50.

[59]史孝英.义务教育"减负增效"专项行动存在问题及对策研究[D].西南大学,2020.

[60]梁世旺.网络环境下初中数学个性化作业的实践与应用[J].课程教育研究,2018(31):136-137.

[61]崔阳洋.基于互联网平台的个性化家庭作业设计[D].南京师范大学,2018.

[62]姚国强.高中数学个性化作业有效设计与使用的实践研究[D].南京师范大学,2017.

[63]于俊芳.高中数学分层作业个性化设计研究[D].鲁东大学,2016.

[64]宋磊.初中数学个性化作业设计的原则与方法[J].生活教育,2016(12):64-65.

[65]张敏姬.信息化环境下实施初中数学个性化作业的实践研究[D].上海师范大学,2015.

[66]许佳媛.初中数学个性化作业设计模式探究[J].中学课程辅导(教师教育),2019(24):101.

[67]祁兴宇.全面质量管理视角下小学高段数学作业优化设计的行动研究[D].重庆:西南大学,2020.

[68]李章科,徐莉华.基于江西省"智慧作业"平台下的精准教学实践研究[J].小学教学研究,2021(36):32-33.

[69]刘莉,文陈平,高大宝等.基于大数据的小学数学个性化作业探索[J].四川教育,2021(23):28-29.

[70]尚晓琴.基于在线作业平台的小学英语个性化作业设计与应用研究[D].西北师范大学,2019.

[71]余秋杏.基于网络平台的小学数学滚动分层作业的效果研究[D].南京师范大学,2019.

[72]庄晓蕙,刘庆欢,何雪萍等.我国个性化作业研究:现状、问题与展望——基于读秀学术搜索数据库与中国知网期刊全文数据库的数据分析[J].教育学术月刊,2014(10):104-111.